仁爱慈助 篇

梁发芾—主编

甘肃文化出版社

和谐甘肃读本丛书编委会

主　　任：张余胜　袁爱华
委　　员：李玉政　汪晓军　玄承东　罗和平　卢旺存
　　　　　梁　辉　邢　玮　尚德琪　李贵世　苟保平
　　　　　陈　华　梁发芾　牛彦君　谢志娟　宋振峰
　　　　　李天伦　谢国西　车满宝　管卫中　王　奕
　　　　　温雅莉
总 主 编：张余胜　玄承东
总 策 划：谢国西　管卫中
执行主编：谢国西　管卫中
执行编辑：原彦平

序

张余胜

  和谐，是通贯五千年的中华文化基因，是起自华夏文明源头的价值追求。我国传统文化中"和"的理念由来已久，它推崇宇宙自然的和谐、人与自然的和谐、人与人的和谐以及人自身的和谐。主张"和而不同"，认为事物总是在千差万别中相依共存，和睦相处。"和"的思想作为中国古代哲学、政治理念的核心范畴之一，经过五千年历史长河的大浪淘沙，逐步演化成了中华民族追求的理想境界，积淀成了民族文化的精髓和价值目标，锻造了中国文化的基本精神。它数千年生生不息，历久而弥新，在中华文明发展史上一直发挥着维系社会稳定、促进社会进步、推动社会发展的重要作用。

  和谐，是流淌于大漠戈壁的古老清泉，是回响于陇原山间水际的灵动乐符。甘肃作为中华文明十分重要的发祥地之一，有史以来发展进步的每一步都浸润着和谐的清风细雨。从旧石器时代的文化遗存到伏羲女娲的古老传说，从周先祖的崛起到横扫六合一统华夏的大秦帝国，从张骞凿空西域到丝路文明的兴盛，从魏晋南北朝的短暂纷乱一直到隋唐帝国的繁荣，河陇大地逐步发展成为中国政治经济文化发展水平在某个时段的翘楚，丝路两侧沃野千里，胡商蕃客穿行如织，史载其时"天下称富庶者无如陇右"。宋元以降，甘肃因国家政治经济中心东移南迁而成僻壤，加之兵燹迭起，天灾频仍，至近代已异常凋敝衰败，以致左公慨叹"陇中苦瘠甲于天下"。尽管如此，这片土地却用和谐的乳汁滋育了中华56个儿女之中的46个，它们之间数千年的融合繁衍与和睦共生，为中华民族多元一体格局的最终确立作出了不可磨灭的贡献。

  60年沧海桑田，30载创新发展，新中国的建立和改革开放基本国策的确立，为古老的甘肃翻开了新的历史纪元，从新中国第一个油田——玉门油田的建设到

现代完整工业体系的建立以及国家重要的能源、原材料基地地位的确立,从"两弹一星"撼动世界到神舟飞船遨游太空,从"一方水土养活不了一方人"到现代产业化农业的遍地开花,从追求温饱这一维持生命最基本的需求到精神文化生活水平的日新月异,驼铃古道正在闪现璀璨光芒,千里陇原正在焕发勃勃生机。

《和谐甘肃读本》丛书是甘肃建设和谐社会的见证之作。丛书分《勤政民本篇》、《法治保障篇》、《千秋名范篇》、《孝亲睦邻篇》、《仁爱慈助篇》、《诚信行世篇》、《多彩生活篇》、《惠民隆业篇》、《山川和美篇》、《科学发展篇》10个分册,近300万言。各分册主编多为资深记者,文章分别以记者的眼光如实记录了甘肃60年来,特别是改革开放以来在政治改革、经济建设、法制建设、生态环境保护、社会保障、文化建设以及传统优良道德恢复等方面取得的重大成就,生动展示了今日陇上生气勃勃、活力四射的面貌,和陇原人民焕然一新的精神风貌。它既是2600万甘肃人民在省委、省政府的领导下扎扎实实践行科学发展观的见证,也以丛书形式保存了一份鲜活的史料。丛书即将付梓之时,恰值新中国60周年华诞庆典之际,谨以此为献礼,祝愿祖国繁荣昌盛。

谨以为序。

二〇〇九年九月

目 录

抗震救灾

我们是一家人	宜秀萍	3
大爱起陇原	张蔚波	7
深圳帮扶陇南记事	白德斌	11
废墟上的读书声	牛彦君	15
志愿者，我们共同的名字	陈晓军 杨世智 伏润之	18
爱，点亮他们成长路上的灯	刘喜梅	24
尖尖的帐篷像粽子	陈晓军 伏润之	27
我是一名志愿者	罗 丽	29
庆阳五农民的救灾壮举	方文琳 张骁骏 丁 艳 禄永峰 杨小续	32
奔波在抗震救灾一线的农民志愿者	张乾喜	36
企业家的爱心承诺	火兴才	39
学校助学校，爱心传希望	王云霞 杜 毅 贾 佳	42

助学支教

拿"工资"上学的孩子们	蹇勇德 谢志娟 吕宝林	49
助学民警"叶子阿姨"	云 舒	57
田青青三到甘肃助女童	李 晨	60

马来西亚与新寨村的爱心连线　　　　　　　　　　　　黄　绿　韦小红　62
爱心助学谱新曲　　　　　　　　　虹　云　邹济圣口述　谢爱平　沙晶晶撰文　71
一个都不能少
　　——宏志班的故事　　　　　　　　　　　　　　　　　杨　恒　郭自强　76
"老外"来到我身边　　　　　　　　　　　　　　　　　　宣秀萍　王朝霞　80
16万元寿礼捐教育　　　　　　　　　　　　　　　　　　胥廷辉　牛庆国　83
谢凤朝捐资助学记　　　　　　　　　　　　　　　　　　　　　　白育庆　87

扶贫济困

兰州石化公司帮贫救困纪实　　　　　　　　　　孟庆龙　钱双庆　陈　勤　93
慈济会东乡县扶贫记　　　　　　　　　　　　　　　　　　　　徐乐俊　97
国家质检总局帮扶礼县教育14年　　　　　　　　　　　　　　　赵力健　103
金川公司帮扶困难职工家庭纪事　　　　　　　　　　　　　　　董冀红　106
庄浪县的"富亲戚"　　　　　　　　　　　　　　　　　王朝霞　李顺民　109
送温暖，献爱心，这个冬天不会冷　　　　　　　　　　　　　　左玉丽　112
帮扶先进王前进　　　　　　　　　　　　　　　　　　　　　　温新旭　117
水窖，让村民有了脱贫的希望　　　　　　　　　　　　　　　　杜雅文　128

救死扶伤

血之源　　　　　　　　　　　　　　　　　　　　　　　　　　张　琳　133
一个白血病患者，一群好心人　　　　　　　　　　　　　　　　王宇兴　141

目录

"健康快车"四进甘肃　　　　　　　　　　　　　　　　　宜秀萍　148
万名医师下乡来　　　　　　　　　　　　蹇勇德　吕宝林　李欣瑶　150
嘉峪关市的无偿献血者　　　　　　　　　　　　　　李近远　白育庆　154
马达加斯加的中国医生　　　　　　　　　　　　　　　　　宜秀萍　156
榆中农民夫妇卖房拯救白血病儿　　　　　　　　　　　　　孟晓龙　159
重疾援助：兰州首开先河　　　　　　　　　　　　　　　　赵　卿　161
环卫工病倒之后　　　　　　　　　　　　　　　　张蔚波　汪成保　164
援救小春燕，铜城在行动　　　　　　　　　　　　　　　　李保荣　167
周欣：8年无偿献血9000毫升　　　　　　　　　　王菊梅　许正泰　169
爱河在雄关下汇聚　　　　　　　　　　　　　　　　　　　白育庆　172

扶弱助残

为了贫困母亲的微笑　　　　　　　　　　　　　　张　倩　胡　兰　177
"明天计划"：给孤残孩子一个闪亮的明天　　　　　　　　　朱　婕　181
中国石化集团与"春蕾女童"　　　　　　　　　　　孟　乐　张丽峰　186
空姐爱洒儿童福利院　　　　　　　　　　　　　　　　　　李荣英　190
孙爱珍：扶弱助残急先锋　　　　　　　　　　　　　　　　王　雨　192
法律援助给弱者带来希望　　　　　　　　　　　　　　　　吴梦寒　194
孤儿泪　书记情　　　　　　　　　　　　先朝阳　王　鄱　李晓君　197
伸出手，就能点亮一盏灯　　　　　　　　　　　　　　　　秦　娜　202
一个残疾女孩的求学路　　　　　　　　　　　　　　　　　徐玉金　205
"援助单亲特困母亲"在行动　　　　　　　　　　　　　　袁　鹏　208
马来西亚华商的水窖情结　　　　　　　　　　　　　　　　乐艳艳　210
水，改了西部容颜　　　　　　　　　　　　　　　　　　　尹艳红　213

跨越亲情的爱	牛小栋	217
"幸福工程"为贫困母亲点亮心灯	胡 兰 张永华	221
走进兰州市儿童福利院	冯建平	223
奉送特困母亲一片爱	胥廷辉	225
金昌市社会福利院纪实	王晓英 李近远	228

公益奉献

慈善总会 播撒爱心	张国定 张庆信 牛庆国	235
五老汉募捐助学记	郭万杰	241
煤城"老来乐",义演架心桥	张蔚波 石巨福	244
宁夏英雄,陇原骄子	庞 武 郭自强 陈 泳	247
孙生铎和他的"农民俱乐部"	巩晓静 郭 勇 朱旭升	250
网络救助:志愿者在行动	秦 娜	253
"你读书屋"开张了	王朝霞	255
曾笃财的几个故事	李永武	257
把公益事业进行到底	张 健讲述 海 涛采访记录	260

感恩图报

甘肃女童和英国首相的故事	张 目	267
贫困女学生和她资助的百名孤儿	李雪萍	270
用残躯创造完美	秦 娜 王琰田	274

目 录

轮椅上的求学路	李艳艳 282
我努力，我自信，我成功	王云霞 284
万朵心花遥送温世仁	秦　娜 288
一位残疾父亲的"记恩簿"	黄建胜 291

后　记　　　　　　　　　　　　　　　　　　293

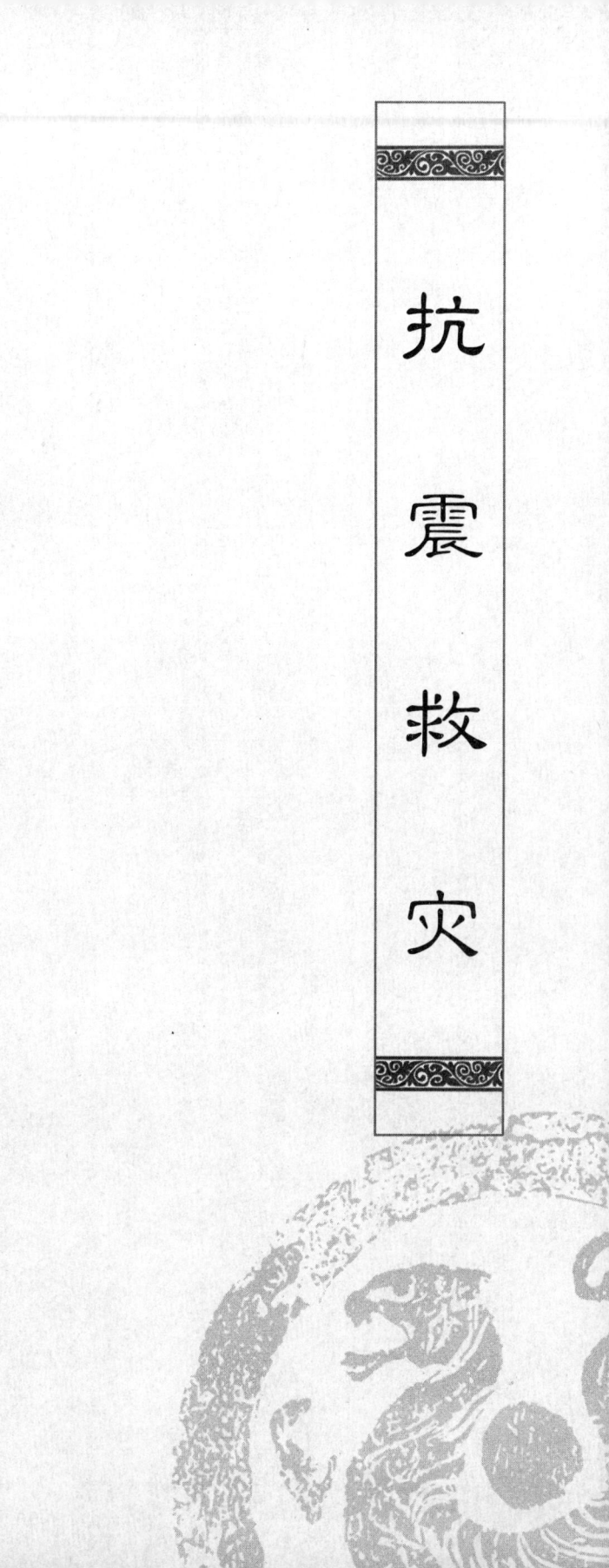

抗震救灾

苏霖祥文

我们是一家人

宜秀萍

一方有难　八方支援

5.12汶川地震发生后，电视、广播、报纸、网络，所有的媒体都在滚动播出来自灾区的报道，有令人振奋的成功救援，有催人泪下的瞬间点滴，有惨不忍睹的废墟画面……来自灾区的所有消息都牵动人心。希望更多的人能够获救，帮助幸存者早日走出困境，相同的目标让来自社会各阶层的爱心人士开始了同一个行动——为灾区捐款捐物。

5月13日，省红十字会开通了应急募捐热线电话和募捐账号，工作人员24小时值班。

5月16日下午3时许，在省红十字会募捐点，一位衣着朴素的女士先在募捐箱里投入50元现金，然后又从包里小心翼翼地掏出一个红布包裹的物品，打开后，竟是一枚金戒指！在志愿者的陪同下，这位女士来到典当铺将戒指当成1450元现金，全部捐献，并一再要求不留姓名。

一位六旬老人的来信更是让人感动："难友们，你们可知道在'5·12'的那个不眠之夜，有多少颗善良的心在为你们哭泣；有多少双手在向你们伸来……随信寄来微薄的100元钱，以表寸心，请不要嫌少，因为近期打工只挣了160元，六旬老人打工的路很难……"

设在社区、商场等处的募捐点前，自发捐款的人时常会排起长队，队伍里有男男女女、老老少少，他们来自社会各个阶层。"从来没见过捐款的人能排这么长队！"每天，省红十字会的工作人员都在感动中忙碌着。每天，最后一个捐款人、最后一个捐款电话都到了午夜零时之后。

在兰大一院发起的募捐活动中，身患重病、80岁高龄的退休干部刘同福，坐着轮椅赶到现场捐款1000元；卓尼县贡巴寺的僧侣们纷纷向灾区捐款，为受难者诵经祈愿；奋战在抗震救灾医疗前线的白衣天使们，在夜以继日的忙碌中，没忘记为灾区人民再送一份爱心……

与此同时，甘肃省一批企事业单位的善举给灾区人民送去了更有力的支持。

5月14日，酒钢集团率先行动，向甘肃省地震灾区捐助500万元。随后几天，交通银行、华亭煤业、金徽酒业、洋河酒厂、中国铝业西北铝加工分公司等企业相继行动起来，从数十万，到数百万，一笔笔爱心捐款送到甘肃省红十字会、省民政部门及省慈善总会。

全省党政机关在全力做好各自抗震救灾工作的同时，发动干部职工开展了一波又一波的捐款活动。

全省各市州也相继在当地拉开了爱心捐助灾区的大幕。5月14日，嘉峪关市向灾区紧急捐款300万元，随后迅速在全市掀起向灾区人民捐款的热潮。

全国兄弟省区市和部分单位机构也向甘肃省灾区送来了关爱和支持。从5月13日起，甘肃省陆续收到了西藏、湖南、广东、宁夏、广西等省区党委、政府发来的慰问电以及中国国际贸易促进委员会、中华全国供销合作总社、国家开发银行、中国国际金融有限公司、最高人民法院、中国石油天然气集团公司等发来的慰问电和慰问信。

上海市捐款200万元，江苏省捐款300万元，支持甘肃省灾区抗震救灾。无锡市委、市政府向陇南市委、市政府也发来了慰问电，并首批捐款40万元。

血浓于水　心手相连

"灾区人民在流血，快将我的血送到那里去！"地震发生后，电视上灾区人民受伤流血的画面让兰州各界群众心痛不已。

5月14日，在东方红广场、张掖路步行街、兰州西站等省血液中心流动采血车日常停靠点上，许多群众一大早就守候在那里等待献血。那一天，每一个献血点上，都排起了长队，直到23时多，中心才送走了最后一个献血的群众。当天，该中心采血量达到1100袋，创下了单日采血量历史之最！

随后的几天，为了避免有可能造成的浪费，保证血液持续有效供应，15日，该中心停止血液采集，对献血者采取预约登记形式，短短两天时间，共有4037人现场登记或通过电话预约献血。

武警甘肃总队兰州市一支队全体官兵在待命的同时，5月14日，紧急组织了一次献血活动。共采集到血浆472袋，所有血浆均已运抵救灾一线。同一天，临夏回族自治州800多名军民争先报名献血，当天采集血液约200袋。

连日来，这样的感人场景在全省各地一再上演着。

灾区受伤群众急需医药，接下来的防疫形势更需要大批消毒、杀菌等医药物资。面对这样的需求，一批医药企业迅速行动起来。奇正藏药集团先后两次通过甘肃省光彩事业促进会及四川省红十字会，向甘肃陇南、四川汶川受灾地区共捐赠价值328万元的药品。

甘肃独一味生物制药公司捐赠了价值200万元的独一味胶囊，并组织车队将这些药品紧急运送到了甘肃、四川两地灾区的主要医院。

与此同时，省卫生厅相继收到北京海吉星、甘肃扶正、甘肃新兰药药业有限公司、兰州生物制品研究所等企业捐赠的价值百万余元的药品。

在甘台商和甘肃籍台胞，在省台办的积极协调下，也向甘肃省陇南、甘南灾区送去了急需的物资。兰州正林农垦食品有限公司董事长林恳捐赠了100万元人民币和20万元的物资，直接送往陇南灾区。台湾旺旺集团兰州办事处通过省民政厅向灾区捐赠了45万余元的食品和饮料。

众志成城　共渡难关

"为灾区人民献一份爱心！""同胞受灾，请伸出双手！""灾害无情人有情，携手同心渡难关！"……连日来，这样的标语横幅飘扬在省城的大街小巷。商场、饭店、酒吧、民宅，几乎每一台开着的电视都在播放同一个内容——来自灾区的最新报道。

"不能靠近你，也要温暖你"，5月17日晚，在兰州东方红广场，数万群众聚集一起，点燃512根蜡烛，为地震灾区人民祈福！5月18日晚，同样是在这里，"天佑灾区爱满人间"赈灾义演再次传递陇原儿女对灾区人民的祝福与企盼。

互联网上，千百万网友用催人泪下的语言哀悼死者。

一位新浪网友留言："别再震了，尊敬的土地公公，我们都被您摇得流泪、流血，很多人都被您摇没了，请您别震了！"

一家网站开辟的"当幼童失去父母，我们都是孩子的亲人"的栏目下，署名"年轻母亲"的网友留言："孩子，你虽然失去了父母，不要哭，也不要害怕，你不会感到孤单，因为我们都是你的亲人，全国人民都是你最可亲、最可信赖、最疼爱你的父母！"

耳边响起这首温暖的歌："因为我们是一家人，相亲相爱的一家人，有福就该同享，有难必然同当！"

心中激荡起无边的力量：我们众志成城，风雨终会过去，彩虹就在前方！

大爱起陇原

张蔚波

爱心不分先后

2008年5月14日,也就是汶川大地震发生第三天的一大早,庆城县伊真盛宴餐饮有限公司三楼大餐厅热闹非凡,趁餐厅还没营业,全体员工正在这里举行抗震救灾捐款仪式。只见200多平方米的大厅,被前来捐款的员工围得水泄不通,大家怀着对灾区人民的一片真情,纷纷伸出援助之手。随着公司总经理马伟将2000元投向捐款箱,76名员工们相继解囊,不到半小时就捐了近万元。

马伟哽咽着说:"我是流着泪看电视上救灾现场的,特别是看到都江堰市聚源中学18个班的学生被埋在废墟下的画面时,我痛得揪心,灾情牵动着我们每一个人的心。公司举行这个仪式,就是为了表明我们对灾区人民的一点爱心。"

5月15日,民乐县永固镇姚寨村。这个曾于2003年10月25日同样受过里氏6.1级地震危害的村庄,现已重建了家园,但他们没有忘记,是来自全国各地的无私援助,使他们渡过了难关。所以,尽管目前他们生活还不富裕,但当汶川地震发生后,村民自发在村文化广场组织起了"抗震救灾献爱心"捐款活动。

当年被解放军从废墟中救出的村民李存芳,第一个将100元现金塞进了捐款箱中。她动情地说:"2003年地震时,是解放军救了我和孩子,政府还帮助修建了住宅,现在虽然不太富裕,但也要尽自己的一点微薄之力。"姚寨小学五年级学生史兴平来到工作人员面前,从口袋里面取出一个手绢包裹,打开手绢,里面竟是厚厚一叠五角、一元和两元不等的零钞!"叔叔,这是我平时积攒下来的18元钱,我要捐给灾区小朋友。"83岁高龄的村民于树仁,在亲人的搀扶下走过来,把老两口平时省吃俭用积攒的100元现金交到了镇党委书记王祥手中。村民李爱年领着5岁的女儿李震生也来到了现场,将80元人民币交给了工作人员。因为她是地震当天由政府组织的医疗队接生的,所以父亲就给她取了这个名。当日,姚寨村群众和小学生共向灾区捐款5233元。

5月22日上午,礼县固城乡林山村,七旬五保老人吴起元用颤抖着的双手从内衣口袋里摸出一个红色的小布包裹,他慢慢地一层一层打开时,一叠皱皱巴巴、面值不一的人民币露了出来。老人对检查灾后重建工作的县领导说:"这是我几年积攒的400元钱,麻烦你们转交给灾区人民吧!"

礼县也是"5·12"大地震的受灾区,吴起元老人三间土坯房的背墙也震塌了,现在他和大家都住在临时帐篷里。说起这次地震,老人眼含泪花哽咽着说:"从电视上看到有那么多人压在废墟下,真不忍心看啊。我琢磨着把这点钱捐给灾区群众,或许能帮着救点急。"

赈灾不拘形式

5月13日,汶川大地震发生的第二天,临洮县鑫泰药业公司立即行动,并倡议各药业企业为地震灾区捐赠药品。公司通过与县卫生局、县红十字会取得联系,列举了急需的药品和医疗器械,于5月14日统一支援到灾区。捐赠药品均经最新检测合格,药监人员还在药品出发前再次进行了抽样检查,以确保灾区群众用药的绝对安全。

5月16日,渭源县会川镇骄阳似火。上午10时,当县内的10多名书画家刚刚在镇区繁华路段摆好桌椅准备义写义画时,一会儿便被闻讯而来的群众围了个水泄不通。这是由县工商联和县文联联袂发起的"书画义卖救灾献爱心"活动。渭源书画院的张国亮、姬惠珍夫妇都已年过花甲,姬惠珍患有骨质增生,原准备要去兰州看病,一听说搞这样的活动,夫妇俩二话没说就来了。

"县中药材行业商会副会长艾建勤捐了5000元!"不知谁喊了一声,捐款现场的群众不约而同地鼓起掌来。艾建勤因经常在四川做生意,一对儿女都在绵阳市上学,虽然他的孩子逃过了这次地震劫难,但灾区人民和孩子们遭受的苦难深深触动了他。他说:"我只能拿出这么多了,我做的还很不够,但我真诚希望灾区人民早日渡过难关。"

书画师们和工作人员都没有顾上吃午饭,一直进行到下午3时多,捐款总量已达到了2.6万多元。

5月19日至21日,碌曲县郎木寺院为灾区举行了两天的祈福诵经活动。

活动后，僧人俄旺智华拿出用一块黄布包着的自己一生积蓄的1万元，交给了驻寺工作组。郎木寺院还有6名老僧人因病不能亲自前来捐款，他们让人代捐了1700元，郎木寺全寺僧人共为灾区举行了两次捐款活动，捐款数额达到3万多元。

志愿者在行动

从5月18日下午，在成都和都江堰灾区有一名来自甘肃的青年志愿者，一直忙着搬运物资，照顾"三孤"，抬送伤员。他就是庆城县北区管委会干部慕强。

汶川地震发生后，牵动了庆阳老区人民的心，各界群众纷纷捐款捐物，抗震救灾。庆城县北区管委会干部慕强于5月13日通过网络与四川省团委取得联系，请求赶赴灾区，做一名志愿者。由于大量自愿者要求进入灾区一线服务，四川团省委拒绝单个自愿者到灾区，慕强再三请求的诚意打动了四川团省委工作人员的心，5月17日征得同意后，他立刻带着必用物品，拿着提前预定好的机票，于5月18日凌晨5时从庆城县出发赶往西安，乘飞机下午3时10分赶到成都机场。慕强首先来到成都志愿者服务站，把准备买笔记本电脑的1.2万元现金捐给了四川团省委，他还代母亲捐了2520元现金，随即立刻就投入到了紧张的工作中。

5月21日中午，慕强给妈妈发来短信说："入川4天来，我一共休息了3个小时。今天我们要进入汶川县、北川县等重灾区，救援群众、运送伤员。"

与慕强不同，灵台农民仇小琼、曹唯一、仇金宏、仇宝全是另一种形式的志愿者，他们自驾车亲自奔赴灾区送物资。

仇小琼说，"5·12"后，他看到灾区的一幕幕惨象，就萌发了去四川现场帮一帮受灾群众的想法。5月14日上午，他和曹唯一买了60箱方便面和6扎矿泉水，在车头贴上"抗震救灾 甘肃灵台"8个大字就出发了，15号早上10时，到达都江堰，将方便面和矿泉水交给了都江堰市的救灾物资收集点。

仇金宏和仇宝全去的是陇南的文县，送的也是方便面和矿泉水。

李早香是马街官堆人，丈夫在武都区国税局上班，自己则做卖早点的小生意，日子过得并不富裕。"5·12"地震的第二天早晨，由于受地震的影响，5月13日武都城区所有的商店、饭馆都关门了，灾民的吃喝成了问题。李早香想到如果这个时候能给他们一碗粥喝，那该多好啊。5月14日中午，李早香开始为陇南市第一人民医院的灾区伤员送饭。当她第一次把热腾腾的饭菜送到老乡手里时，周围的病人向她投来了感激的目光。发现伤员很多，李早香就改用自家做早点的大锅做，每天做二三锅，可供将近100多人食用。在她的带动下，许多国税局职工家属也加入到为灾区伤员送饭的行列。

深圳帮扶陇南记事

白德斌

很不幸，一个城市遇上了无情的地震，但它也很幸运，这个城市遇上了远在千里之外的另一个城市，它们并肩站在了一起，共同坚强面对。

相信历史会像记住汶川大地震一样，记住两座城市的名字：陇南、深圳。

陇南·伤

地震让陇南受到了难以想像的损失，数以万计的房屋顷刻间变成了残垣断壁，失去家园的人们沉浸在伤痛之中。地震还让人们看到了陇南的另一面——经济落后，生活贫穷。

"如果不是地震，我们可能一辈子都不会认识。"曾连续两次来陇南灾区考察的深圳狮子会分区主席吴晓明对康县一位地方官员说了这样一句话。

"四川的灾情让我们震惊，而陇南的贫穷令我们吃惊。"——一位深圳人士在走完所有地震灾区后发出了这样的感叹。

一时间，陇南这个原本很陌生的名字迅速进入深圳人的大脑。随之而来的就是很多人想去陇南看看，无论是政府、民间组织，还是个人，都积极行动起来，表示愿意成为陇南重建的一分子。

就这样，一座充满爱心的城市向陇南伸出了援助之手，它的目标不只停留在帮助陇南恢复重建上，它还希望为陇南的长远发展助一臂之力。于是，深圳不仅捐钱捐物，远赴陇南为受灾群众修建房屋、学校、医院，而且签订了劳务输转协议、农产品销售协议，并且很快开始实施。

深圳·爱

一个城市怎样才能打动人心？如果它足够繁华，也许可以；如果它足够美丽，也行！但有一样不可或缺，那就是爱心。

那些日子，深圳的商场、宾馆、地铁、公交车，甚至街头的小餐馆，但凡有电视的地方，无论哪个频道，都会从中听到"陇南"，看到那片被"震"伤的土地，还有许多在简易帐篷中从事各种公益活动的深圳人。

走在深圳的街头，你会发现很多商业广告牌换成了抗震救灾公益广告，就连一些游乐休闲的场所门口，都在提醒人们不要忘记还有很多灾区的同胞需要帮助。

在每一个社区都立着一个募捐箱，就像一个容纳爱心的大房子。这并不是专门为抗震救灾而立的，有很多已经在那里伫立了多年，只不过从地震发生的那一天起，它们把收集的"爱心"送向了灾区。

"地震虽然没有波及深圳，但我们第一时间成立了抗震救灾指挥部，举全市之力抗震救灾。当前及未来三年，我们也将尽全力帮助陇南重建。"深圳市政府一位官员说。

"说真的，起初我们不知道甘肃的灾情那么重。"深圳市慈善会秘书长范建华说。

和范建华一样，地震发生后，绝大多数深圳人并不知道陇南也遭受重创。但很快，许多人通过媒体看到了陇南不同于四川的灾情，他们迅速筹集500万元救灾资金和价值700万元的物资，于5月23日发往陇南。

从那时开始，这种无私的援助就没有停止过。

"自从深圳对口支援甘肃后，我们几乎每天从早到晚都在接待认捐的市民。"曾经是一名医生的吴大姐已经在深圳慈善会做志愿者两个多月了。据深圳媒体报道，她每天要接上千个捐助电话，嗓子都说哑了。

吴大姐手上时刻拿着一本厚厚的认捐表，一大半已经填满了。有的想认捐一间住房，有的想认捐一个学生，有的想捐助一所学校。

许凌峰发起的"募师支教"活动尤为突出。他被誉为"中国募师支教第一人"。20年前，他只身赴深圳打工，从一名普通保安开始，如今已成为深圳市一家装饰设计公司的董事长。

3年前，许凌峰自己掏腰包为贫困山区募师支教的消息引起了不小的轰动。

"募师支教爱心联盟"这个民间爱心组织开始起步，一直到今天，已经在全国招募了162名志愿者。

"从深圳的媒体上看到陇南本来就破旧的学校已经倒塌了很多，很多学校缺少老师，我们决定针对陇南招募志愿者。"许凌峰说，"此次计划招募60名，但报名的远远超过这个数。"

从深圳红十字会、捐助中心、深圳慈善会到各种民间爱心组织，都能听到许许多多相似的爱心故事。

大量的救灾物资从深圳到达陇南的同时，一批批深圳的爱心人士也随之进入陇南。

6月初，邓兆建收集了价值约30万元的救灾物资，雇了一辆卡车赶往陇南。一路上他吃住都在车上，6天后到达文县碧口镇。

国际狮子总会深圳狮子会总监王锦良也专程前往陇南，确定了今后要援建的村庄和学校。从陇南回到深圳，他一脸疲惫。一说起陇南之行，他感慨不已："第一印象就是路太难走了，有些村子车根本没有办法开进去，还有就是农民的生活太艰苦了，一场地震几乎毁掉了几代人奋斗的成果。"

狮子会的成员都是企业家，他们联合在一起，以帮助别人为目标，这次他们选择了陇南。按照初步制定的计划，未来几年，陇南将出现以"狮子"命名的村庄。

深圳人去了陇南，陇南人也到了深圳。

"外面的世界很精彩，你们就是文县撒到深圳的种子，希望你们能在深圳开花结果。"中共中央政治局委员、广东省委书记汪洋对赴深务工的陇南灾区青年们寄予希望。

7月13日下午5时许，暴雨初歇，稀薄的云层透出了阳光。富士康科技集团公司的5辆大巴车把来自陇南灾区的218名劳务人员接到了深圳厂区。

18岁的刘婷和妹妹刘雯一起下了车，住进了同一个宿舍。这是公司特意为她们安排的。"他们是第一次出远门，住在一起心里就不会孤单。"富士康人事部门的工作人员说。上半年，刘婷还在读高二，但是因为家里困难而辍学。因为地震，她选择来到深圳。"刚来那几天，老是想家。"刘婷说，"又因为我视力不好，在生产线上很慢，就想回家。"公司了解到这一情况后，给刘婷调动了工作，安排她去包装车间。同时，因为能天天和性格开朗的妹妹刘雯住在一起，刘婷很快适应了工厂的生活，不再提回家的事了。

这些日子，几乎隔几天就有100多陇南的务工人员到达深圳。

"我告诉他们,不要把自己当作一个务工者,你要当作一个深圳的建设者,你是来这里寻梦的。"冠利得公司董事长杨少华说。

"我们感觉挺好的,很感谢深圳给了我们这样一个机会,希望将来能有机会成功。"有过外地打工经验的符文军说。

50多名陇南、甘南灾区的孩子近日在深圳度过了美好的暑假。他们和深圳的小朋友们一起联欢,一起交流。在一次聚会上,14岁的藏族女孩兰美周用藏语动情地演唱了一首歌曲,歌名用汉语翻译叫作"感恩"。

采访中,一个音像店里恰巧传出了一首抗震救灾歌曲:"无情的漆黑,你需要我来陪,别忘了我会在你身边和你一起坚强面对。因为我相信,再大的苦难也会过去。美丽的风景,我们一定能再找回。"

废墟上的读书声

牛彦君

"还有15天,就要参加高考了,我得抓紧时间复习。"记者见到杨华时,他正在学校搭建的帐篷教室里学习。他是甘肃陇南市成县二中高三(5)班的学生。这些天来,他每天一大早就从对面山上的上峡村步行半个小时来到这里。

不仅仅是杨华,地震后第三天,这里就聚集了学校600多名同学。每天早晨8时,读书声准时从废墟上的帐篷里响起。几百人的声音,周围的几座山都能听到。

成县二中在当地是一所有名气的学校,担负着附近6个乡镇学生的高中阶段教育,其中还有一部分来自康县、西和的学生。共有学生2730人,教职工132人。在这次地震中,成县二中损失惨重。一栋教学楼整体成了危楼,横七竖八的长长裂缝醒目地排列着,交叉着。楼梯出口处变形的水泥柱似乎还在昭示着那场地震的强度。由于疏散及时,没有造成人员伤亡。当天晚上,学校就迅速在教学楼前拉起了横幅:严禁靠近警戒线。

"地震发生了,咱们的读书声不能停!"自从地震发生以来,校长谢靖最大的愿望就是早日给学生们复课,起码要满足高三年级学生学习的需求。大型钢管帐篷就成了最急需的物资。谢校长立即与有关部门联系钢管和篷布,又经多方联系,找到了在附近施工的一家工程队。说明来意后,工人们二话没说,背起工具就来了。"别看两顶帐篷,搭了整整一天。"他指着两顶超大规格的帐篷说,"工人们有信心不让钢管的每一个连接处出错,保证质量,让学生们能安心上课。"

5月15日,成县二中复课了。"我们不统一要求学生们来上课,在确保学生安全的前提下,不耽搁课程的进展,但每天来上课的学生达到了80%。"下一步,他们还要搭几顶帐篷,以解决各个班级的学生上课。

附近的村民说,每天听到这些声音,对自己惊恐不安的心是一个不小的安慰。

　　与成县二中不一样的是，小川镇坡底小学校园整个成了废墟，没有一间房子、一排院墙能"站立"。

　　这所小学是一个有着51名学生、2名教师的山区学校。看到记者的到来，村民们讲述了地震当天发生的感人一幕。

　　在地震发生的瞬间，坡底小学校长台素民正在给二年级、三年级学生辅导午自习，教师高玉红在隔壁教室给一年级、学前班学生辅导午自习。突然，台校长听到了远处传来沉重的怪叫声，发现教室桌子上有土块落下，他立即意识到发生了地震。于是，他一边叫高玉红老师"快！地震来了！"一边赶紧组织学生向教室外撤离。有两个动作慢的学生怕极了，不知所措，高玉红上去一边一个抱起来就往外跑。当她抱着学生冲出教室后的那一刻，整个校园都在颤抖，随着一声巨响，后门、围墙及教室同时倒塌，吓得学生哭声一片。

　　转眼之间，校园已瓦砾遍地、面目全非。站在院子中央的学生个个面色苍白，瑟瑟发抖。

　　台素民、高玉红来不及多想，迅疾将学生围成一圈，让最小的学生站在人群中间。两位教师将学生清点一遍，台素民发现学前班的陈明明同学不在队伍中。他急了，要冲进去找，但墙土已将教室门封死，他使劲推都没有推开。50岁的他流泪了。此时，陈明明的爷爷跑了过来，上气不接下气地说："老师，我的孙子在邻居家。"台校长悬着的心终于落地了。

　　当学生快被家长接完时，在新兴小学读书的一个学生跑来对高玉红老师说："高老师，您的孩子陈磊还在学校等您去接。"此时，她才记起在附近新兴小学上四年级的儿子的平安。

　　这时候，一些惊慌的村民匆忙赶来，急切地问道："学生是不是都救出来了？"看到变成一片废墟的校园和平安的子女们，村民们流泪了。

　　第二天，惊魂甫定，台素民就和高玉红商量起了复学的事。"孩子的学业误不得呀！"他说。第三天，他们就在距学校不远的村民家院子中，搭起了一顶只有四五十平方米的小帐篷。记者采访时，老师和学生们正在对地震中的遇难者默哀，学生们的眼泪在眼眶里打转。3分钟后，高玉红就组织起10多个一年级的孩子开始上课。

　　这里的孩子们又拿起了书本，重新坐到了"教室"里。

　　5月20日，记者见到一顶漂亮的钢管帐篷挺立在成县抛沙镇唐坪村小学旁边的一块空地上，但里面只有3个老师坐在课桌前。

校长杨国祥告诉记者，当天上午接到县教育局的电话，通知放假3天，说是5月20日-22日在四川平武南坝区—甘肃文县碧口间可能发生6-6.5级强余震，要求做好防范准备。

记者看到新帐篷校舍的侧面就是成了废墟的曾经美丽的校园。屋顶都没有了，裂缝张大了嘴。

24岁的老师李霞说，学校正式复课是在15日，其实从13日开始，杨校长就在自家的樱桃树下给六年级的学生上起了课。"因为是毕业班，马上就要参加全省的会考了，不能让学生落下功课。"杨校长说："上课前，我们都要先观察好天气和地势，确保发生余震后能迅速到安全地带。"

李霞的家要翻过好几座山，她家也受灾了，可她舍不得这些孩子，就留了下来。李霞说，让她最感动的是一个叫徐秀全的人，因为没有他，复课就根本谈不上。

震后的第三天，徐秀全就在朋友的带领下第一次踏上了抛沙镇唐坪村。看到这里的惨状后，他立即决定在这里搭建一顶帐篷，让学生们先复课。回去后，他跟自己村的村民一说，立即就有40多人报名来参加搭建工作。用了一天的时间，临时教室就搭好了。

在采访中，山那边受灾不重的王磨镇张山村支部书记徐秀全说，"国家面临的灾情太大了，不能全等政府，自己要尽一点力量，去帮助别人，特别是下一代。"他还告诉记者，随后他将在原址上捐建一所崭新的学校，让孩子们心情愉快地上课。

地震发生后，围绕学生，社会各界都动员了起来，目标只有一个：让孩子们尽早有学可上，让他们幼小的心灵得到抚慰。

随同采访的县教育局支部书记蔡佐汉说，目前，该县已有98所学校建成134个帐篷教室。同时，他说目前仍有33432名学生需要在帐篷里上课，急需帐篷1180顶。

志愿者，我们共同的名字

陈晓军　杨世智　伏润之

"大难临头，咱捐人行不"

团省委志愿者指导中心火速招募赴灾区一线的志愿者。这个并没有着力宣传的招募消息，竟迅速传遍了全兰州。副队长张亚来告诉记者，他没想到报名参加志愿者人数如此之多，报名电话24小时一直未断，1000多人强烈要求参加志愿队。

5月15日一大早，指导中心来了位65岁的老人郭俊杰，家住兰州市榆中县陈家村，他坚决要求参加志愿者服务队。张亚来告诉老人，志愿者年龄限制在45岁。老人犟在门口，就是不走。第二天他又来了，说自己有经验，身体硬朗得像头牛，但他还是被婉言劝回了；第三天，他领来自己的老伴，拿出"党员证"说："我是党员，老党员，这还不能去吗？"；第四天老人又来了，他拿出自己的"双拥模范奖章"说："这还不够吗？你们还要什么条件？"最后，指导中心工作人员含泪送走了老人。

一个电话让指导中心工作人员大吃一惊："我是人大代表，我要参加志愿者服务队！"是谁说话如此强硬？此人名叫尚兰树，兰州安宁区第16届人大代表，兰州格陵兰布艺超市总经理。记者问他，报名时，为什么要说自己是人大代表呢？尚兰树脸红了，他说他一心想加盟志愿者服务队，但听说报名的人太多，恐怕选不上，万般无奈，才用"人大代表"这块"招牌"来施加压力。

今年43岁的许多，是兰州少儿活动中心的一名老师。地震后，他觉得仅仅捐款是远远不够的，我还能再做些什么？当他看到电视上有一个大学生志愿者在帮助护理病人时，许多立刻订了去成都的飞机票，我要去成都，能干点什么就干点什么，哪怕我去只护理一个病人也行。他打电话到团省委咨询去成都如何联系。接电话的志愿者指导中心主任郝江临告诉他，甘肃也是重灾区，文县、成县、康县受灾也很严重。许多立刻退了机票，报名参加了服务队。他取出自己的15000元钱，买了帐篷、方便面、纯净水等急需物品，自己开了一辆小货车跟着志愿者服务队一起出发了。

不少正在兰州打工的农民赶到指导中心说，我们农民工没啥技术，就有一把力气，拆墙、抬木头，都行！我们给病人端屎倒尿，行不？

就在团省委志愿者指导中心招募队员的同时，一些群众自发组织的志愿者队伍也纷纷开始行动，挺进抗灾一线。

今年42岁的张朝霖是一位退伍军人，家住兰州海石湾，他和爱人都下岗在家，开了个小杂货铺糊口。看到电视里一幕幕感人的救援画面，他再也坐不住了，马上带着家人赶到社区捐款。"遇到这么大的灾难，我捐不出太多的钱，咱就捐人行不？""我曾经是一名军人，我可以去抢险救灾一线！"当他得知社区正组织志愿者救援队时，二话没说报了名。张朝霖告诉记者："1982年，陕西汉中发生水灾，我就参与过救援工作，我有救援经验。"报名之后，张朝霖天天等消息，就和当年队伍参与救援等待出发时一样着急。时间一天天过去了，张朝霖急了，5月19日，他在网上发帖：退伍老兵，自愿参与抗震救灾。"我希望找到一个'组织'，带我到一线。其实自己咬咬牙，凑些路费也可以到一线，但那样太盲目了，会给大家添乱。"一直期待呼唤的"老兵"张朝霖说，作为一名军人，不能到救灾一线参与救援，这是他一生的遗憾。但他说，自己会在"大后方"做一些自己力所能及的事，这和到前线一样重要。

5月15日，水木装饰公司自发组织志愿者队，为给车辆腾出更多空间装载救灾物资，公司只筛选了吴红星、姚嘉、宋雅斌、寇瑞全、白林贵等几名志愿者，由公司董事长吴红星亲自带队赶赴文县。这使很多没有选上的员工流了泪。护理专业毕业的客户经理许丽说，自己是学医的，灾区救援正需要她，而且她牵挂在文县医院工作的同学。地震发生后，同学在乡下的4名亲人遇难，全家6口人只剩下同学和同学2岁的侄女。设计师张熠华也牵挂着甘南灾区的藏族朋友，她说抗震救灾多一个人就多一份力。公司50多岁的保洁员邱春蓉曾在陇南插过队，她想亲眼看一眼那里的乡亲，想亲口对乡亲说一句安慰的话。

5月15日，敦煌的王文、王莉、夏玉芸等3名医生自己组队，赶赴陇南市武都区第一人民医院参加抢救。

5月20日，团省委组织的近20人的志愿者服务队带着自筹资金购买的帐篷、方便面等物资直奔陇南。

5月24日，兰州团市委组织的青年志愿者12人，带着价值4万元的帐篷、药品、棉被、食品等急需物资，奔赴陇南灾区。

"每个人就是一个故事，每一个故事里都有一腔热血"

团省委志愿者服务队一路颠簸直达重灾区陇南市武都区马街乡赵坪村。震后，该村89户人家的房屋几乎夷为平地，村民只好在邻村搭起简易帐篷暂住。

震后，政府为每家每户分发了10公斤大米、25公斤白面，暂时解决了吃饭问题。灾区群众从土堆里刨出粘满泥土的衣物穿在身上，有的人用被单搭个简易帐篷，有的人找来塑料布搭个小棚子。

队员们强忍住泪水，急忙发放药品、搭建帐篷、帮助村民搬运救灾物资。省中医院的杨宏武、赵军大夫刚在一个小小的桌子上摆开义诊平台，灾区群众全跑过来了。一位40多岁的妇女过来要一种普通药，当药递到她手中时，这位妇女突然嚎啕大哭起来，一边哭一边唱起来。村民解释说，本地有唱说的风俗。村民一边解释，一边自己哭起来了：这位妇女的亲人被埋在院子里，祖上传下来的那套土房子被埋了，锅碗瓢盆、衣服和家具全没有了，她一哭，一起来看病的村民也跟着哭起来。

从灾区回来的志愿者说，很多受灾群众都一无所有了，但他们仍能看到希望。救灾物资运到村子里，没有人来哄抢，反而有许多村民自发地帮助志愿队清点货物、发放物资，很有秩序。很多村民忙着拆房，他们要把木料留下来，准备以后重建家园时再用。

"人心都是肉长的"，副队长张亚来对记者说，他们在赶往一个受损非常严重的村子时，半路上，车陷在水窝里出不来了。这时来了几位老乡，一看到车上的标语知道是救援队，转身就跑，一会儿就扛来刚拆下来的门板，二话没说就往车轱辘下的水窝里塞，众人边抬边推，一会儿车就出来了。车发动着了，那些纯朴的农民则站在那儿默默地向他们招手。晚上，他们在武都区的河边搭起3个帐篷，20多人挤在里面。队员们四周看了看，发现很多人居住在用彩条布或是被单搭起的简易棚里，大家一商量，腾出一个帐篷给了条件最差的人，第二天又腾出一个。第三天，灾区群众看到他们露宿在河边，就给他们送来了黄瓜、馒头和水……

志愿者服务队是23日晚赶回兰州的，他们把所有的钱和物资全留在了灾区。队长郝江临对记者说，在灾区故事太多了，每个人就是一个故事，每一个故事里都有一腔热血。她说："有一天，我和张亚来商量，下一个灾区在山上，但物资已用完了，总不能空手去呀。正说着时，旁边的3个队员起身说，郝大姐，我们有点事出去一下。过一会儿，我走出帐篷，外面整整齐齐地堆放着刚买来的10多箱方便面。我当时就流泪了，多好的小伙子！在参加志愿者服务队前，他们是刚离开工地的农民工。有次去一个村子，位于海拔3500多米高的山上，山高坡陡，车爬不上去。全体队员说，我们要扛着东西上去，让村民们知道，我们牵挂着他们，惦记着他们。"说着说着，她的眼圈红了："我不能再说了，再说我就要哭了……"

"我们哪儿也去不了，请你们吃一顿饭也不行吗"

15日早上7时30分，7辆由水木装饰公司和西野四驱俱乐部志愿者组成的救援车队，满载着灾区急需的食品、药品，于当晚12时抵达舟曲县城。16日上午，志愿者直赴距离舟曲县城8公里的江盘乡姚家楞村。那里的山路，一边是悬崖，一边是山体，只能容一辆车通行。山上的受灾群众看到有车来，自发组织起来为车辆平路。一到山上，先前还意气风发的姚嘉看到灾后的情景，心情顿时沉重起来：山坡上搭着两个帐篷，还有灵堂；村民们正在做饭，但基本上没什么吃的；两三个只有四五岁的孩子，正在泉水边洗衣服……在场的所有志愿者眼睛一下子都湿润了，而他们所要做的，就是将自己带的救灾物资分一部分给村民。

中午，志愿者们启程赶往文县。一到武都，他们立刻被一种特殊的气氛所包围：街上到处都是帐篷，子弟兵忙碌地为灾民做饭，医院大厅里躺满了受伤的群众……所见所闻，让志愿者感到了一种从未有过的紧迫感，他们开足马力，直奔我省受灾最严重的文县。17日上午11时，他们到达文县，将救灾物资交付当地政府部门，并去了县医院和县城附近的一个受灾村庄。在县医院，两个地震中受伤的孩子正在接受治疗，其中一个被截肢，另一个则成了孤儿。水木工程部监理宋雅斌忍着泪水，在一位孩子的枕头下压了100元钱。而一名网名叫"甘D"的志愿者，则在送完救灾物资返回时，又一次特意赶到医院看望了两个孩子，并给每个孩子留下了500元钱。

18日，救援车队经九寨沟口、郎木寺、岷县返回。在九寨沟口的"白马宾馆"，里面的人一见他们是从抗震救灾一线下来的，就热情地和他们拥抱。宾馆老板则坚持要把几百元一晚的标准间降为60元一晚供他们住宿。在当地开餐厅的一位四川德阳老板坚持邀请他们到自己餐厅免费就餐，说家乡受灾自己虽然回不去，但能为抗震救灾的人做一点事情心里就舒坦一些。在岷县，姚嘉等几名志愿者到一家回族小饭馆吃饭，他们挂着的抗震救灾胸牌引起了老板娘和两个女儿的注意。结账时，老板娘坚决不收钱："你们坚持要给，那就把你们的胸牌留下一个做个纪念吧。现在全国人民都在为抗震救灾出力，我们哪儿也去不了，请你们吃一顿饭也不行吗？"

"我只要来了，就请别问我是谁"

汶川大地震发生后，网上一个叫作"中华情"的QQ群迅速作出反应，自发组织志愿者，从兰州向陇南灾区挺进。该群的负责人叫张绍（化名），他坚持不接受采访："我们所有的人都不求留名，所以我还是不告诉你了。"几经周折，5月23日终于和他取得联系，他正和其他志愿者一起装车。"14日去的志愿者回来说，碧口受灾群众现在急需帐篷，我们无法筹集到那么多帐篷，就赶紧筹集了一些彩条布，装上车马上就运往文县。"张绍说。

记者问："你们之间，以前认识吗？""不认识，我们在QQ群里自发组织，通过电话或QQ联系。"

"地震发生后，QQ群里的志愿者们强烈要求去支援灾区。我们筛选了5名志愿者，14日带着药品、水、食物去了文县。食物除了自己吃的，都发给灾区群众了。"

"你们的资金从哪里来的？"

"我们中间没有老总、大款，都是普通的学生、公司员工。我们只想把爱心传递到灾区，用自己微不足道的力量让受灾群众都坚强起来！在陇南，我们遇到了来自北京、西安的志愿者队伍，虽然我们彼此没有交流，但我们的目标都一样！"

"你看这张照片"，张绍拿出一张照片。照片中的小姑娘，在灾难来临时没来得及逃脱，埋在了垮塌的房屋里，睁着双眼，似乎仍在渴望什么。"她的童年才刚开始，就被突如其来的灾难无情地夺走了生命！当看到小女孩的照片时，我嚎啕大哭，她的眼神，太悲凉了。"

"请你一定在报道中告诉陇南的灾区群众，灾区没有被人遗忘，有很多人为了灾区努力着，奋斗着。他们要坚强地生活下去！"

截至目前，我们还无法得知他们当中任何一个人的真名实姓。他们说："我只要来了，就请别问我是谁。"

"我们这次去带的东西不多，但我们可以给灾区群众带去信心"

志愿者们从灾区回来后，仍然表示要继续努力，不但帮灾区群众暂时摆脱困境，还要尽己所能，帮助他们重建家园！宋雅斌的感受是："现在是全社会该出手的时候了，每个人都尽可能奉献自己的一份力量。地震震垮的是我们的家园，但震不垮中国人的信念和意志。"

宋雅斌说，在灾区的4天当中，所见所闻让他产生了许多新的看法："爱心，不应该仅仅体现在抗震救灾当中，应贯穿于我们的日常生活当中。帮助别人，从某种意义上就是帮助我们自己。"水木公司已经启动了"百元千户献爱心"捐助活动，自现在起，在3个月内凡与水木公司签订家装施工协议的业主，公司将以业主的名义捐出100元钱，作为爱心款捐给地震灾区。

23日晚，许多从灾区回到了兰州，一推开家门，妻子和女儿捧着一束鲜花迎接他。周围的同事、朋友，在支持他的同时，纷纷要求为灾区做自己的贡献！许多说，这让他特别欣慰，有这么多人牵挂着灾区群众，什么困难我们克服不了呢？"我们这次去带的东西不多，就几箱方便面、几个帐篷，但我们可以给灾区群众带去信心，每次离开时他们都跟着车送我们。我们力量有限，可是我们能联系各种社会关系，我们的钱不够支援一个村，但我们可以帮一个家庭吧？"

尚兰树从灾区回来后说："在灾区的农村，我们看到小学生在简易帐篷里读书，青壮年和老人都在清理废墟，他们在土里刨，刨什么？他们在刨一点希望。"到兰州后，老尚马上给周围朋友打电话，告诉他的感想，一上午他就筹措到4万多元钱。

郝江临回来后，一直忙着为下次志愿者服务队出发做准备。她对记者说，受灾群众缺少的不仅仅是物资，缺少的还有心理上的关爱。"我们带的物资非常微薄，但只要大家都帮助他们，鼓励他们，重建家园就不是一个梦。"

爱，点亮他们成长路上的灯

刘喜梅

5·12汶川地震已经过去半年了，但灾区学子在大学里的生活一直是人们关注的话题。他们生活上是否有困难？心灵上的创伤是否已愈合？近日，笔者在各高校进行了采访。

各界资助：帮学生渡过经济难关

地震发生后，教育部门及各高校采取了一系列措施确保灾区学生顺利入学：延期高考，录取向灾区考生倾斜，增加2%的招生指标。8月29日，财政部、教育部下发通知，对地震重灾区的高中阶段和高等教育阶段家庭经济困难学生在2008至2009学年实施特别资助政策。来自四川、甘肃、陕西3省被确定为地震极重灾区和重灾区（根据国家完成的《汶川地震灾害范围评估报告》，国务院确定汶川地震极重灾区为10个县、市，重灾区为41个县、市、区，一般灾区为186个县、市、区。评估结果将作为灾后重建的参考依据，极重和重灾区为灾后恢复重建国家规划范围）的51个县、市、区的家庭经济困难学生，进入普通本科高校和高等职业学校后，一律免除学费。据了解，我省30余所高校除在新生入学"绿色通道"、国家助学贷款申请等方面给予灾区学生关照外，还采取了学费减免、发放困难学生补助金、生活补助，提供勤工助学岗位等措施来帮助灾区学生。

西北师范大学在学校本年度奖、助学金的评定工作中，明确要求各学院的评定工作须与人文关怀相结合，确保了70%以上的地震重灾区学生享受到国家助学金、100%的地震重灾区家庭经济困难学生被列入重点资助对象，并分别获得了最高额度的资助。除国家、学校提供的奖、助学金外，该校还积极寻求社会资助，如中国工商银行甘肃分行为该校100名地震重灾区困难新生提供了人均 2000 元、共计 20 万元的资助；中国联通兰州分公司为该校提供了"新势力爱心计划"价值 46 万余元资金。截至目前，该校有 335 名来自地震极重县、重灾县的学生受到了资助，金额共计 63 万余元。除此之外，学校还提供了 200 多个勤工助学岗位。

小周同学是西北师范大学生物科学专业大学三年级的学生，来自北川县城。在 5·12 汶川地震中，他的母亲和读小学的妹妹不幸遇难，父亲也受了重伤，家里已经没有经济来源。但失去亲人的小周没有再承受失学之痛，因为学校为他争取到了由中国联通兰州分公司"新势力爱心计划"提供的 8200 元资助金，确保了他大三和大四两年的学费和住宿费。

来自陇南武都区的甘肃联合大学的小樊同学，是该校旅游英语专业一年级的女生，她有一个哥哥和一个妹妹，三人全在上大学。家里的房子在地震中倒塌，田地也被毁，现在妈妈仍然和别人家共住在板房里，家里的一切开支全靠父亲外出打工，根本无力支付他们的学费。她是通过"绿色通道"进入大学的，入学后已经得到学校提供的"国家二等助学金"2000 元，学院还给她介绍了一份兼职工作，这样就解决了生活费问题。但由于今年陇南地区取消了生源地助学贷款，现在学费和住宿费还欠着学校。该校学生处王迎春处长说："学校绝不会让一个学生因贫困而辍学，我们正在核实学生的信息，积极为他们争取助学贷款，并努力争取社会资助。"

精神关怀：学生面对灾难已坦然

地震作为一种深重的灾难，不仅在于它那一瞬间的摧毁之力，也在于它以灾难记忆的方式留存于人的心灵，并有可能伴随人的一生。因此，在对地震灾区学生进行物质援助的同时，我省高校也十分重视学生的心理辅导工作。西北师范大学通过报告会、座谈会、专题讲座、文艺晚会等形式加强对地震灾区学生心里健康教育、励志成才教育与感恩意识的培养，建立和完善心理健康教育工作机制，组建班级心理委员，形成了以学生骨干、班主任、兼职心理辅导员为支撑的三级心理问题预防体系。

在甘肃联合大学心理咨询专业见到来自陇南的小张同学时，她还带着孝。她告诉笔者，父亲在地震中受伤医治无效去世。父亲去世后的第二天，她接到了首都师范大学的录取通知，痛失父亲的打击，加上考虑到北京的消费水平太高，小张同学退档了，后来被调剂到甘肃联合大学。"我对这一选择并不后悔，因为我在甘联大得到了很多的精神安慰和很多的爱,学生处的王处长,以及其他师长就像父亲一样关心我,让我非常感激。"她还说,她在应聘学校的学生工作助理岗位,"因为我得到了很多人的帮助,所以我也想为其他同学做点事情,为学校、为社会做点事情。"

甘肃联合大学还创办了心理杂志《心韵》。针对地震之后个别灾区学生出现的焦虑、恐慌、抑郁等情绪症状,该校也建立了校级、院级、班级三级心理问题预防体系,在班干部中增设心理委员。自11月份以来,学校开始逐个班级给学生做心理辅导,学生反响强烈。"每每想起在地震中离世的妈妈和妹妹,我还是会控制不住眼泪,但我已经能够坦然面对。虽然天灾是没办法预测没办法改变的,但在学校的关心和帮助下,现在的我已变得更加坚强。"西北师范大学的小周同学表述他目前的心情时如是说。他还告诉我,今年暑假他回家乡北川做了志愿者,为乡亲们做了一点该做的工作。

与经济上的帮扶、家园的重建相比,孩子们的心灵重建也是非常重要的。据了解,我省大多数高校都非常关心来自灾区的大学生,不仅仅是给予他们经济方面的帮助,同时也非常关心他们的精神状态和心理健康。我在大学校园里看到,这些来自灾区的孩子们已经露出了笑脸,并且又多了一层坚强。2008年,无论是对这些灾区的孩子们来讲,还是对我们这些非灾区的人来讲,都注定是刻骨铭心的。我们期待更多的人伸出温暖的手,用仁爱的心点亮孩子们成长道路上的灯,让他们在人生的道路上能够坚强、乐观地前行。

尖尖的帐篷像粽子

陈晓军　伏润之

"快来看看，这个帐篷咋是尖尖的，像个粽子。"

"听说这是老外从挪威拉来的救灾帐篷！"

6月12日一大早，在陇南市武都区东江新区的一片空地上，搭起了一顶顶尖尖的帐篷，大小不一，颜色各异。令人奇怪的是每个帐篷都有好几个进出口，还有小窗口，里面还有小厅和睡房，还可以在里面做饭。帐篷上标着"MAZ国际能源有限公司抗震救灾"等字样。一位满头白发的老外站在"粽子"帐篷旁边，一边看着说明书，一边通过翻译教给当地人如何搭建。这位"老外"正是MAZ公司董事长艾瑞克森先生。

这些"粽子"帐篷是如何从挪威运过来的呢？这其中还有个小故事。

5月20日中午，北京长信万林科技有限公司总经理吴铭定突然接到甘肃省经贸委主任李平的电话："甘肃陇南灾区急需2万顶帐篷，特别是过冬帐篷，能不能帮忙在国外组织中募捐一些，拜托拜托！"北京长信万林是MAZ公司的下属中国公司，这些年长信万林和兰州石化合作节能减排新产品，老吴的一半时间在北京，另一半时间在兰州。老吴说，和兰州石化合作5年了，兰州早已是我的第二故乡，故乡受灾，我责无旁贷。他迅速向MAZ总公司汇报了甘肃的灾情和需求。当天，家住挪威的MAZ总公司董事长艾瑞克森先生与股东们联系后立即决定，捐赠200万元人民币给甘肃赈灾，并将尽一切力量在欧洲各地组织购买冬季帐篷捐赠给甘肃。消息很快反馈给省经委，李平非常感动，他同时提出：能否优先考虑物资捐赠，陇南灾区现在最急需帐篷和睡袋，在甘肃本地买帐篷已经很困难了。

当听到甘肃灾区急需帐篷的信息后，5月23日，MAZ总公司董事长和股东联系后当即决定：立即购买冬季帐篷和睡袋，捐赠物资总值增为150万美元，利用所有关系和渠道帮助甘肃扩大募捐，全力支持甘肃抗震救灾。57岁的董事长艾瑞克森先生决定亲自把赈灾帐篷送到甘肃灾区,他要把看到的甘肃灾区实情带回欧美国家,为甘肃进行抗灾募捐。

MAZ总公司发动内部总动员,在欧洲国家的帐篷市场开始了"疯狂"采购,集中力量从不同的城市、商店和批发仓库中采购,最后汇集到挪威奥斯陆再空运到中国。仅4天,MAZ总公司就已收集到886顶帐篷;到5月30日抢购的高级冬季帐篷增至963个,可供4500人使用;到6月3日,帐篷增加到1310顶。

5月31日,吴铭定代表MAZ总公司和新加坡MAZ公司向中国慈善总会递送了捐赠1000万元人民币物资给甘肃的捐赠函,并明确指定供甘肃陇南地区救灾使用。6月9日,在欧美市场上"疯狂"采购的第一批1310顶帐篷全部到达上海机场,折合人民币约550万元,并于当天从机场直接送往陇南市。

6月12日凌晨,从上海机场紧急运来的1310顶"粽子"帐篷到达陇南市,马上开始搭建安装。陇南市民张娅芬说:"艾瑞克森先生头发都花白了,还为陇南灾区这样奔波辛苦,我们会永远记住这位慈祥的老人。"艾瑞克森先生随车到武都区、文县等灾区看过后,很为灾区人民的过冬安置担心。他说,这次运来的帐篷选用的材料是防寒、防水、防火耐用的,完全能够在零下20摄氏度的野外天气中使用,只是太少了。他表示回挪威后,马上动员更多的客户,募集更多的资金,从各个方面支持甘肃灾区人民重建家园。

我是一名志愿者

罗 丽

我叫罗丽，是陇南市武都区抗震救灾队伍中的一名志愿者。

5月12日下午两点多，我正在单位上班，突然感到桌椅茶几摇晃，房屋摆动。这时，有人大喊："地震了，快跑！"我们这才反应过来，冲到了院子。

这时的武都城区南北两山尘土飞扬，像无数颗炮弹轰炸过一样，霎时天昏地暗，到处一片狼藉。单位办公楼严重裂缝，玻璃大多被震碎，再加上余震不断，单位只好放假。

我是一名党员，也曾是名军人。灾难关头，军人的使命感油然而生。

到重灾区去，到老百姓最需要的地方去，这个念头始终在我的脑海里挥之不去。我顾不上收拾被震得七零八落的家，到处打听抗震救灾渠道。可直到晚上，都没有联系到具体组织点。这时，我突然想到，我是名退伍军人，应该去找武装部。

第二天一早，我就联系上两名战友到武装部报到，要求去一线，去最危险的地方。在我的强烈要求下，我被特批为民兵，编入武装部民兵应急分队。

14日，武都区桔柑乡大岸庙的公路因山体滑坡被严重堵塞，运送救援物资的车辆在蜿蜒的山路上排成了长队，应急分队奉命抢修。大家劝我："别去了！一个女孩子能干啥？"我大声地说："我一定要去，这里没有女孩，只有士兵，只有志愿者！"

我和战友顶着烈日，带着工具赶到抢修一线。简单分工后，我们马上开始清理路面，抬石头、背沙土，整个路段上只听到铁锹、铁镐与沙土摩擦的"嗞嗞"声。

从没干过这么重的体力活，不一会儿，我的双手磨起了血泡，火辣辣地疼。情况紧急，所有的人都埋头苦干，我也不甘落后，咬牙坚持，拿着铁锹不停地铲。6个小时后，阻断的公路终于被打通。这时候，汗水浸透的衣服贴在身上，一动就磨得生疼，腰腿、胳膊酸疼难忍，连整理一下头发都非常困难。可看到一辆辆满载救援物资的车辆驶向灾区，我和战友们都会心地笑了。

16日，爸爸要我帮大伯家整理东西，搬进临时搭建的帐篷。大伯对我从小就像亲生女儿一样，非常疼爱。在我退伍前的两个月，大伯不幸离开了人世，我没来得及和他见最后一面。爸妈让我去帮忙，我也想借这个机会尽一点孝心。

我抽空跑回大伯家，正在整理东西时，电话响了，要我立即到武装部集合，帮蒿坪村救灾。这一刻，我有点犹豫。说实话，我想留下来，可一想到受灾的群众，我还是强忍着悲痛，停下手里的活，含泪对着大伯的遗像说："大伯，对不起，我有任务了，要走了！"说完，转身就跑了出来。

赶到蒿坪村，到处是倒塌的房屋。满村的人都在废墟上忙碌着，掏粮食、抬家具、搬砖瓦……如此凄惨的场面，让我心里刺刺地疼。二话没说，我们立刻投入到紧张的战斗中，收拾日常用品，每个人都拼了命地抢着干。工具使不上了，就用手刨，混在土里的玻璃在手上划出一道道的伤口，可无人顾及。我扛起木头时，不小心脚下一崴，绊倒在一堆瓦片上。几个战友赶紧把我拉起来，我只觉得右脚火辣辣地疼，低头一看，被蹭破了一大片。我随便擦了擦，继续一瘸一拐，帮忙摞木头，刨家具。尽管有些家具已经不能再用了，但我还是含着泪，一件一件地整理好。

在帮一家村民清理埋在废墟中的粮食时，我捡到了一个小女孩的照片。听人说，这个孩子在地震中受伤了。拂去照片上的尘土，看到小孩子纯真的笑脸，眼泪一下子涌了出来。我坚信，小女孩会好起来，灾区人民的生活，也一定会好起来！

5月20日早晨，我们接到任务，为巴基斯坦国际医疗队搬运医疗器械，并帮助他们搭建帐篷。整整八车医疗器械，有易碎的药品，也有精密的仪器，要搬到指定位置，一点儿也不能马虎。车里的很多箱子都已破损了，为不让一瓶药掉在地上，不让一包药受污染，我们用手从底部托起，小心翼翼，就像捧着婴儿。战友们考虑到我是女孩，沉一点的东西不让我搬，但我每次都是抢在最前面。从早晨8点到中午12点，我们32个人，只用了短短的4个小时，就圆满地完成了任务，国际友人握着我的手笑着竖起了大拇指。

卸载完药品、器械后，我们顾不上休息到滨江中学拉了几十顶帐篷直奔姜家山。地震让这个曾经秀美的小村庄面目全非，四处残垣断壁。看到这一切，大家心情非常沉重，立即分成5个组，对照说明书，边学边搭。帐篷搭了一顶又一顶，长时间高强度的劳作，让我头晕目眩，差点晕倒，一个老乡上来一把扶住我说:"娃,你脸都黄了,快歇歇吧!"我笑着对他说:"你放心,我没事。"同时暗暗给自己打气,坚持,加油!

看到我非常疲倦,老乡为我端来一碗水,劝我说:"娃,你歇一歇,喝口水吧。"这可是他从几里外背回来的水,我不忍心喝,又递给身边的战友。一碗水从这个战友手中递到另一个战友手中,大家只是用嘴抿一抿。一圈转完了,一碗水还没有喝完。

到了下午3点多,天色越来越暗,眼看大雨就要来临,可没有一个人停下来,反而加快了速度,大家只有一个愿望,就是希望下雨前,能让村民们有一个遮风避雨的地方。晚上6点,最后一顶帐篷终于搭好。在返回的途中,大雨倾盆而下,望着姜家山的方向,我心里有种说不出的欣慰。

5月21日,我们到东江镇帮助村民抢收小麦。王玉泉老人的儿子在四川打工,眼看麦子就要掉在地里,他心急如焚。得知情况后,我们首先来到他家,帮他抢收。从未拿过镰刀的我,第一次走向麦田,从头学起。每天冒着酷暑割不了半天,就累得腰酸背疼,手也被麦芒刺破,但看到老人紧皱的眉头舒展开来,我也非常开心,咬着牙割得更卖力了。

5月24日,听说212国道临江段观察哨值勤人员不够,我主动报名参加值勤。当时,临江段因滑坡被巨石完全阻断,山上的滚石严重威胁着路上的车辆和行人的安全,有很多车辆被砸得面目全非,停在路上。我和战友们轮换观察险情,指挥交通。到了晚上,我已疲惫不堪,但仍然坚守岗位,指挥着来往车辆。任务完成,趁着夜色返回时,我就像散了架一样,连说话的力气都没有了。

在抗震救灾的日子里,像我一样的志愿者,一批批、一群群,自发自愿,从四面八方奔赴灾区,传递着爱和力量。也许我们做的,不过是一些微不足道的小事,但我坚信,只要每个人都能自觉行动起来,就没有我们战胜不了的困难!我们的国家和人民,就一定能拥有更加美好的明天!

庆阳五农民的救灾壮举

方文琳　张骁骏　丁　艳　禄永峰　杨小续

5月12日14时28分，四川汶川发生8.0级地震。数万被掩埋在废墟下的生命和数十万无家可归的受灾群众的安危，让5位庆阳农民心急如焚。

他们是庆城县南庄乡丰台村57岁的农民徐进仓、马岭镇陈西塬村年过六旬的陈万仁、安坳村48岁的党员任国君、蔡家庙乡北岔沟村45岁的党员李志乾和环县曲子镇高里湾村44岁的党员王建锋。12日晚，由徐进仓发起联络，5位农民自愿结合，赶赴四川地震灾区救人救灾！这一去，就是46个日日夜夜。他们受到了温家宝总理的亲切接见；灾区群众说他们是"真正的英雄"；青川县授予他们"青川县荣誉市民"。

"无论多么危险，豁出命我们也要尽快赶到灾区"

5月13日早晨8时，5个自愿联络起来的农民，用各种善意的"谎言"瞒着家人，在庆城县城集合后，义无返顾地奔向灾区。

受强震的影响，当日庆城县发往西安的专线车全部停运。几个人分头打听，几经周折，车是找到了，运费却比震前高出了1倍。当天下午4时，他们赶到了西安。但西安发往四川的火车停运。来不及过多地考虑，大家议定：坐什么车能进去就坐什么车，哪里灾重就往哪里走。最终他们包租了一辆客货两用车。司机只答应他们，车能走到哪儿算哪儿，危险地带坚决不去，车费每人400元，1分不少。

启程前，他们花400元购买了方便面、面包、火腿肠、矿泉水和常用的纱布、消毒剂、消毒液、止痛片、手电筒等，每人背了一大包。

5月14日黎明时分，他们赶到四川绵阳市安县境内。这时他们得知，通往北川县必经的大桥在地震中断了。受灾群众好心相劝："那里什么都没了，很危险，还是别去了！"

徐进仓说:"既然来了,无论前方有多么危险,豁出命也要尽快赶到北川救人。"大家齐声响应,继续前行。

两天时间,他们从死神手中救回6条生命

5月14日下午5时,5位农民长途跋涉32个小时,终于来到了地震重灾区——绵阳市北川羌族自治县北川中学。

5位坚强的汉子被眼前的景象惊呆了:所有的房屋都成了废墟,两幢倾斜的大楼残体摇摇欲坠。到处是断裂的楼板、裸露的钢筋、破损的桌椅、沾满血迹的书包……

"救人,救人,赶快救人!"来不及吃一口干粮,喝一口水,他们每人拿了一根钢钎,在余震中爬上废墟,在一片嘈杂声中仔细寻找起来。

然而,搜救并没有他们想象的那样乐观,一个下午,他们没有搜救出一个幸存者。

晚上11时许,任国君趴在一个楼板旁边,用手电筒照着仔细搜寻。突然,他从缝隙里看见一个人的背部,大声喊:"这里有人!"

伙伴们顿时振奋起来,在场的人也马上围了上来。大家七手八脚,一起撬楼板、挖砖头,一个多小时后,被夹在两块楼板之间的一个女孩子得救了。王建锋说,这里可能还有人,咱们再找找。移走一些砖头,他们又欣喜地发现了一个男孩。凌晨1时许,一个伤势严重的男孩子又被救了出来。

5月15日早上,他们决定去县城搜救。10时许,在一处废墟中,王建锋又发现了幸存者,他们和救援人员一起救出了两名30岁左右的妇女,所幸的是她们只受了些轻伤。下午3时左右,他们一路搜寻来到了北川县政府附近,徐进仓在废墟下瞅见了一个人的脚,随后他们又救出来两个男同志。

从5月15日到17日,5个人发现并参与救援,从死神手中抢回了6条宝贵的生命,资助北川山区群众60多人,为50多人包扎了伤口,这是他们进川救灾最引以为豪的事。

"你们从甘肃来到灾区救灾,我们四川人是不会忘记的"

连日超负荷的救援,使几位农民变得胡子拉碴,衣衫褴褛。5月18日上午,徐进仓等5人一瘸一拐地回到了北川中学,找到团县委青年志愿者报名点。

他们形如乞丐的模样把团县委书记马晓燕吓了一跳。听说他们要当志愿者，马晓燕哽咽着说：你们年纪大了，一定要注意安全。

当晚，这里发生了一次强烈的余震。当时他们挤坐在一个沙发上打盹，一阵剧烈的摇晃把他们从沙发上掀下来，陈万仁站立不稳，右手大拇指撞在水泥地上，鲜血直流。

5月19日，北川抗震救灾指挥部给他们分配了任务：年纪大一点的陈万仁和徐进仓留在指挥部干些杂活，任国君、王建锋、李志乾在距北川中学1公里外的1号仓库搬卸救灾物资。

在指挥部，徐进仓和陈万仁成了马晓燕的得力助手。打扫操场上的垃圾，每天光捡拾饮料瓶就要装40多袋。

在北川中学，部队医疗队的医生护士、指挥部的工作人员都认识了甘肃庆阳来的5位农民志愿者。因为在志愿者中他们年纪较大，人们亲切地称他们为"甘肃老大爷"。到了吃饭时间，谁家的饭开得早，就主动送来或者叫他们过去吃。

因为经常引导灾区群众到安置点，许多受灾群众都熟识了他们。常常有人出来打招呼："老乡，忙了一天了，进来歇会儿吧！"有些人说："你们这么大的年纪，从甘肃来到我们这里救灾，不容易啊！我们四川人是不会忘记你们的！"

在灾区的46个日日夜夜，作为志愿者，他们辗转几个重灾区，先后在北川县、广元市、青川县、安县重灾区展开救灾服务。

"你们辛苦了！党和政府永远忘不了你们的"

5月22日下午，徐进仓、陈万仁每人抱着一沓卫生防疫知识宣传资料，正要去指定地点张贴，突然看见院外缓缓驶进一辆越野车。车门打开了，他们看到了一个熟悉的身影——敬爱的温家宝总理！

站在帐篷门口的徐进仓紧张得不知所措。温家宝走上前握住了他的手，徐进仓激动地说："温总理好！"总理向在场的人们致意问候："同志们好，你们辛苦了！党和政府永远忘不了你们的！"。随后，总理又伸手握住了陈万仁的手。

总理似乎注意到这两个人的口音和年龄，关切地问道："你们是哪里人？"陈万仁连忙说："我们是甘肃来的农民志愿者。"

总理点了点头，又使劲握了握陈万仁的手。

5月24日上午11时许，陈万仁和徐进仓正在北川县抗震救灾指挥部院中装垃圾，这时从指挥部出来一些人，其中有一个人径直向他们走来："你们辛苦了。"说着，伸出手要与一身脏污的徐进仓握手。徐进仓赶忙摘掉手套握住伸来的一双大手。

"你们是哪里来的？"

"我们是甘肃庆阳来的志愿者。"

"多大年龄了？"

"我57岁了，他60岁"。

"这是中组部的李部长，看望你们来了。"旁边有人介绍。来的是中共中央政治局委员、书记处书记、中央组织部部长李源潮。

李源潮一连问了几个问题：来了几个人？是不是党员？原来都是干什么的？生活条件怎么样？家乡受地震影响大不大？"有两个群众、三名农民党员。"徐进仓和陈万仁互相补充着一一作了回答。

李源潮竖起大拇指说："你们很不容易！我们合张影好不好？"

于是，李源潮站中间，徐进仓和陈万仁一左一右。随行的记者纷纷按下照相机快门。

徐进仓贱卖了家中12只羊后重返灾区

由于连日辛劳，条件艰苦，几个人早就身无分文了。徐进仓决定回一趟家，筹了钱再来！

6月1日晚，徐进仓搭上了西安的救灾物资运输车。到家第二天，老徐匆匆贱卖了家里的12只羊，买主还只能"分期付款"，仅给了老徐1100元的现金。

6月5日，老徐带着卖羊的钱和从乡亲那借来的1000多元，二度进川。

5位庆阳农民志愿者的爱心壮举感动了灾区人民，也引起了许多媒体的关注，中央电视台在"众志成城抗震救灾"节目中连线直播。

5月28日起，绵阳市文物管理局展示出的一顶安全帽上，有这样的文字记录："甘肃庆城农民志愿者徐进仓的安全帽。"这是绵阳市文物管理局工作人员用实物记录甘肃庆阳与四川绵阳两地人民的情谊。

6月29日，庆城县马岭镇邀请回到家乡的陈万仁给全乡干部职工作了专场报告，5个农民的事迹感动了每一个聆听的人。

7月11日，记者从青川县委宣传部得知，为了表彰徐进仓等5名庆阳志愿者，青川县特别授予他们"青川县荣誉市民"称号。

奔波在抗震救灾一线的农民志愿者

张乾喜

5月26日，甘肃文县医院抗震救灾现场，一位默默清理垃圾的农民工志愿者，打动了现场的每一个人；6月9日，四川北川县擂鼓镇灾民安置点，一位农民工志愿者捐赠200元的故事，在灾区广为传颂。这位志愿者，便是华亭县马峡镇赵庄村农民苏岁球。7月6日，记者采访了刚从甘肃文县、四川绵阳抗震归来的苏岁球。

"只要能为灾区做点事，我干什么活儿都愿意"

今年42岁的苏岁球是甘肃省华亭县马峡镇村民，和68岁的老母亲相依为命。"5·12"汶川地震发生后，苏岁球从镇政府开了一封证明信，拿了家里仅有的320元钱，匆匆赶到了重灾区文县。

5月27日，雨中的文县县人民医院，是苏岁球抗震救灾的第一站。

看到民房倒塌，县城居民在拆迁房子时遗留的杂物到处都是，苏岁球就拿起扫帚，到文县医院附近打扫卫生。刚刚下过大雨，天空还飘着零星的雨滴，苏岁球冒着雨，在医院帮忙清理地面上脏物，捡拾病人丢弃的垃圾，掏挖路边淤积的柴草，不一会儿就装满随身携带的尼龙袋。雨水淋湿了衣服，手上沾满泥巴，他顾不得休息，饿了就吃方便面，晚上就睡在停靠在路边的卡车底下。看到一位重伤员生活困难，他从所剩无几的生活费中拿出38元，悄悄地买了一箱牛奶，放在病人床头。他的行动，感动了周围的人。一位医院的后勤管理人员过意不去，给他打了热水，送来饭菜，还让他给当地政府说一声，找一个轻松、体面的活干，苏岁球却倔强地拒绝了，他说："只要能做点事，我干什么活儿都愿意。"经过4天的辛苦工作，医院周围的环境被他打扫得干干净净。

"心里想的永远是别人，唯独没有他自己"

"我知道农村更需要志愿者。"苏岁球告诉记者。早在2003年10月甘肃张掖地震的时候，苏岁球就当起了志愿者。在民乐县，他帮助8户农民修建了房子。在山丹县霍城镇西坡村，除了帮家中缺劳力的受灾家庭建房子、挑水外，当起了照料何升宝老两口、帮助西坡村小学建校舍的义工，一干就是8个月。当地政府为了表彰他，奖励了他1000元钱。苏岁球拿了400元留作回家路费外，其余600元全部给西坡村小学的孩子们买了学习用具，为村上的老人买了袜子、洗衣粉、食盐等生活用品。临别时，西坡村群众为他送来一面"无私奉献，情系灾区"的锦旗，何升宝老人硬是将8个煮熟的鸡蛋、一双皮鞋和10元钱塞进他的行囊中，一直把他送到村口才依依不舍地离去。

这次在文县，苏岁球心里更牵挂着农村的乡亲们。他来到受灾最重的碧口镇，白天帮助电力工人栽杆架线，晚上就为孤寡老人挑水，一身破旧的衣服穿了近半个月，也顾不上洗。一天，在为碧口镇一所学校架接线路时，看到孩子们在帐篷学校里缺少学习用具，他用身上仅有的40元钱为孩子们买了一些本子和铅笔，学校的老师听说他日子也不富裕，硬要给他50元钱，他坚决不要。

在碧口救灾期间，苏岁球还有一个心愿，那就是到四川去救灾。但身无分文的他，已无法到达四川。一位天水志愿者看他勤劳憨厚、乐于助人，就悄悄地为他买了一张去四川绵阳的车票。临别时，两名供电工人硬是将200元钱塞到他的衣兜里，感慨地说："这样的好人越来越少了，他心里永远想的是别人，唯独没有他自己！"

6月8日，苏岁球来到了绵阳市北川县擂鼓镇灾民安置点，看到倒塌的房子和遍地的瓦砾，他把悲伤化作一股强大的精神动力，融入灾后重建的一件件具体工作中，搬砖头，修水路，给灾民搭帐篷，分发救灾物资……哪里人手紧缺就往哪里跑。灾区生活用水短缺，他把供电工人给他的200元钱拿出来，100元交给临时安置点管理办公室，让他们为群众解决生活用水，100元给了一户羌族老人，让他们补贴家用。一时间，苏岁球一腔热血乐于助人、心系灾区无私奉献的感人事迹，在安置点广为传颂。

"见到别人有困难，我就想帮助"

一个人做点好事并不难，难的是一辈子做好事。苏岁球就是这样一个一辈子做好事的人。

苏岁球的父亲，是一个参加过抗美援朝战争的革命军人，从小就教育他做关心他人、乐于助人的人。但在他10岁时，疼他爱他的父亲去世了。年幼的兄弟三人和母亲全靠政府的救济生活，他也失去了上学的机会。在艰难的日子里，母亲经常教导他做人不能忘本，长大后要好好报效国家，帮助这些好心人。正是在父母亲的教育下，一个关心他人、帮助他人的信念深深根植在他心里。

苏岁球长大后，除了料理家务外，一有时间就在当地参加义务劳动。马峡镇、安口、西华、上关等乡镇都留下他无偿修路、栽树的足迹。2004年在修华亭通往上关乡的公路时，他从家里背的面拿的锅，吃住在一个破庙里，无偿修路11天。2006年，马峡镇孟台村发生了山体滑坡，堵塞了孟台小学的教学楼，他闻讯后冒着大雨赶到现场，帮乡亲们搬运课桌，清运淤泥，一干就是十多天。2008年春节，在抗击雨雪冰冻灾害时，苏岁球赶往武汉帮助清扫路面积雪。

看到苏岁球一心帮助别人却自家生活困难，村里的徐大娘就过来劝他："岁球，你出去挣点钱，攒下来娶个媳妇，好好过日子吧！"苏岁球无奈地说："这事我也想过，但我一看到别人有困难，我就想去帮助。家里的钱总是放不住。要是娶个媳妇，还不拖累人家？"就这样，苏岁球家的日子一直紧巴巴的。一些好心人过意不去，就特意来请他帮忙，走时硬塞给他几十元钱补贴家用。但这些钱，苏岁球除了给母亲买一些营养品外，自己却舍不得花，积攒下来给村里的孩子买了学习用品。苏岁球说："我失去了上学机会，但我要让村里的孩子上好学，将来一定要比我强！"据赵庄村小学的潘钊老师回忆，从他2004年到村校任教后，苏岁球每学期开学都为孩子们购买本子、文具盒、铅笔刀等学习用品，几年下来，已花费了300多元！其实还不止这些，山丹、民乐、文县、绵阳……每一处参加过抗震救灾的地方，都有他为孩子们送去的学习用具。

现在，苏岁球有一个愿望：等把家里的庄稼收了，安排好母亲的生活后，他还要到受灾最严重的四川汶川县，帮助那里的群众重建家园！

企业家的爱心承诺

火兴才

"5·12"汶川大地震发生后,社会各界紧急行动起来,迅速展开赈灾捐助帮扶活动,全国人民积极伸出援助之手,为灾区人民捐款捐物,帮助灾区群众恢复生产,重建家园。通渭县企业界更是活跃在赈灾帮扶第一线,为灾区群众以及贫困小学生奉献爱心。

人间有爱

廉牛辉,17年前高中毕业后因家境贫寒而放弃上大学机会的农家子弟,如今已经是定西市企业界的名人。

"5·12"汶川大地震发生后,作为定西市人大代表的廉牛辉,始终牵挂着灾区群众,尤其是那些灾区的孩子。成名之后的他,一刻也没有忘记自己曾经被贫困挡在进一步求知的大门外的情景。

从媒体的报道中,廉牛辉了解到更多的是关于孩子们的情况。为了得知灾区孩子们的详情,他向多家媒体记者核实,并委托媒体寻找100名灾区贫困儿童进行面对面的资助。

"地震无情,但人间应该有爱。"这是廉牛辉挂在嘴边的一句话。"对那些在地震中失去亲人的孩子,对那些因地震造成贫困的学生实施资助,是一个人应尽的社会责任,更是一个企业家的社会责任。"他说,"在如此巨大的灾难面前,就是成年人也难以保持一个平和的心态,怎么可能要求这些孩子不受影响地投入学习?"所以,"为这些孩子提供一个接受中、高等教育的机会,就是给这些家庭送去新的希望。"

"房子倒了我们可以建,但是失去希望后的信心就很难再建。"因此,他毅然作出这样一个决定:从2008年起,每年拿出10万元,给灾区的100名孩子每人提供 1000 元的资助，直到高中毕业；对界时考上大学的学生每人每年再资助 10000 元，直到大学毕业。同时，在资助完成小学、中学学业期间，还将组织手拉手、夏令营以及有助于孩子们健康成长的培训活动。

爱在延续

为了使灾区的学生尽快得到资助，廉牛辉规定了相应的条件：必须是重灾区的孤儿或者贫困学生；年龄必须在 7-10 岁之间；必须是学校的优秀生。

100 名孩子很快被确定下来了。廉牛辉的企业是甘肃省灾区重建中首家表态进行教育赈灾的担保企业。

听到廉牛辉这一善举后，通渭县春寅乳业公司董事长杨明寰积极响应，决定从现在开始每天为每个学生提供一包牛奶，直到高中毕业；对考上大学的学生资助到大学毕业。

在廉牛辉的感召下，通渭宏锐服装厂也决定每年为 100 名孩子提供一套校服，直到大学毕业。

随后，通渭晓玲商贸公司和甘肃天耀草业公司又资助了 14 吨面粉。同时，定西悦心住房置业担保公司决定此次给孩子们每人 600 元现金、一个书包、6 袋面粉，共计 10 万元。而这也是该公司老总缴纳 10 万元特殊党费后的又一次大型捐助。

奔赴灾区

前不久，记者有幸与通渭县企业界捐资助学活动团前往灾区，这也是本报记者第二次进入灾区报道。

2008 年 5 月 27 日上午，从通渭县城出发后，我们一行 6 辆车风尘仆仆前往赈灾第一站——成县。在成县，企业家们到达该县最偏僻的镡河乡土蒿村镡河小学。与镡河小学一江之隔的就是康县米巴乡。该小学东接陕西省略阳县太白镇，此次地震致使新修建的教学楼成为危房，不能继续使用，旧校舍几乎全部震垮，所幸只有几个孩子受了点轻伤。对于通渭县企业界的赈灾行动，该小学老师和孩子们不仅"感受到温暖，还坚定了希望和信心"。

当晚 7 时 30 分，捐助团一行继续向偏僻山区黄陈镇行进，到达目的地已经是晚上 8 时 40 分了。此时天已经完全黑了，但大家的热情丝毫没有减弱。由于学校没有供电，在黑暗中，我们将捐赠品送给这里需要资助的孩子。当我们返回县城时，已经是晚上11时30分了。

　　在徽县，企业家们翻山越岭走到大河店乡文池村马蝗坝社，但大家都乐此不疲。在武都区，企业家们向东江小学捐助了赈灾物资，区教育局长亲自到现场与学校老师和孩子们进行交流；在文县，我们赶赴重灾区碧口，一路上冒着大雨花费整整3个小时抵达碧口小学，向孩子们面对面进行资助。

　　所有陇南的受灾区，他们都赶到了，灾区所有需要资助的孩子，他们也都见到了……这就是通渭县企业界向地震灾区奉献的爱心，而这仅仅是开始，相信还有更多的企业家，更多的善意之举向灾区行进！

学校助学校，爱心传希望

王云霞 杜 毅 贾 佳

2008年9月5日上午10时许，深处大山、一向寂静的舟曲县东山乡石家山村沸腾了！许久以来，村里男女老少紧锁的眉头在这天纷纷舒展。他们换上干净的衣服，扶老携幼一齐走出柴门，和4个行政村的342名小学师生一起，伫立村口，笑逐颜开地迎接远方虽素不相识，却在大难中能心魄相守的兰州新东方学校校长孔建龙带领的爱心助学团队一行的到来。他们拉起袖管，拭去眼角溢出的泪滴——就这样，被人间真爱深深感动！

新旅程——爱心传递希望

"5·12"汶川大地震时，在临时租用的兰州新东方筹备办公室里，员工们感受到了地震带来的惊心动魄，更体会到了生命的可贵与心心相连的人间真情。校长孔建龙带头捐款1.2万元，当时仅有的20多位员工也纷纷伸出爱之手捐款。成百元、上千元……最终捐款达2.2万元。

6月23日，在兰州新东方学校成立庆典上，新东方创始人、新东方教育科技集团董事长兼总裁俞敏洪决定向甘南灾区捐款300万元，用于新建一所功能设施完备的抗震希望小学，这无疑是甘肃灾区重建和教育事业发展中的一件大事。次日，在俞敏洪做出决定还不到24小时之内，孔建龙一行便赶赴甘南迭部、舟曲等地考察选址。4天内星夜兼程、废寝忘食，行程数千里，考察了2个县、5个乡镇的几所学校与重创村户。贫困地区的严重灾情，大山深处孩子们强烈的求知欲望，石家山小学培养的全国抗震救灾英雄少年韩贵霞，还有村民们对新校舍望眼欲穿的渴望……这一切都深深打动了孔建龙的心。回兰州后，为灾区孩子力所能及做点事成了孔建龙的一大心愿。

9月4日，当荞麦的花香在深山幽谷之间飘散时，孔建龙率兰州新东方学校 22 位中层干部和骨干教师，携带着用 2.2 万元按照学生花名册和身高精心购买的运动鞋、运动服、新文具以及崭新的体育用品等爱心物品，再次赶往舟曲县东山乡石家山。包括孔建龙在内，队伍中的有些员工已经是第二次来这里了，但此时的心情已经完全不同。没有初见地震摧残小山村后那种死心的疼痛，取而代之的是满怀希望的轻松，甚至连第一次路途上给我们带来巨大心理惧怕的悬崖深谷，也在今天变成了博大而悠远的风景，让人倍感宽厚与切实。

在路的那一头，石家山的村民和师生们像盼亲人回家一样，久立村头，望穿秋水！

新学校——像大山一样挺立

舟曲县石家山村山高路陡，十年九旱，靠天吃饭的人们在这片自然资源极度缺乏的土地上代代生息。即使不遭遇地震的巨大破坏，这里也是名副其实的贫穷之地。2008年小麦成熟时，一场冰雹不期而遇，最终等待丰收的农民只背回了一捆捆干草……"5·12"大地震时，该地4个行政村仅有的一所土坯小学被夷为平地。孩子们的书包被埋了，人们的心被震碎了……

9月5日早上10点，群山环抱下的石家山沸腾了。在"新东方教育科技集团兰州新东方学校送温暖、献爱心活动"的仪式上，甘南州政府秘书长刘瑜临、共青团甘南州委书记王令、舟曲县委常委、宣传部长罗长胜、副县长王丽英等领导和孔建龙一起佩戴着红领巾，把凝聚着兰州新东方学校全体员工爱心的厚礼一一送到孩子们手中，并抚摸着孩子们的头告诉他们：旧学校没有了，新东方将为他们重建一所面积达1256平方米的"舟曲县石家山新东方抗震希望小学"，并且配备新课桌、新电脑、新办公桌、新体育器材以及水、电和卫生设施。新东方不仅仅帮助学校重建校舍，还要用"从绝望中寻找希望"的新东方精神，帮助石家山小学的师生们从地震的恐惧中昂首走出，还回原本就属于他们的自信和勇气。

"同学们，明年6月15日前，学校就可竣工并投入使用，俞敏洪伯伯就会来看望大家了！"

接过礼物，听着这些振奋人心的话语，一脸稚气的孩子们激动得热泪盈眶。六年级的赵志刚代表全体老师和同学满含热泪地宣读发自肺腑的感谢信："地震那天我们正在上课，突然教室倒塌了，书包找不到了，我们的学校没有了，只剩下惊恐和绝望……今天，新东方的叔叔阿姨给我们带来了久违的微笑和重燃的希望，让我们感到了人间的另一种温暖。今后，我们会发扬'在绝望中寻找希望'的新东方精神,像大山一样坚强地成人成才。"

新梦想——在新东方的课堂上萌芽

捐赠活动结束后,在堆满石头的土地上,兰州新东方的员工即兴和州、县各级领导以及当地村民、师生一起尽兴联欢。县委常委、宣传部长罗长胜载歌载舞,给了乡亲们一个前所未见的惊喜;副县长王丽英高唱一曲"欢迎您到舟曲来",让大家倍感亲切。而多才的多艺的兰州新东方员工也各施所长,用舞蹈和歌声带给这个小山村别样的欢乐和精彩。

灾难过后的70多天来,一向寂静的深山遭遇重创后显得挥之不去的凝重。而今天,这里却显得异常雄姿英发。嘹亮的歌声、劲动的舞蹈、开心的笑话、传神的故事……惊动了枝头的小鸟,也逗乐了前来看热闹谢恩的父老乡亲!从未摸过话筒的农民兄弟也走上前献歌一首,聊表寸心。"给你一双翅膀,让你迎接太阳"——这是所有人给孩子们的祈愿与激励。

接着,优质课欣赏开始。孔建龙带领兰州新东方学校几位优秀教师,开始在露天和活动板房里分头为孩子们讲授英语课。少儿部主管孙家纯,中学部教学督导赵宏毓,基础部副主管范亚飞,基础部教师仲元、李媛,他们标准的发音、活泼的授课方式、生动的语言激励、得体的手势和肢体表达、丰厚的奖品,让孩子们在欢乐中享受知识甘甜的同时,冶心冶志、培养兴趣、树立理想。开始的羞涩不一会儿便烟消云散,而一种骄傲的表情和纯朴的自信,让每一位授课老师都在欣慰的同时,也接受了一次纯净的心灵洗礼。

新起点——大爱无止境

6月24日,一天内曾考察了舟曲县5个乡镇的受灾户和数所学校、亲眼目睹地震重创的孔建龙心中久久不能平静。他及时将相关情况向俞敏洪作了详细汇报。

9月1日,在"舟曲县石家山新东方抗震希望小学捐建仪式"上,俞敏洪语重心长地说:"这所希望小学不仅在硬件设施上属于一流,新东方还将在软件建设方面提供有力支持,我们每年会选派优秀教师参与该校教学、教研工作,并与当地政府合作,将其变成培训地方师资和优秀青年干部的教育基地,力争把这所学校打造成为一所具有先进教学理念和教学方法的模范校。"俞敏洪还表示,要尽自己的能力倡议、发动有识之士和各方面的优势资源到甘肃贫困地区，陆续再捐建几所高规格的希望学校，最终形成一个惠及众多学生群体、吸引优秀师资和教育资源的学校群，从而为推动落后地区教育事业的发展做出贡献。俞敏洪还握着副省长郝远的手表示，新东方还将给受灾严重的姚家楞小学捐资20万元，购置一台挖掘机和一辆面包车，用于老百姓修路建房和接送学生。

9月5日，在爱心助学活动中，孔建龙向在座的父老乡亲承诺：当地贫困生任何时候都可以到兰州新东方学校免费接受培训；新东方学校的老师也会不定期来到石家山小学助学支教，接受磨砺。

新梦想——在新东方诞生

这是大难后他们饱经沧桑的脸上第一次绽放的笑容。因为，他们在活动板房内上课的孩子们有了价值2.2万元的新衣、新鞋、新文具和从未抚摸过的、叫不上名字的崭新的体育用品；因为明年"六一"节前后，他们就可以坐在新东方捐款300万元在废墟上重建的、坚固结实而又宽敞明亮的全新的抗震教室内，享受现代化的优质教育资源；因为从此后，他们的孩子多了一份远方的爱与牵挂，新东方的大爱和知识甘霖，将为他们的孩子插上腾飞的"翅膀"，引领大山的孩子飞出贫瘠的深山汶川，走向希望的明天！

主编点评

2008年发生的汶川大地震，无疑是近30年来我们遭遇的最大天灾。正如平常我们所说的："天灾无情人有情"，大灾之后喷薄而出的同胞之爱，帮助劫后余生的人们逐渐走出困境，过上正常的生活。

正如一篇文章的题目所说，"我们是一家人"。不分地域，不分民族，不分宗教信仰，不分肤色语言，大家都在灾难面前紧急行动起来，伸出温暖的双手，救助危难中的同胞。他人的痛苦就是大家的痛苦，他人的不幸就是大家的不幸。共同生活在同一个祖国大家庭、人类大家庭中的人们，对于同胞的不幸，都感同身受，十指相连。

陇原同胞千里奔赴四川灾区，为灾区送去急需的物资。同样，外地的同胞，紧急行动，把爱心送到甘肃省的灾区。不但外省市，就是外国友人，也紧急送来急需的帐篷，让受灾同胞有一个可以遮风挡雨的临时的家。大灾过后，援建甘肃的深圳特区，为甘肃同胞给予了无私的援助，一些地方的好心人还热情地将家园被毁的孩子们接到他们的家中，给孩子温暖和关怀，帮助他们走出山崩地裂、痛失家园的黑暗记忆。

　　5·12大地震，激发了人们心灵最深处的慈悲情怀，人们用行动，用反思再次证明：活在这在这个世界上，要爱自己的亲人，爱自己的邻人，爱自己的同胞，爱所有的人。因为本质上说，大家都是一家人。

助学支教

祖堂集

拿"工资"上学的孩子们

蹇勇德　谢志娟　吕宝林

在民勤，一中的名头响当当；在一中，宏志班的名头当当响。

高一到高三，每级一个宏志班；每班不多不少，都是50个学生。

150个孩子分别来自武威、酒泉、张掖、甘南、临夏等市州，150个孩子都是来自特困家庭的特优生。

校长李忠民说："这些学生与别的学生不一样，他们上学不交钱，每月还会有'工资'。"

宏志班的老师说："这些学生与别的学生不一样。他们特别有志气，特别肯吃苦，特别有礼貌，特别守纪律，特别能忍耐，特别有作为。"

3月7日，我们走进了民勤一中高三宏志班，走近了这些拿"工资"上学的孩子。

一声怯生生地"报告"，推门进来了比同龄女孩瘦小许多的潘飞。

潘飞身体很弱，每年冬天都是她的感冒高发期。班主任李发舟说，今年还好些。

潘飞的家在民勤县大滩乡北西村，离学校不过20公里的路程，1个小时就能打个来回，但潘飞很少回家。除了舍不得来回10元钱的路费，潘飞说自己不愿意多打扰妈妈。

说到家人，潘飞的眼里泪水打着转，声音也更细更弱了。

2002年4月29日，这个日子在潘飞的记忆里是如此的清晰。那一天，爸爸上山去放羊，休息的时候，上山放羊的人围坐在一起，爸爸的身子突然歪到了一边。突发的脑溢血令他从此瘫卧在床，再也没有站起来。那一年，潘飞13岁，正上初一。

家里的顶梁柱轰然倒塌，除了伺候丈夫，母亲还要承担养育儿女的责任。村里人说，别让潘飞上学了吧，多少能搭把手。母亲不会讲太多的道理，只是轻声对潘飞说："还是上吧！"

母亲的身体也很弱，常常不是这儿疼就是那儿疼，除了知道自己患有贫血，她不知道自己有没有别的病。她从不去医院，哪儿不舒服了，买点药往过扛。稍微缓过劲来，就赶去地里耕作养家糊口的10亩田，农忙季节屋里田里实在顾不过来，母亲每天只吃一顿饭，有很多次几乎晕倒在地里。

上初二的时候，潘飞从老师那里知道了一中有个宏志班，只要考进了这个班，国家每年会提供一定的费用。母亲说：好好学吧，争取进这个班。母亲的愿望其实也正是潘飞的决心。2004年，潘飞如愿考进了宏志班。扣掉应交的一些费用后，起初每月发到手里的有100元，后来涨到了每月200元。

在民勤一中，学生吃饭采用的是报饭制，即在每个周末报下一周的饭。

潘飞的节俭有些难以想象，早饭大多吃家里带来的干馍，午饭、晚饭和同学合报一份。她一身校服穿了快三年，从没买过新衣服，只是买一些必需的辅导书。这样下来，每月花在伙食上的费用只需四五十元。如果不生病，每次回家，还能交给妈妈一些钱。如果感冒频繁，经济就会出现赤字，不得已了，潘飞才会千难万难地向妈妈开一次口。

在全班50名学生里，潘飞的成绩约在20名左右。在整个高三年级的2000多名学生里，她的成绩能进前100名。但她说这个成绩"不太好"，并因为自己还"不够刻苦"而内疚。和班里其他同学一样，潘飞每天早上5时50分起床，晚上学到凌晨1时左右。宿舍灯熄了，开始用蜡烛，后来用一种能充电的灯照明读书。

高中三年，有国家管；上了大学，学费怎么办呢？潘飞说："他们说只要考个好成绩，可能就有人帮吧！我也不多想，好好学就行了。"

问她想考到哪里去？潘飞想也没想地说，去南方，想去一个有水的地方。

在潘飞的心里，如果能考进一所南方的大学，如果能和家人离开风大缺水的民勤，到四季温润的江南水乡生活，爸爸的病也许会好吧？妈妈脸上的皱纹也许能舒展吧？

藏族男孩包碧玉是高三宏志班年龄最小的一个。细细高高，像一株正拔节的苗。大大的耳朵支棱着，细长的眼睛目光逼人。与他的交谈很轻松，因为他的普通话很好，也因为他的经历比较"丰富"。

从甘南考入宏志班的包碧玉是临潭县古战乡人，母亲下岗了，父亲是个民办教师，每月有300元的收入。包碧玉是独生子女，却不是家里唯一的孩子，父母还替包碧玉失聪的叔叔抚养着一个小女孩。

2004年，从临潭初中毕业后，包碧玉考进了宏志班。他说如果没有宏志班，自己的学业可能就继续不下去了。

于是不到15岁的包碧玉离开父母，从家坐车到临潭，再从临潭到兰州，再从兰州到民勤。一进宏志班，包碧玉发现，尽管自己的学业在临潭算是拔尖了，但比起班里其他人，竟逊色许多。

为了把成绩赶上去，包碧玉每天早上5时准时起床，中间除了吃饭午睡一小时，一直能学到凌晨1时。聪明的包碧玉还意识到，仅仅刻苦是不够的，还需要技巧。于是他注意改进自己的学习方法，他把每堂课都当成老师们的一场精彩演讲，努力寻找每堂课的亮点。慢慢地，包碧玉的成绩赶上了，现在已经排到班里的19名。可他仍然不满意这个成绩，他说还得往前赶。

高一那年的寒假，也是包碧玉到民勤后的第一个假期，因为考得不理想，他告诉班主任自己不回家过年了。班主任苦口婆心地劝他，放假了，宿舍不让留人，大过年的，一个人在这里怎么过？好说歹说把他劝回了家。

高二暑假前夕，包碧玉独自在民勤县城的大街小巷里转悠，挨家挨户地问有没有房子租给他。他专挑离学校远的城郊人家打听，因为他想城边的房租会便宜些。人生地不熟，常常会走进死胡同，走了4个小时，碰了很多钉子，终于有一家人说："你再转转看。"包碧玉听着有商量，第二次又找上门去，一位70多岁的老爷爷看着这个穿着校服、瘦瘦弱弱的男孩说："你搬来吧！"

包碧玉试着砍价，最终以20天30元房租，每天再给房东交5元饭钱住进了这户对他来说完全陌生的人家。假期嘛，包碧玉对自己的要求也宽松一些，每天早上不用5时起床，可以睡到6时，因为已经习惯晚睡了，晚上仍是凌晨1时睡觉。和别人家的老老小小一个桌上吃饭，包碧玉感到很不自在，他总是以最快的速度吃完就走，有时候吃得不是太饱，也不好意思再去加饭。包碧玉是个有眼色的孩子，学习的空隙他还会给房东家里正上初三的孙女补补课。

那段时间，一个人关在租来的小屋里，包碧玉时常感到孤单，但他想，这样历练一下也好。也许是从小就很自立的缘故，他的父母也同意他这样做。儿子是怎样的人，父母再明白不过。包碧玉上小学五年级的时候，当时还没有下岗的母亲在县城上班，父亲忙得顾不上家，每天都是10岁的包碧玉生炉子做饭。几年下来，米饭、炒菜、拉条子、擀面条，包碧玉都可以做得像模像样了。

再独立也是个孩子，包碧玉常常想家，但想家也没办法。回家一趟的路费约需300元，这等于他两个月的饭钱。男孩饭量好些，两人合报一份吃不饱，肚子总不能饿着，所以每个月吃饭就得花掉150元。因为患有贫血病，包碧玉的身体常常不适，吃饭、买参考书，加上看病的支出，每月200元很紧张。包碧玉舍不得把钱花在路上，一学期甚至一年才回一次家。想家了，就给父母打个电话。倒是曾租给他房子的房东每逢过年过节会来学校喊他，包碧玉从来不去，因为"不愿意打扰人家的生活"。

在给我们讲这段经历的时候，一旁的班主任听得又是吃惊又是心疼。包碧玉没把这些经历告诉过老师和同学。一次无意中说漏嘴了，班主任也只是得知他假期没回，并不知中间还有这么多的故事。

除了自立，时常感到内心孤寂的包碧玉还有一项"特长"是班里其他人不能比的：他熟悉县城的每家书店。

包碧玉记得8岁那年父亲专门给他买了一本《钢铁是怎样炼成的》。那是父亲至今买给他的唯一一本课外书，包碧玉非常珍爱。父亲每周还会从学校带回三四本书，这些书涉及的内容很广，包碧玉最喜欢名人传记，拿破仑、林肯等人都是从书里走进他的内心世界的。

到民勤后，包碧玉仍保留着喜欢读书的习惯。没钱买书，父亲又不在身边，包碧玉有自己的办法。每逢周末，他就去书店看书，因为怕被人家轰走，就一个小时换一家书店，如此这般在县城的各家书店里打游击。但现在包碧玉不去了，因为店主看到他就不高兴。包碧玉说自己很知趣，不愿意惹人家不高兴。

包碧玉说自己想考江浙一带的名牌大学，因为喜欢江南水乡的感觉。上了大学，要硕博连读，一直读到博士。

包碧玉说宏志班只是个开始，大学也只是个过渡。

杨永晶说自己想学中医。杨永晶学医的念头最早起源于爷爷和大伯因病去世，还源于小时候生黄疸性肝炎时，村里的大夫对他特别好。杨永晶确定学中医是因为听老师说中医副作用小。

杨永晶上初一那年，65岁的爷爷被食道癌夺去了生命。杨永晶由三叔和五叔一起抚养，爷爷没去世时，杨永晶和爷爷、五叔住在一起。爷爷去世后，他就和五叔一家生活在一起。除了杨永晶，五叔还要抚养自己两岁的孩子。

爷爷、大伯、三叔、五叔、老师、村里的大夫……杨永晶的成长受到了那么多人的影响，生命中最重要的角色父亲却早在杨永晶8岁那年已成空缺。那一年，父亲上山采石头时出了意外，离开了人世。三年后，母亲找到了新的生活。

跟我们说到这些的时候，杨永晶已经很平静了。和班里其他学生一样，杨永晶的周末也大多是在学校度过。遇"五一"、"十一"、暑假、寒假回到民勤泉山镇西营村的家时，他会尽可能多地帮五叔干些农活。当我们问他会干哪些农活时，杨永晶第一次笑了："我这么大的人了，啥都能干！"

尽管杨永晶几乎不吃早饭，但每月吃饭仍要花掉他的大部分"工资"。"生活上遇到的困难也都过去了。"杨永晶轻描淡写地说。

成绩不理想，这让杨永晶的感觉很不好。杨永晶在班里能排到30名左右，他说根据自己的成绩，想上大连理工大学。当我们问他知不知道这个学校有没有中医专业时，他有些茫然，他还不知道这两者之间有没有冲突。

他说无论学什么，学成后首先要报答社会。因为在他的成长过程中，许多人对他都很好。至今他还记得，初中的班主任几乎是从另一个和他考了同样分数的同学手里"抢"了一份奖学金给他，那位和杨永晶关系很好的同学也没因此和他生分。

杨永晶喜欢体育，高中三年，每年都参加学校组织的万米越野赛。有时间了，还喜欢打打篮球和乒乓球。学校大礼堂放电影时，杨永晶也会去看，杨永晶说自己很喜欢《哈利·波特》、《冲出亚马逊》这些"大片"。现在到了高三，怕浪费时间，杨永晶再不去看了。

杨永晶脚上的条绒面黑布鞋引起了我们的注意，问他是谁做的。杨永晶第二次笑了："我妈。她来看我不方便，我去看她。"

在整个交谈过程里，张海明始终保持着一张憨厚的笑脸，但他把一口浓重的民勤话说得极为低沉地道。如果不是班主任在一边做"翻译"，我们很可能没办法与他沟通。

班主任李老师说张海明是班里说话最土、理科最好的一名学生。

张海明初进校时偏科现象比较严重。满分120分的英语，他只考60多分，数理化却能考满分。张海明说，只要是化学书他就爱看。那么讷言的一个人，最喜欢物理课的原因，竟是因为物理老师幽默。因为太不善于语言表达，参加化学奥林匹克竞赛时，10分的面试，张海明只得了6.5分，但他理论成绩又很好，所以没影响到他拿一等奖。

拿了国家级一等奖，张海明具备了保送上山东大学的资格，但他放弃了这个机会。他说自己想上南京大学化学系，如果高考发挥得不正常，就去上西安交通大学。

为解决他的偏科问题，老师和他都费了不少工夫，还好，现在偏得没那么劲大了。

这位获得2006年奥赛化学国家级一等奖的孩子，在12年前就失去了母亲。

那时他上学前班，母亲一去世，家里剩下父亲、张海明和弟弟三个男人。在西渠中学读初二时，张海明知道了宏志班，知道考上宏志班，就能给家里减轻一些负担。后来他成了当年西渠中学唯一一个考入宏志班的学生。

张海明特别喜欢自己的班集体，他觉得这个班里的同学互帮互爱、特别团结。他永远不会忘记，有一次自己病了，同学陪他去医院的情景。他说如果同学需要他帮忙，他也会非常乐意。

当年以高分考入宏志班时，张海明还颇有一些自豪。没多久，这种自豪感就烟消云散了。他告诉我们，民勤一中高手如云。这孩子似乎没有意识到，自己就是高手中的一个。

学习最好的李婷在高三宏志班里，李婷的特别之处在于，当年以第一名成绩考入宏志班的她，至今在多数时候仍然保持着全班第一。

1.7米的李婷，称得上是婷婷玉立，还没开口，细眉细眼先笑成了弯弯月牙。怎么能学那么好？李婷含笑不语，半晌才说，自己四年级开始学习就一直"差不多"，当年她是所读初中考入宏志班的唯一一名学生。选择宏志班，除了因为国家会给资助外，还因为听说宏志班配备的师资力量最好。

学习委员李婷最喜欢英语老师王国己的课，她觉得王老师的课讲得活泼生动，一点也不枯燥。李婷觉得数学老师李清华的一些做法也很新鲜。李老师会在每次考完试，挨个叫学生去分析试卷上出现的问题，并鼓励学生："你是最棒的！"

和班里所有的同学一样，李婷的主要活动场所是教室。比起班里外县的学生，李婷的家不算远，就住在民勤县的西渠乡爱恒村，离县城约有70公里。除了觉得回家会耽搁学习外，李婷还舍不得花20块钱跑个来回，所以她也很少回去。

李婷家里的全部收入来源于父母伺弄的10亩薄田。她还有一个正读初中的弟弟。两个学生，使得家里的经济有些拮据。李婷学习好又懂事，不像村里其他上学的孩子，张口问父母要钱。她每次回家要交给父母一二百元。这些钱是从牙缝里省出来的。早饭太奢侈，李婷有时吃有时不吃，午饭和晚饭与女同学合报一份，一个月报饭的钱60元就够了。买参考书会花掉一些，这样算下来，每次回家就能"上缴"给父母一些"工资"。

每天只是学习、学习，会不会枯燥？李婷说习惯了，顾不上想枯燥不枯燥。这个习惯学习的孩子甚至不知道宿舍住了几个人。但李婷不是个书呆子，每次校运会上，或是跳高，或是800米、400米接力，都能看到她细长的身影。班主任说李婷学习好的关健是课堂上精神状态特别好，听讲很认真。

18岁，正是花样年华的李婷说自己喜欢钢琴曲，最喜欢贝多芬的《命运》，上初一时第一次听到时，感觉特别震撼。然而，这个对流行歌曲素来不感兴趣的姑娘，有一回走在街上，听到一首叫做《丁香花》的歌，一下就喜欢上了。虽然她只听过那么一次，却一直记在心里，记者采访时，她还能说出歌词的内容。看得出，这个过着苦日子依然笑得很甜的女孩，也有一颗多思而善感的心灵。

有没有想过要上那所大学呢？李婷低头抿嘴笑了，过了片刻，才轻声说道："上就上最好的，清华吧！"声音虽小，却很有把握的样子。

走出高三宏志班所在的育才楼时，已是暮色苍茫时分。楼上的"自强不息"四个大字在暮色中仍然清晰。各班学生三五成群地往食堂方向拥去，唯有这个班的学生依旧按兵不动。李发舟老师说，他们班的娃娃总是要等到食堂人少了，饭快打完了，才端上饭缸往食堂飞奔。食堂的贺师傅曾问李老师："你们班学生为啥总来得迟？"李老师心里最清楚，孩子们避开打饭的高峰，为的是节约排队的时间。别的班主任总要强调怎样"抓紧学习"，李老师每天要叮咛自己的学生："要注意营养，要注意休息……"。

宏志班的男生住在离育才楼几步之遥的弘毅楼上。10时半了，宿舍里仍是静悄悄、空荡荡的。8张床位，住了人的每张床头有一盏自备的充电灯，没住人的床位上是一个个大小不一的纸箱，纸箱里盛放的是各式各样的干馍馍、干饼子……

很少回家，很少上街，从不吃零食，没有复读机，没有MP3、MP4，一天只睡四五个小时，一天只吃一两元的伙食，一件校服连穿三年……这些拿着"工资"上学的孩子们，这些十八九岁的孩子们，他们的花样年华就这样，静静绽放。

宏志班的故事，或许很多人都知道。

这些孩子的生活真的不易。除了个别学生的父母是城市低收入者，绝大多数学生的父母是靠土地为生的农民。高三宏志班的50个人中，有3个孤儿，3个单亲家庭的孩子，还有一个的父亲瘫痪在床……

这些孩子学习太好了。以高于普通班录取分100分以上的成绩考入，去年那一届以100%的本科上线率、88%的重点上线率毕业。这样的成绩，听着就咋舌。

我们接触到的几个孩子，或多或少都有些忧郁。听着他们的讲述，忍不住与他们一起忧郁。我似乎能看到，瘦瘦高高的包碧玉是怎样怯生生地敲开一扇扇陌生的门，病病弱弱的潘飞是怎样犹犹豫豫地向母亲开口要一点钱去看病，杨永晶是怎样一进"家"门就尽可能多地帮五叔干些农活……

"多么忧郁的花……多么娇嫩的花，却躲不过风吹雨打……多少美丽编织的梦啊，就这样匆匆你走啦，留给我一生牵挂……"笑起来甜而且美的李婷喜欢的这首歌，意境居然也如此忧郁。

没法不忧郁。对有书念的孩子来说，念书经常是一种负担；对吃饭都是问题的孩子来说，念书却是一种奢望。

2002年开展的一项助学工程给"奢望"念书的孩子带来了希望。

那一年，甘肃有两所学校被确定为"西部开发助学工程"高中宏志班承办学校。民勤一中是其中的一所。宏志班的学生，在三年高中生涯里，每人可享受资助金6000元，从2005年起增加到9000元。这些钱每个月发到每个人手里的时候，开始是100元，后来是200元。

不是所有想要念书却念不起书的孩子都能享受这笔资助，只有那些成绩特优的特困生才有资格加入这个行列。

宏志班的孩子都明白，机会来之不易。

下午，当我们走进高三宏志班时，所有的孩子都在埋头学习；晚上，当我们再次走进这个班的时候，所有的孩子依旧在学习；深夜，当我们离开这个班的时候，他们还在那里埋头学习。

他们比同龄的孩子学得更苦，他们比同龄的孩子过得枯燥。

不觉得枯燥吗？他们说，习惯了。也许当生活在你面前只呈现出不易的一面时，可能真的就只有一个感觉：习惯了。

在民勤一中高三宏志班的教室后墙上，有一方学习园地。上面张贴着学生各门课程的"精品"作业，学习园地的上方是"静水流深，志存高远"八个字。

静静流淌的水流，虽看似柔弱，水流下却是一个汹涌澎湃的世界，谁也不知有多少劲流在涌动。"如果梦想不曾坠落悬崖千钧一发，又怎会晓得执著的人有隐形翅膀……"

这就是，讲这个故事的理由。

助学民警"叶子阿姨"

云 舒

王叶莉，女，31岁，甘肃省白银市公安局平川分局宝积路派出所户籍民警。一个身材娇小纤弱的女子，却包裹着博大的心胸，她用自己无私的爱感动着人们，点燃了美丽的道德之烛。

2005年7月的一天，一位相貌普通、皮肤粗糙、穿着破旧的妇女，走进了白银市公安局平川分局户籍大厅，她怯生生地说："同志，我要办户口。"接待她的正是王叶莉。在户口办理过程中，王叶莉得知这位妇女叫詹玉兰，家境十分困难，经常三餐不继。儿子顾生琛17岁，上高一，小时候因严重烫伤脸上手上留下了残疾；两个小女儿因生活困顿随时面临辍学，而她的丈夫则因沉重的家庭负担离家出走，至今杳无音信。一家人靠詹玉兰拣废品拾破烂维持生计，穿新衣吃荤菜成了孩子们的奢望。

詹玉兰办完事情离开了，可王叶莉的心情却久久不能平静，她按照户口本上的地址来到了詹玉兰的家里，破烂的土坯房中，没一样值钱的东西，全部物品相加，1000元也不值，要不是亲眼所见，真不敢相信这是真的，真的好穷！

回到家里她彻夜难眠：只有让她的三个孩子完成学业，她的生活才可能出现转机。但是这并非一件容易的事，因为詹玉兰的三个孩子面临的是一个接一个地上高中，而上高中的年均费用是1600元，这笔开销对并不富裕的王叶莉来说是无论如何也负担不起的。怎么办？一个人的力量有限，可是唤起全社会的力量共同推动扶贫助学呢？她思虑再三后，把詹玉兰供养孩子上学的困难写成了帖子，通过公安专业网站发表在了天津市公安局"民警E站"。

一石激起千重浪，短短10余天时间，天津、河南、山东、江苏、吉林、四川等20个省市数百名民警跟帖，有的说想知道甘肃孩子上学到底困难到什么程度，有的则直接表达了捐资助学献爱心的愿望。特别是天津公安网"民警E站"的网管，特地把帖子放到置顶位置。一个网名叫"金色巨澜"的民警，以王叶莉和天津市公安局网管倡仪的捐资助学为主题，精心制作幻灯片，刻成光盘寄给天津市公安局局长武长明，请求他支持。一时间，"民警E站"上关于捐资助学的话题不胫而走，许多素未谋面的民警或浏览或发帖。

为了使网上的爱心意愿变为实实在在的行动，王叶莉根据"网民"的建议，开始了对白银市平川区贫困山区教育现状的调查，重点了解那些特困生的家庭情况，并希望能够向经济条件好的人推介，取得帮助。一个星期六的早晨，王叶莉自费花150元包租了出租车，沿宁夏至定西的双界公路平川段行程100多公里，那里是绵绵的黄土高山，山头除了裸露的黄土以外，就是零星其间的茅草，荒凉得叫人心寒。她徒步行走了40公里，在一个空档的山坡前停住了脚步——眼前就是平川区种田乡北庄小学。走进学校时，正遇课间休息时间，孩子们在举行着乒乓球比赛，全校的孩子竟然找不到一副乒乓球拍，孩子们用手做球拍，饶有兴致地进行着比赛。不远处是一些孩子正在玩游戏——石头、剪子、布。一旁的老师告诉她，这里的孩子没有一样娱乐工具，他们所有游戏的道具都是手。这还不算什么，到了冬天教室里的温度零下20多摄氏度，买不起煤炭，孩子们便在上学的路上拾些干柴，实在冷得不行了就点一会火。风吹雨打中摇摇欲坠的破旧土坯房，以及孩子们那渴望的眼神，无一不震撼着王叶莉的心灵，也坚定了她将捐资助学进行到底的决心。

从此，形体消瘦的王叶莉背着挎包饥餐渴食、历尽艰难在山间小路上开始了长达两个多月的走访，足迹遍布平川区种田乡百丰小学、吴庄小学、安湾小学、拉排小学等6所小学。在和数百名贫困学生的交谈中，王叶莉最终确定了张军祥等5名特困学生做为"民警E站"的资助对象。与此同时，王叶莉将调查的结果发到了"民警E站"：甘肃省白银市平川区种田乡30％学龄儿童家庭只能维持孩子上学的基本费用，而课外读物等却无从满足；学校经费十分短缺，文体用品几乎空白。由于条件所限，孩子们的游戏道具只能是手。90％以上的孩子说最想要跳棋、图书，个别想要电视机。

调查结果发布后，很快天津市公安局"民警E站"网管"三火焚心"等4名民警，立即着手捐资助学的组织工作，一个多月的时间，就有200多名民警通过网络捐款，累计金额13000余元。

特困生"一帮一结队"助学活动也有了结果：王叶莉资助在读高中学生张军祥至高中毕业；山东东阿县公安局民警"曹操"（网名）资助在校高中生顾生琛至高中毕业；江苏吴江经侦大队民警"变形金刚"（网名）资助在校高中生唐森长至高中毕业；天津市公安局出入境管理局民警"LANDUN"（网名）资

助在校高中女生岳文宏至高中毕业；山东莱州市公安局民警"向往高原"（网名）和广东蓬江区公安消防大队"韩云"（网名）资助女生潘有婷至高中毕业。

2006年2月19日，北庄小学接到了"民警驿站"的首批捐助：图书215本及一批体育用品；随后，百丰小学收到了一批乐器，装备了种田学区第一支学生鼓乐队；其他学校也陆续接到了捐赠物品。

至此，王叶莉牵线e时空的爱心捐助迈出了艰难而扎实的一步。其实，她本人的经济条件并不宽裕，仍然租住着别人的房子，每月300元的房租一部分还来自朋友的接济。王叶莉的同事冯上河说：作为一名在城市长大的女同志，我们从来没见她穿过一件比较时尚的衣服。我们常常开玩笑地说，你拿钱给别人买东西，而自己却像"乞丐"，值得吗？她总是微微一笑说，乞丐就乞丐呗！

在"一帮一结队"助学活动中，一名资助的民警因特殊情况停止了捐助，王叶莉毫不犹豫地接过了接力棒，这样她每年捐资额将超过3200元。此前，天津市公安局网管提议将她20多次调查走访和运送捐赠物品往返的租车费用3000多元，在捐赠款中报销了，都被她婉言谢绝。粗略地估算，2005年到2006年，王叶莉花在捐资助学中的支出达6000多元，几乎占到了她年工资收入的一半。尽己所能，不计报酬，帮助他人，服务社会，这就是王叶莉——一个新时期的女警官。

如今，王叶莉被人们亲切地称为"为贫穷孩子寻找幸福"的女警官，孩子们亲切叫她"叶子阿姨"。她的助学义举情动陇原，激发起更多的人扶贫助学，为构建和谐社会做贡献。

田青青三到甘肃助女童

李 晨

作为加拿大资助乡村女童教育基金会董事长，田青青刚刚结束了为期五天的甘肃定西、陇西、皋兰和永登等偏远地区之行。此行她将自己一年来从加拿大各界募集来的约合20余万元人民币亲手送到了70名贫困女学生的手中，资助她们接受高等教育。

"多亏田女士帮我跨入了大学校门。去年我在大学入了党，上学期的演讲比赛我还得了三等奖。"曾接受田女士资助的女大学生邸燕说。据了解，今年获得资助的70名女生大部分都考过了大学录取的重点分数线，有些成绩还超过了600分。而她们为取得这样的成绩，付出比城市孩子更多的努力。

2005年3月，田青青自费从温哥华来到甘肃贫困地区进行考察。回到加拿大后，她发起成立"加拿大资助乡村女童教育基金会"，并自任董事长。去年8月，她再次来到甘肃，并将自己从加拿大筹集来的第一笔善款，亲手交到每一个被资助的乡村女童手中。从那时起，资助内地女童实现"大学梦"，成为她人生中的又一个新目标。

在甘肃生活的8年内心苦闷

"1965年，我考进北京最好的女校——师大女附中（现在的实验中学）。那时，我一直憧憬着自己未来的大学生活。"田青青说。1966年，"文化大革命"开始，田青青女士中断了学业。她的大学梦也随之破灭。1970年，她随母亲举家从北京迁到甘肃省陇西县。田青青女士被分配到陇西县氮肥厂工作，当了一名化验员。

甘肃生活的那段时间，让她看到了贫困农民的真实生活状况。"当时真有一家人穷得只剩一条裤子的情况。"田青青坦率地告诉记者：在陇西的那段生活是她人生中最苦闷的时期，当时她时时刻刻都想着回北京去。

"文革"结束，田女士回到北京，后来又前往加拿大发展。现在，她在温哥华有自己的一间画廊，生活也慢慢好了起来。"现在我的儿女都长大了，生活的负担也没以前那么重。我希望尽我所能帮助一下曾经生活过的那片土地上的人们。"她说。

不是只有富翁才有资格去做慈善

"这些钱都是我一点一点筹集的。"田青青告诉记者，她为筹来今年的这3万多加币，一年中要在工作之外搞几次募捐活动。"这些捐款中，一些是我画廊的老客户，还有很多都是素不相识的加拿大人听了我的描述后，慷慨解囊。但每笔的金额都不多，最多的一笔不过1000加币。"

她在加拿大人中并不算富者，甚至跟内地相比，也算不上是很有钱的人。

"我儿子也曾经问我，你又不是富翁，为什么要去做慈善？慈善都是有钱人才去做的事情。"但田青青觉得：不是只有富翁才有资格去做慈善。要看你所做的这件事对你有多重要？

"我一直为当年自己没有机会上大学而感到惋惜，甚至有段时间，我会为此常常产生一种莫名的自卑感。""后来我想明白了，生活没有十全十美。当年我失去了上大学的机会，现在我通过帮助那些与我有类似经历的女孩子们迈进大学校门，对我来说就是最好的慰藉。"田青青说。

资助女童缘于一次女儿参加的义演

田青青告诉记者，她的这个想法来自一次她女儿参加义演活动。"那年，我女儿所在的学校参加联合国在温哥华举行的公益演出。"田女士说，那次演出的目的是联合国帮助非洲女童接受教育。她至今仍清晰地记得，在演出中一位联合国官员说："如果一个女人接受了教育，她的后代一定也会受教育。""这句话对我后来做这件事情的影响特别大。"田青青说。

今年8月，田青青为资助女童上大学，第三次踏上了甘肃的土地。看到去年自己资助的女孩子们经过一年的大学生活，比去年见到她们时自信了很多。

田青青把新一年的学费又交到了李永秀等一批女孩子的手中。"她们的变化真的让我有种成就感，今后我还会继续关注她们。"田青青说。

马来西亚与新寨村的爱心连线

黄 绿 韦小红

前不久的一天下午,报社老总把记者叫去说,他收到一封寄自马来西亚新山市的信,是一位曾在甘肃生活过多年的退休老人写的,信里面还有马来西亚当地最大的华文报纸《星洲日报》发表的一篇文章,题目叫《甘肃来信》。他说,文里讲的事情虽不大,读后却很受感动,让我们拿去仔细地读一读,并给老人和文章作者做个答复。

于是,就有了我们这次新寨村之行。

六月中旬,正是甘肃南部地区农民麦子入仓的时候。我们怀里揣上程广振老人的信和那份《星洲日报》,匆匆向陇南市宕昌县出发了。

潘碧华在文里说,她看了地图,沙湾镇就在"敦煌的右下角"。其实,偌大的中国,要找一个村镇,看地图往往是靠不住的。只不过是敦煌的名气实在太大了。敦煌在甘肃的最西部,距离省会兰州1200多公里;而宕昌县却地处甘肃的南部,距省会兰州有340多公里。

这样一算,你也许就会明白两者之间有多么遥远。再说,甘肃的南部也并非"黄沙滚滚",部分地方还属亚热带气候,有甘肃的"江南"之称,其中宕昌县还属于长江上游流域,这可能是许多人所想像不到的。

一路向南,河水荡荡,草坡碧绿,成群的马匹和白色的牦牛安闲地低头吃草,金黄的油菜花在微风中摇摆。有些地方景致的浪漫,远远超出了你的所想。不过,作为记者,我们还是清楚南行的不易。陇南地区山大沟深,行路难是出了名的,尤其是每当进入夏季的雨天,道路时常阻断,总是令人提心吊胆。

一到县城,我们就打听沙湾镇新寨小学如何走,被打听者知道沙湾镇的倒是有,可问起新寨小学,没有人能说清楚。后来一家铺子的老板告诉我们说:"到沙湾镇不远,就六七十公里,两个多小时就到了。"老板说得非常轻松,我们听了心里却七上八下,想想六七十公里路需要两个多小时总不算快吧。吃了口饭,便加紧赶路。离开县城30多公里后,车突然出了故障,我们还是遇到了麻烦，在夕阳的余晖中又返回了县城。

第二天，我们换了辆越野车，早早就出发了。果然，花了足足两个多小时才到沙湾镇。向镇上的人打听如何去新寨小学，说法忽南忽西。后来我们依着指点驶过沙湾大桥来到一所学校，但这并非我们要找的新寨小学。所幸这所名叫大寨学校的校长恰巧认识我们要找的张培荣校长，并说新寨小学已于几年前撤并入其邻村的鹿川小学了。他打电话为我们联系到张校长，说明了去鹿川小学的路。

我们原路返回，继续向南前行到"沙坝桥"，滚滚的白龙江隔岸的一处山弯里，远远望去绿树成荫，掩映其中的村落，若隐若现。伫立在地势较高处的一幢白色建筑物特别醒目，我们猜那该是新建的鹿川小学了。"沙坝桥"是一座凌空悬于白龙江上的铁皮吊桥，桥面上的铁皮许多地方已经掉了，走上去晃晃悠悠，脚下的滔滔江水令人目眩。惊悸中步行过了桥，攀上两道陡坎，稻田里是青青的秧苗，顺着仅可容足的田埂前行，遇上叉路就向稻田里的农人询问。走了约摸5公里终于到了鹿川小学，在很有点气魄的校园里，孩子们的欢叫声响成了一片。一个中年人笑着迎上来，他就是原新寨小学校长张培荣，现在是鹿川小学的一名普通教员。我们要找的范春艳、范万万姐弟也在这个学校读书。

张老师特意把我们让进一间女老师的宿舍。几个女孩子挤在门口，把头从纱帘后探进来，用浓浓的方言叫着"张老师，张老师！"催他去照相。原来一个摄影师来给学生们拍照，孩子们亲热地簇拥着张老师，在镜头前做着各种手势和鬼脸。

11时放学时，一位老师把春艳、万万姐弟叫了过来。春艳梳着长长的马尾辫，用手抹过汗的小脸被画得一道一道的，拘谨地背着手，有些不知所措；万万比她矮上一个头，却笑嘻嘻地不怕生。春艳皮肤有点黑，长得很好看；万万眉清目秀，小手黑黑的，脖子也黑黑的，一眼就看得出属于那种很皮实的山里孩子。怕孩子们拘谨，我们就让他们先回家，说好一会儿去她家看看。

张老师请我们去他家里谈。山村的小路曲里拐弯，垫路的礓石形状各异，被踩得光溜溜的，走上去深一脚浅一脚。斑驳的木牌坊，城堡式的门洞，残朽的木柱，都透出了这个村子的古老。

张老师家是一幢木制吊脚楼，他说是几代人居住过的一两百年的老屋。一踏进楼间，立即有股圈养牲畜的气味刺鼻而入。张老师解释说右边是猪圈，左边是鸡窝。从窄而陡的楼梯上到二楼，正屋光线很暗，屋顶的木梁被烟熏得漆黑发亮。一排老式的箱柜上放着一台电视机。在张老师家里，除了它和一个小小的台式电扇以外，没有任何可以让人联想到现代生活的东西了。墙上鲜红鲜绿的对联是张老师自己作的，还有他用毛笔抄录的《陋室铭》、《爱莲说》。这种现在很难一见的用鲜红鲜绿的油光纸写的对联，似乎一下子勾起了我们对上个世纪六七十年代的回忆。

张老师说，新寨小学2002年秋季就并入了鹿川小学。当时的新寨小学有70多名学生，只有他一位教师。实在照料不过来，曾聘过一名老师，但过少的代课费，使那个年轻人很快就不干外出打工了。

70多名学生中，有三四户确实念不起书，其中就包括范春艳、范万万姐弟。

2002年春季，沙湾学区开会研究北大爱心社的帮助时，他就报了范春艳。他找出当年6月潘碧华寄来的第一封信，上面说明寄给春艳下学期学费100元，并寄来一箱食品衣物。张校长说，此后潘碧华又陆续寄来了书、衣物和学习用品等。张老师说现在的鹿川小学共有8个班，420多名学生，条件比新寨小学好多了。

张老师介绍说，他的月工资是1200元，算是村里条件较好的。家里有两个上高中的孩子。一家四口有三亩多地，所产的粮食基本够吃，生活算是温饱吧。谈起村里孩子上学的情况时，张老师说，鹿川村有200多户人，人均8分地，加上其他一些收入，绝大多数家庭的生活基本上还可以，不过那些年收入在两三千元的特别是一两千元的家庭，日子就非常难过了。适龄孩子的入学率在95%以上，但这里出去的学生真正能考上大学的就很少了。

聊天中，木楼里飘出油泼辣子的香味，弄得我们鼻子痒痒得直想打喷嚏。不一会儿，长面条端上桌，还炒了两个菜：青豆角和莲花白炒辣椒。面条吃到最后，碗底还卧着一只荷包蛋。我们问，村子里的人平时吃饭时像他们一样炒菜吗？张老师很实在地告诉我们，这也就是我们来了才炒了两个菜。

饭后，去邻村新寨村的春艳家。张老师的腿有些跛，走起路来很吃力，后来我们才知道，他患有严重的脉管炎，有一年痛得走不了路，是他的妻子每天背他到学校给孩子们上课。

中午的太阳很毒，许多孩子三三两两抢着树阴，边玩边去上学。一辆农用三轮车"突突突"地从身后开过来，张老师连忙拦住，请司机搭我们一段。

车身颠簸得厉害，山路又陡又窄又弯，车身外就是深沟，我们紧紧抓住被晒得滚烫的铁护栏，蹲在车箱里直后悔。

到了新寨村，早已是汗流浃背，当然有一大半是吓出来的。这一段路，三轮车走了十几分钟，春艳他们中午11时放学，下午2时上课，中间的3个小时，就要走这段路。

沿坡上到春艳家时，赵爱红已等在门口。她高身材大眼睛，留着短发，穿一件褐色的紧身上衣和一条沾满灰土的旧牛仔裤，长得很漂亮。春艳家也是木式吊脚楼，虽然看起来新一些，但简陋得多。院门是用几块木板钉的。楼下两头分别是猪圈和牲口圈，气味还不是太大。其他的杂物间里堆满着新收的麦秆。一头骡子从圈里探出头来安静地吃草。爱红说，这就是用潘碧华寄来的钱买的。

从很陡的梯子爬到楼上，我们在"客厅"落座。所谓"客厅"是一个一面无墙的敞篷。"客厅"右手是母子三人住的房间兼厨房。一头是一盘炕，炕上是两三层露着棉絮的被褥，已看不出本来的颜色。另一头是一座泥砌的灶台，一座泥砌的案台，和一口破烂的水泥水缸。除了这些，加上一楼杂物间里两个老的掉了锁栓的木箱，这就是他们的全部家当了。

听说有外人来，歇了农活的邻居都到春艳家，七嘴八舌向我们介绍春艳家的情况。一位上了年纪的大爷说，爱红一家真是太不容易了。

1997年9月，先是爱红的丈夫患急病去世，之后的不到一年时间里，爱红硬撑着刚盖好新房，公公和奶奶又相继离开了人世，这么短的时间里，先不说失去这么多亲人的巨大打击，光是在农村抬埋三个人就够难肠的了。这几年，一头是快60岁的婆婆，一头是春艳、万万两个孩子，全靠爱红支撑。说话时，爱红的婆婆正艰难地弯着腰在对面的屋顶晒麦子，她患有严重的坐骨神经痛，走路干活都很困难。

爱红自己也是病痛缠身。

爱红说，家里4口人，一亩多一点地，今年打了400多斤麦子，包谷刚刚种下地。我们问这些年她们是怎么过的，爱红说，就靠这些地。那头骡子没死时，农闲时就到山里打柴，每次驮上200多斤，到沙湾镇能卖上一二十块钱。现在，这个骡子还小，要等到明年才能用上。问起其他收入，爱红再也说不上了。

闲聊间，自然就谈到了孩子。张老师说，春艳今年12岁，上四年级，小她两岁的万万上二年级，他们的学习都是中等水平。爱红翻了很久，找出一封潘碧华的来信和一份请人代写给潘碧华的信的底稿。潘碧华的信是2003年"非典"刚过不久写的。春艳说，请人代写信是在她二年级，那时她还不太会写信，写不了那么好的字。现在她已给潘阿姨写了四五封信。我们看到爱红找出一份万万二年级数学"四步阶梯素质评估测试卷",上面红叉不少。我们想看看其他信件,爱红不好意思地说家里实在太乱,被孩子弄丢了。

春艳指着身上穿的淡黄色中袖圆领衫说,这就是潘阿姨寄来的,妈妈穿的衣服也是。还有很多衣服不合身,妈妈就先替她们收起来以后再穿。潘阿姨还寄给她很多东西,有童话书、钢笔、铅笔、本子、订书机、圆珠笔……学校里只有她收到这么多,所以感到很兴奋和骄傲。

春艳说,学校的作业不少,每天回家要花上两个小时才能做完。剩下的时间,就帮妈妈洗衣服、背玉米、背麦子、做饭、喂猪喂牲口,或做一些地里的活。她说自己什么饭都会做。家里没有电视机,春艳说,想看时,就带着弟弟到村里有电视的邻居家里看。春艳说长大后想当个医生,因为当医生可以给人看病,还可以多挣钱。她并不知道北京在哪里,也从未听说过马来西亚,但她感激潘阿姨给她家的帮助,她的心情有点矛盾:既希望潘阿姨能到她家来玩,又不希望她看到自己家里贫穷的样子。

出了春艳家,张老师带我们去看废弃的新寨小学。路上,张老师一边跟村民热情地招呼,一边不时地念叨着学校里东西可能都叫人拿完了。新寨小学离春艳家不远,坐落在一个山咀上。蓝漆漆成的大门敞开着,漆皮也掉了大半。两排三间的土砖教室还在,里面空无一物,门窗都破了,玻璃也碎了。院子里荒草长得很高。只有黑板上拼音和汉字还没有擦去。张老师不住地叹息,显得恋恋不舍。

问起新寨村,张老师说,新寨村不到200户人家,1100多口人,每人只有三分地,生活、收入更差一些。一年种一季麦子,麦收之后再种上高粱或玉米,有些人家粮食都不够吃。另外家里有条件的就外出打工,增加一点收入。最困难的家庭年收入只有1千多元。

从看到《甘肃来信》到采访归来,许多复杂的感受在我们的内心积聚着,起伏着。在今天这个爱心并不鲜见的时代,潘碧华对爱红一家的资助虽算不上惊天动地,但让我们体会到,爱心是没有国界的,爱才是人类共有的财富。

我们感动于潘碧华的真——她的真诚和认真。别人选成绩好的孩子来资助,她偏选成绩差的。其实,我们在采访中更加深了这种印象——如果说学习优良的贫困孩子需要帮助的话,那么更多成绩差的贫困生同样需要。因为,别人无法知道他们处在一个怎样的环境。因为,在这样一个地方出一个大学生固然值得骄傲,可以改变一个人的命运,但要是这里的每一个孩子都能完成更高一点的教育，也许改变的就是一个村庄，一方乡邻。

当然最震动我们的，还是这次采访中看到、听到和想到的，是春艳以及千百家的贫困，是这里百姓的韧性。

譬如，我们虽然无法想通疾病缠身的爱红仅靠一亩多地，是如何支撑着这个残缺的四口之家，但我们采访时，爱红所表现出的平静，却令人吃惊。譬如，在新寨、鹿川这两个相连的有数百年历史的村庄里，村民住房、卫生都非常之差，但鹿川小学那幢新建的白色三层教学楼却格外的醒目，就像是山寨未来的某种昭示。还有许多、许多……

我们采访时，正是当地麦熟时节，家家户户的人们都在顶着烈日将麦粒摊在屋顶晾晒。一些地方的水稻已经种上，碧绿的秧苗痛快地汲取着阳光和水分。田间皆是头戴草帽或头巾的农民勾腰劳作的身影。然而这本来充满田园情趣的画面却让人很难轻松欣赏——与付出的劳动相比，农民的收获实在太过微薄。

写完这篇稿子时我们在想，他们虽然不需要别人的施舍，但仍然需要更多的帮助；他们虽然不需要别人的可怜，但需要更多的关爱。尤其是看着孩子们那一双双好奇而天真的眼睛时，我们喉咙里就有种哽咽的感觉，就更这么想——因为，毕竟这里还很贫困！

附：

程广振先生写给《甘肃日报》总编辑的信

总编辑同志：

马来西亚第一华文大报《星洲日报》5月26日登载了该国曾在北京大学留学的潘碧华的散文《甘肃来信》。

文章文笔生动、细腻，语言朴实，娓娓道来，使我深切地感受到一位海外华裔青年对中国边远地区贫困学生的殷殷深情和爱心。特别让人感动的是，她始终没有向被捐助者亮明自己是一个外国人。她毕业回国后，由她来北京求学的妹妹接替她的任务。也许，多次得其帮助的范春艳、范万万姐弟和他们的母亲赵爱红至今还蒙在鼓里吧。

我想向贵报推荐这篇文章，它若能在《甘肃日报》上与广大读者见面，不仅可以激励范春艳姐弟及更多受过大学生们资助的贫困孩子刻苦学习、发奋进取，还能使我国同胞通过海外炎黄子孙济贫解困的实际行动感知中国传统美德的深远影响。潘碧华帮助范春艳姐弟的事发生在三年前。现在，兄妹二人情况怎么样？如果可能的话，我还想建议贵报派人搞一搞追踪报道，除了在《甘肃日报》发表外，再投寄《星洲日报》或许更有意义呢！

我转业前是兰州军区某师的新闻干事，在武威新城驻过两年。今年初退休，4月份来到马来西亚新山市。可以说，我对甘肃特别是河西走廊是有一定感情的。这算是我推荐这篇文章的原因之一吧。

遥祝 编安

程广振
2005年5月31日

甘肃来信

潘碧华

三年前，北大学生活动区有一组人在派传单，把我从自行车上截了下来。那是北大一个活跃的学生团体"爱心社"，正为偏远贫困山区的学生寻找学费赞助人。我看了他们的资料，一个小学生一学期的学费，包括三餐和住宿，半年只要100元人民币（约50马币）。

令人震撼的是许多家庭100元人民币也挤不出来。

贫困家庭的女孩成长过程总是比较坎坷，我从学校提供的名单中选出一个8岁女孩。工作人员笑了，说，怎么又是选女孩？看来人同此心，也不光是我一人。只是人人都挑成绩好的，我却选了成绩最差的那个。

首先我依照指示，先给山区学校的校长去信，表示我愿意赞助这位名叫范春艳的女学生，请他确认此位学生的家庭状况。信寄给甘肃省宕昌县沙湾镇新寨小学张培荣校长，听说在这种山区小学，执教的人要有颗奉献的心，很多时候，校长就是该校唯一的教师、杂工，身兼留宿学生的保姆，而且时常没有薪水发。

指示还说，我们去信时一定要附上一个信封，并贴上8角钱的邮资。因为对收信的人来说，区区邮资可能是一个很大负担。论收入比例，8角钱寄一封信，未免太贵；可是论距离，从北京到甘肃，相当于翻过几个马来亚半岛，又太划算了。

两个星期后，我收到来自沙湾镇的来信，附有范春艳的学籍证明，家境贫困的村委会证明以及家长赵爱红的陈述信。传统红色线条的信纸很薄,字迹透到背后,而每封信都重重地盖上鲜红的印章,握在手里,读起来格外沉重:赵爱红,37岁,寡妇,务农为生,体弱多病,一女一子达入学年龄,因家境贫寒,孩子无法上学……

我算来算去,一人100元人民币,两人也不过200元人民币,而且只要半年付一次,折算成马币,真是微薄得可怜,还不够我们打长途电话回家。我到邮局汇款时,顺便也给范春艳的弟弟范万万寄上了半年学费。

转眼半年过去,我再次到邮局汇款,排在两个中国女生后面。我很不争气的眼睛忍不住瞄了瞄女生的汇款单,真巧,收款人地址和我一模一样,也是赞助人之一。左边的女生问右边的女生说:"你给他寄多少钱呀?"我跟着竖起耳朵听:"学费100元,他们也没要多,这小孩太可爱了,我给他多寄200元买东西!"我顿时如雷轰顶,惊呆了,忘了往前挪步。人家中国学生一出手就300大元,比较起来我就显得非常小家子气,只给人家学费,却没有给生活费,这等于帮人没帮到底,不如不帮。我赶快把汇款单上的200元改为300元。

钱我给得不多,旧衣物倒寄了不少。有一年夏天我们那栋宿舍的几个新加坡女生一起毕业回国,留下许多完好无缺的衣服、背包、鞋子、文具和厨具。我们几个马来西亚人先过滤一遍,能用的都搬回自己房间,剩下的一一打包,邮寄到甘肃乡下。那些秋衣冬衣特别占位,也很重,我用自行车运载了几次,才搬完。算算寄货单,一个夏天我寄了200公斤的衣物,我想赵爱红一家人用上十年八年都没问题。

第二年春节后,赵爱红的哥哥给我捎来一封信,大大表扬了我一番。信中大意说自己身为哥哥,没有能力照顾妹妹,反而要一个外人来资助,感到非常惭愧。最后一句最叫我大吃一惊,他说他的一生中,最敬佩的是毛主席,接下来便是我了,还说我是人民的好同志。

我没敢笑,只觉心酸。

微不足道的施予,换来赵爱红一家每回来信的千恩万谢,还叫我到沙湾镇去玩。我看了地图,沙湾镇在敦煌的右下角。我上过几次中国地图的当,那些地点看起来近,走起来却很远,何况在黄沙滚滚的甘肃,到沙湾镇的新寨行政村4组,还不知要换多少交通工具?我天天要用干净水换隐形眼镜的人,怎么去得成?

既然不去甘肃,那就给他们打个电话。接电话的不是赵爱红,是同村人,我们沟通了老半天,才搞明白赵爱红家在另一端,电话是公用的。那人说他就去找爱红，叫我10分钟后再打来。如同我们上世纪80年代的乡下，有电话的家庭很少。我们从外地打电话回家，其实是打到邻居家，请他们到我们家去通知。然后先放下电话，10分钟过后再拨过去。

接电话的大爷当翻译，我跟爱红其实也说不上几句话。她的普通话带着浓厚的地方口音。我只听到她问："你家人好吗？你父母好吗？你身体好吗？你家里都好吗？"除了这几句朴实的问候，再也听不出什么，还得劳烦接电话的大爷当翻译。平时上学、周末才回家的范春艳也会说普通话，但毕竟年龄太小，还不会表达，只能和我有一句没一句对答。我无奈地说，我们还是写信吧。

离我回国只有两个月时，爱红来信说，家里的骡子病死了，自己一个人干不了农活，打算到城里打工，可又放不下两个孩子，真不知如何是好。那是我最后一次打电话去沙湾镇，我问接电话的大爷："乡下一只驴子要多少钱？"他说："不是驴—子—，是骡—子—"一匹骡子要2000多元。

那时家里的汇款未到，我身上的钱也所剩无几，刚好够付两个月生活费、回程机票、买书费和船运费，有心无力，先救自己再说。几天后，我在抽屉里翻出6张50美元的钞票，不禁喜出望外。折算2400元人民币，这可是意外之财，不多不少，正可救他人燃眉之急。

这几张美金来头可不小。话说2003年初，《星洲日报》的萧依钊陪同社长到北京，念及我们几个在北京求学的《星洲日报》前雇员，平时没什么好东西吃，给我、梁靖芬和陈行发带来了美禄和干粮，还请我们到他们下榻的北京饭店去吃早餐和看《英雄》影片。我们离开饭店之前，萧依钊把我们拉过一旁，塞给我们每人几张美金，说是社长给我们的春节红包。我们觉得不好意思，但也没拒绝，高兴得合不拢嘴。

这几张美金我一直没用上，也忘了收藏在抽屉里，适时出现，正好派上用场。就在我临回国前几天，爱红说她已经买了一头小骡子，养到春天也就可以帮忙干活了。

我一直没告诉爱红，我来自马来西亚。对一个偏远地区的乡下人来说，北京已经很远，马来西亚更是在天之外。我最后一次回信给爱红，告诉她我已经毕业并将离开北京，以后由刚到北京的妹妹接替我的任务，每个学期都会给春艳和万万寄上学费，直到他们小学毕业。

将来呢？将来再说。

爱心助学谱新曲

虹 云 邹济圣 口述　谢爱平 沙晶晶 撰文

2003年7月16日，无锡火车站。

在茫茫人海中，从未照过面的两个人还是相互认出了对方。江苏省如皋市纪林辅料公司职工邹济圣伸出粗糙的大手，与子身前来的甘肃受助学生虹云稚嫩的小手紧紧相握。

孩子，叔叔无时不在牵挂着你！书信往来8年，今天终于相见。

恩人，多少回在梦里见过、思念了8年的恩人，我一接到中专录取通知书，便攀山路、骑骆驼、挤火车，向你道谢、向你报喜来了。邹叔叔，如果不是你的无私援助，我也许就成了像父母一样的文盲。

"爸爸，我要读书"

我的家在康乐县，可山里人的生活，离健康、快乐可远着呢。康乐县普巴乡车家窑村，是一个只有三四十户人家的小村寨。穷乡僻壤，在海拔2680米的瘠薄山地里，零星种些麦子、药材，只能是种一葫芦打两瓢。

1997年元宵节的晚上，父亲用纸片卷着土黄的烟丝，蘸蘸口水粘紧后点燃，猛吸几口。

开学的日期越来越近，我和哥哥都等着父亲发话呢。

父亲拉着长腔呕出一口痰，打破沉寂。

"虹云，你就别上学了，好吗？""不，爸爸，我要读书！"我的声音低弱，但很坚决。

"孩子他爸，就是砸锅卖铁也得让娃们念书识字。"妈妈歇下手中的活计。

"这沙丘里只长庄稼、长野草，可啥时长过钞票？一开学就得三四百块。"父亲瓮声瓮气。

"向邻居们借点，兴许秋天就能还上。"妈妈说。

"哎，拆东墙补西墙，这窟窿啥时才能堵上？"爸妈走出屋外，嘀咕了好一阵。回屋时，妈妈的眼睛像山葡萄一样红。他们无奈地决定，兄妹两个中，只能让一个上学。

这一夜是多么死寂而漫长啊……

可第二天，父亲竟勉强同意我们兄妹一起上学。

我的脚跨进了校门，手里却捧不上新书。同学们翻阅着散发油墨味的书籍在预习功课，而我只能在下课后低声下气地借来抄录。

学费，依旧八字不见一撇，老师每天催缴，而我看到一筹莫展的父亲低垂着头，话到了嘴边，终究开不了口。

"孩子，我来帮你"

作为生在江海平原上农民的儿子，我与大山结缘。我对山里娃刻骨铭心的怜爱，始于在甘肃省当兵那时候。

我担任班长不久，利用星期天，带着战友们帮助山民收割小麦。骄阳似火，累得人喉咙管都快要冒青烟。我撇去小河中飘浮的树叶草屑，掬起两捧水，"咕噜咕噜"地牛饮一通。夜半时分，我开始拉肚子。五六个来回跑下来，天放明了。额头上烫得厉害，浑身打不起一点精神。我硬撑着，夹把镰刀，高一脚低一脚向麦浪翻滚的庄稼地赶去。

一个十一二岁的小姑娘用当地方言喊我，扶住我倚着土墙壁坐下。一会儿，她颤抖着端来一大碗热气腾腾的草药汤。原来，早起的小姑娘发现了我的"秘密"，便踏着露水去山崖上采回草药，把汤熬得又滚又稠。山里娃的纯朴、善良，让我的心头一阵温热。

我忙问姑娘："叫什么名字？""我叫虹云"，姑娘腼腆地说。

"读几年级了？"虹云并不言语，瞪着一双圆圆的眼睛。这双眼睛仿佛是水洗过一般鲜亮、清纯的墨玉。

"孩子，可别耽误了学习。"虹云低垂着羊角辫，咬着下唇走开了。

回到连队，战友们告诉我，虹云的父亲采药时不慎摔下悬崖身亡，母亲远嫁他乡。只上了两个月学的小虹云，不得不含泪走出校门，与奶奶相依为命……

作为和平年代的军人，我没有流过血。然而，听到心地善良的山里娃因贫失学的不幸遭遇，我悄悄地落下了从不轻弹的男儿泪。

那时候，1个月才7块半钱津贴。我揣着积攒下来的15元钱，向曾经支农的那个村庄走去。山民们告诉我，虹云的家很远很远，上次与奶奶结伴前来捡拾麦穗，不知又转向了哪个山头。

一直未能找到小虹云，根本没法资助她读书。这成了我的一块心病。

铁打的营房流水的兵，3年军旅生涯转眼即逝。

脱下橄榄绿，穿上保安服，我在长江下游的美丽城市南通工作。尽管当时月工资还不到300元，但是，为面如菜色的山里孩子尽绵薄之力的念头，对大西北的眷念，在我的脑海中盘桓已久。

在声势浩大的"希望工程"百万爱心行动中，一则南通市与甘肃省康乐县结对救助的新闻，把我堆积胸臆的爱心火焰越捻越亮。当晚，我提笔写信，恳请康乐县希望工程实施领导小组帮助寻找虹云。同时，我随信附上了小虹云的速写。那一双期盼读书的眼睛、那一对低垂的羊角辫，又一次浮现在我的眼前。

20天后，对方来了信，几经周折，他们仍然没能找到小虹云的下落。但是，为我物色了另一位名字相同的苦孩子。

"恩人，我何以为报"

开学两个星期后，老师告诉我，一封从江苏寄来的汇款单，为我缴足了这一学期的学费。我又是惊喜又是惶惑。

我把这一消息告诉了父亲。他也很纳闷，甘肃、江苏两地相距3000多公里，怎么会有八竿子也打不着的人汇款呢？这钱来得蹊跷，十有八九人家寄错地方了。咱人穷志不短，钱，一定得退回去。

正当一家人为此事为难时，江苏那位素昧平生的大叔寄来了信，哥哥连忙读给全家人听。

念着念着，哥哥的喉咙哽咽了，泪水叭哒叭哒滴在信笺上。那位虹云姐姐的聪颖善良与江苏大叔的至诚至义，使全家人激动不已。

来自沿海繁华都市的温暖大手，就这样紧紧握住了大山深处一双稚嫩而无助的小手。

此后，每年的1月、7月，邹叔叔如期向我所在的小学汇款。读到四年级，我开始给恩人写信。邹叔叔总是来信鼓励我。他的关爱化作了我学习的巨大动力，我无以为报，惟有发奋读书。当年的后进生，如今一跃名列前茅。

3年前，哥哥读高三，弟弟也开始上学，而我要到离家10多公里外的邻乡念初中。

　　按规定，我每学期得缴120元的寄读费。为了省下这笔钱，我不得不随了外乡人家的姓。在改姓和辍学两者之间选择，实在难为了我这样一个自尊、好强的女孩子。这些年，父母双亲多病的身体变得每况愈下，一下子筹集3个子女的学杂费、生活费，让他们累弯了腰，愁白了头。也不知什么原因，那一学期，邹叔叔首次"失约"，没有给我寄来学费，我面临辍学，焦灼地写信求助。

　　那时候，我就像久旱盼甘霖一样，等待着邹叔叔的回复。

　　不久，邹叔叔给我汇来500元，并来信说了一大堆致歉的话语。

　　那一阵子，他正张罗着兴办服装厂，事务繁忙，兴许把资助的事给忘了。然而，我哪里知道，邹叔叔另有一番辛酸在心头……

"孩子，我别无所求"

　　3年前，我与两个朋友合伙办起了一家服装厂。由于进购原料时的疏忽，使得1000多套服装成了次品。供货的奸商脚底抹油溜之大吉，而购货方因误了期限追着索赔。当时，银行贷款到期，房主讨要租金，苦心经营了7个月的企业难以为继。我心乱如麻，不得不含着泪用一把铁锁关上了厂门，拉下的18万元债务，我咬咬牙顶了一半。

　　生意场中的失意，让我看到了世态炎凉，平日里笑脸相见的熟人一转眼间形同陌路人。一向还算听话的门卫老王居然也奚落我："以前，你傻冒地资助人家的孩子上学，现在变成了穷光蛋。嘿，有谁来帮你？"听到这话，我默默地把眼泪往肚子里咽。

　　2001年春节，我是在讨债人的尾随下度过的，那一阵子，是我感觉最寒冷的季节。

　　在这节骨眼上，收到虹云的来信，诉说爸妈因没钱让孩子读书而呕气，险些闹出人命。这一夜，我没有合眼。可以想象，那孩子对我的期望该有多大啊。望着虹云的照片，想起那个拾穗女娃圆圆的大眼睛，我痛下决心：绝不能让读书的孩子因此半途而废毁了前程。

　　俗话说，船破有帮，帮破有底，底破还有365条锈钉呢。办法总会有的。还好，热脸捂冷脸，一早借到了200元。

瞒着家人，我去城里卖了400CC血。

松下绑在手臂上的橡胶带，我悬着的心，总算落实下来。随即，我心急火燎地赶往邮局。有气无力地蹬着自行车往回赶的途中，一阵眩晕，差点酿成车祸。直到傍晚，我才泡上一碗方便面，吃上了这一天的第一顿饭。撂下饭碗，我猛然想起，很久没有给虹云写信了。"孩子，叔叔资助你修完学业绝不食言。只要你好好学习，长大后报效家乡，我别无所求。"

邹叔叔俭朴的衣着，我的心里明白了八九分

我远道而来的前一天，邹叔叔的岳父因患胆结石在南通一家医院动手术，岳母过敏性哮喘发作，每天得打上4针。他那4岁的儿子也一直体弱多病，作为入赘女婿，邹叔叔上有老、下有小，家庭负担好重啊。

邹叔叔对我恩重如山，我无以为报，只有多分担些家务。在翻床晒被时，不经意间，我发现了邹叔叔艰难岁月里含泪写下的日记，由此解开了积郁心头多年的谜团。

当年，邹叔叔自己的霜水扫不净，还是忙着清扫起别人的雪水。恩人，你的大恩我何以还清？

邹叔叔的工友们为叔叔的义举深深感动，他们知道我要回甘肃了，张罗着买了不少衣服和书籍，并凑足了我的学费。我背着鼓鼓囊囊的行李，带着众多好心人的叮咛与嘱咐上路。

人头攒动的火车站，是我和恩人第一次相见的地方。在这里，我又将与恩人道别，天各一方。

"孩子，虽然我不能一路相送陪伴，但我的心一直牵挂着你。""叔叔，我一定加倍好好学习。"大恩不言谢，心中虽有千言万语，也无法表达我离别时杂乱的心绪。

无锡开往兰州的火车徐徐启动，车厢内广播里播送一首《你是一个好人》的歌曲。我望着邹叔叔挥舞着的大手，从心底默默唱起了那首歌："你是一个好人，好人是这个世界的魂。愿天下的好人有好报，天下的好人都交好运……"
（为使受助贫困学生在校安静学习，故使用化名）

一个都不能少

——宏志班的故事

杨 恒 郭自强

2003年9月，新学年刚刚开始，本报连续刊发了记者调查《上不起的大学》和《谁扼住了教育的咽喉》两篇文章，对农村教育现状和阻碍农村教育发展的诸多原因，进行了深入的调查和透析。文章见报后，引起了社会各界的热烈反响，读者纷纷来信来电。他们在反映教育面临严峻困难的同时，对一些贫困学生的处境深表关切。

10月底，记者再次深入学校，采访了部分爱心呵护下健康成长的学子。他们希望通过记者的笔，将一个个动人故事告诉所有的人。

会宁有个"宏志班"

宏志班，是一个并不陌生的词。近年来，各大媒体多次报道过全国各地的宏志班。进入宏志班的学生都是来自贫困家庭、品学兼优的高中学生，他们高中3年学习期间，学习费用由国家全额资助，除此之外，每月发放60到80元的生活费用。那么，甘肃省有没有宏志班？设在什么地方？学生情况如何？这些情况鲜为人知。

2002年4月，经县市推荐，省文明办和省教育厅批准，在河东和河西地区各设一个宏志班。河东地区的宏志班就设在"状元县"会宁，具有优良办学传统的会宁一中为承办学校。会宁一中宏志班，以会宁县为中心，兼顾庆阳、平凉、定西、白银、陇南5地市，庆阳、平凉、定西、陇南每年推荐2名学生，白银市其他各县区各1名，会宁县38名，总共50名。

第一届宏志班于2002年9月开班。

10月29日,我们在蒙蒙细雨中来到会宁一中,感受了宏志班孩子们紧张而快乐的学习生活。

2002年9月,从未出过远门的马润丽,背起行囊,从庆阳市西峰区平坦的高原腹地,穿过六盘山,来到群山环抱的会宁县城,成为第一届宏志班中的一员。她说,她是一个不幸的幸运者。

不幸是因为她贫困的家庭。她10岁时,无情的车祸让她和父亲永别,母亲成了一家人的主心骨。父亲走后,她上学更加艰难,但她坚强的母亲并没有让她离开她心爱的学堂。在母亲的艰苦劳作中,小润丽读完了小学,并以优异的成绩升入初中。

初中花销大,母亲的担子显得更为沉重。就在此时,她初中的班主任宋小龙伸出了关爱之手,垫付了她的学费。小润丽眼含泪水地告诉我们,她初中三年的学费全部由宋老师垫付,要不是敬爱的老师,她早已成了放羊娃。

更为幸运的是,2002年初中毕业后,她又成为庆阳市仅有的两名宏志班学生中的一名。她离开了母亲,离开了窑洞,来到这所陌生而又亲切的学校。在这里老师给予她关爱,同学给予她帮助,她获得了自信与坚强。小润丽说,在这里只有努力学习,取得好的成绩,她才能报答国家的关怀、老师的关心和母亲的关爱。

小润丽的班主任崔正说,在这个集体里,其实每一个学生都是小润丽,他们每个人的家庭遭遇过不幸或贫困,而每个学生都勤奋好学。

2003级宏志班班主任张斌分析说,贫穷带给他们心理劣势,表现在生活中就是自我保护意识非常强,在这样的集体里,每一个学生都非常敏感。

班上、学校都对他们说,他们只是一个普通的学生,并没有多少特殊性,在学校和年级之间,没有宏志班的特殊称谓,只有高一·十四班和高二·十二班,这样每一个孩子才能融入到班级体,融入到学校之中去。国家的资助,就是让品学兼优而经济困难的学生健康成长。

从某种意义上说,贫穷是一笔财富。会宁一中的校长席明珍说,宏志班的孩子们,好多都让人肃然起敬,他们志向远大情操高尚。他说:"去年,一个宏志班的孩子找到我办公室,说他不愿领每月发给他的60元生活费。那个孩子说他们家虽穷,交不起学费是事实,但并不是吃不起饭,他希望将国家资助的每月生活补助费,转发给没有获得资助的更为困难的同学。"国家的关怀和资助,让一个个原本贫穷的家庭展开笑颜,让一个个因贫穷而自卑的孩子健康成长。宏志班的教室里贴着班训:"宏图报党恩,志远为国强。"这10个字其实早已印入孩子们的心里。

在我国,高中阶段教育是非义务制教育,也就是说上学要交学杂费,这一收费价格不低,不少农村贫困家庭的孩子被拒之门外。而宏志班这一国家助学方式,给了这些孩子求学的机会。

来自八方的爱心

然而,宏志班太少了,国家资助也毕竟有限。

正是这样的背景之下,各种各样的社会助学,点燃了更多的希望之灯,显得无比珍贵。

自然条件的限制,疾病带来的灾难,使一些家庭陷入贫困的泥潭难以自拔。生在穷困家庭的孩子,无可选择地接受这一现实。贫穷让多少孩子徘徊在学堂之外,又让多少孩子割断与书本的联系。

黑发少年捧来的录取通知书,又让多少父母的两鬓添满白发,又让多少稚嫩的肩膀挑起沉重的负担。

16岁的女孩子康晓育,也是会宁一中宏志班的一名学生。她来自武山县龙泉乡,她的双亲有病,干不了多少农活,一家人靠着年迈的爷爷和奶奶养活。由于家庭贫困,初二那年她不想再上学了,她要为家庭减轻一份负担。

就在那个时候,她的班主任老师为她联系了一位天水市的好心人,资助她读完了初中。

她对我们说,那位好心的阿姨是她此生最为感激、最为敬佩的人。康晓育是幸福的,她感激给她幸福的所有的人。

会宁一中副校长王天杰介绍说,学校每年都会收到不同数额的资助,有个人的,有集体的。

2002年,一位不知姓名的人,给学校打过来10万元,他要求成立一个助学基金,每年资助50名学生,每个学生500元。

学校按他的要求成立了"博爱基金",将这一笔钱用来资助那些家庭贫困且品学兼优的学生。还有一些人,直接将钱寄到学校,少的100元,多的数千元。学校办公室给我提供的记录上,一共有43人,他们来自江西、安徽、湖北和北京等地,还有更多的人直接寄给学生们。

这一份份来自远方的素不相识的爱心,点燃了无数的孩子求知的希望明灯。

但是，还有无数的学子，期待着资助。

10月份，记者到西北师大采访时，助学贷款办公室的老师为记者提供了一组数据：1998年，西北师大学生总数为6358人，经济困难学生为2095人，特困学生为935人，特困生占在校学生总数的15%；2002年，在校学生总数为12402人，经济困难学生为3745人，特困生为2070人，特困生占在校学生总数的16.7%。

由于大面积的学生经济困难，学生欠交学费现象十分严重。二、三、四3个年级累计欠费高达1000万元，大四毕业生还欠学费30万元。

小学、高中阶段，学习费用相对低，一旦上了大学，学校收费就是中小学的数十倍。对于上小学、高中都困难的家庭来说，昂贵的大学费用，令他们本就贫困的生活更是雪上加霜。为了解决经济困难学生，西北师大采取了种种办法：一是组织学生勤工助学，学校每年可提供勤工助学岗位1200余人，人均月收入在150元左右。这笔钱可以满足基本的生活需求。学校还通过各种途径，向社会各界积极募集资金，从1998年到2002年底，共募集到各类资助金44项，有5000多名学生受到资助。从2001年起，西北师大与银行合作，贫困学生可以申请国家助学贷款，目前，已有1000多名学生享受此项贷款。

国家的、个人的、学校的、社会的，爱心汇成一股暖流，换回一个个学子的明天。

"老外"来到我身边

宜秀萍　王朝霞

曾几何时，来个外国人，城里人都能把人家看得不好意思。但现在，即便是在大山深处见到外国人，也不算什么稀奇事了。

所以，农村人说起"开放"的好处来，大都会说起一个个与外国人有关的故事。

老外给我做手术

李狗儿是秦安县兴园镇云新村农民，今年70岁了。20多年前，和老伴去过一回天水，那是她有生以来出得最远的门，去得最大的城市。2007年6月底，她做梦也想不到，就在家门口，她不仅见到了外国人，外国人还给她做了手术。

3年前，她的右眼曾做过白内障复明手术，但术后没多久，眼睛就有些看不清了；左眼的白内障也越来越严重，后来干脆看不见了。

2007年5月底，美国眼科复明协会的几位专家，带着手术车和全套医疗设备来到秦安县人民医院，免费为当地农民做白内障复明手术。李狗儿也报了名，过了几天，医院真安排她去做手术了。

6月29日，儿子、儿媳陪着她来到县医院，两个外国人把她扶上了手术车。

说起手术过程，她显得很轻松："没试来疼，睡了一觉就完了。"

第二天，去医院摘掉眼罩，李狗儿吓了一跳，眼前竟然站着五六个外国人，叽哩咕噜地不知在说什么，但她读懂了每个人脸上的笑容：手术很成功。

经测量，李狗儿的视力达到了0.8。临走时，外国专家给了她一个蓝色包包，里面装着一副墨镜，一瓶眼药水，一张卡片，并告诉她，2008年这个时候，他们还来。

李狗儿不知道，给她做手术的这位外国专家有多大来头——美国眼科复明协会前任主席、眼科专家康纳德。从1993年开始，该协会每年派出一批眼科专家，深入甘肃省贫困地区，用长达半年的时间，免费为当地群众做白内障复明手术。14年来，已先后有380多名美国眼科专家，来到甘肃省张掖、甘南、平凉、庆阳、成县、天水等地，为当地眼疾患者义务治疗7500多人次，实施手术近4000台次。

改革开放以来，甘肃省先后与美国儿童心连心组织、国际微笑行动组织、爱德基金会等开展了医疗卫生合作，执行了多个世界银行贷款农村卫生项目，资金总额达到7200万美元，项目覆盖全省64个县、900多万人口。

中学生、外教在中学

初秋的一个下午，定西一中的校园里，不时有欢快的笑声从高二16班传出。讲台上，一位金发碧眼的姑娘手拿粉笔，边说边写。黑板上，一张简易的英国地图、几幅美丽的风景图片随意张挂着。讲台下，学生们交头接耳，争论不休。

"嘘！"洋老师作出一个安静的手势，喧闹的课堂马上平息下来。

这位洋老师叫Hannah，是英国的一名高中毕业生。定西一中给她起了个中文名字，叫"何娜"。

"现在，我们来做个游戏，我说你们来判断，认为对就站起来，认为不对就坐着。大家分成两队，看哪一队判断得又快又准。"何娜用英语一字一句地说。

"OK！"学生们兴高采烈地应答。随着何娜提出一个个问题，学生一会儿站起来，一会儿坐下去，起落间，流利的英语不时脱口而出。

"我们去年就上过外教的课，她现在讲的，同学们基本都能听懂。"学生罗盘自豪地说。

"去年，省教育厅把我们学校定为英国诚信组织中学英语教学项目学校，派了两名英国高中毕业生来校任教一年。"定西一中英语老师卢慧珍在一旁解释，"刚开始，由于从没见过外国人，同学们还有些拘束，不敢开口，但很快就适应了，他们年龄相差不多，交流起来比我们更容易。2007年来的这两名外教也是高中毕业生，刚满18岁，她们都是志愿者，喜欢教书，渴望了解中国文化。她们的到来，激发了学生学习英语的兴趣。"

据省教育厅国际合作与交流处处长丁光明介绍，2003年，甘肃省与英国诚信组织合作开展了中学英语教学项目，就是想通过学生与学生的交流，加强本省尤其是地区中学对英语的感性认识，让学生不仅会写，也要会说、会用英语。几年来，相继有20多名英国学生，走进甘肃省十多所中学教英语口语，为县区中学生打开了一扇了解世界的窗口，也提高了所在中学英语老师和学生的口语水平。

洋人东乡种洋芋

几场秋雨，东乡县坪庄乡洋芋地里的秧苗黑绿黑绿的，刨开泥土，露出白胖白胖的洋芋。望着即将成熟的果实，从新加坡来的林来燕，与当地农民一样喜悦。

林来燕，英文名叫Betty Lim，是全球性慈善机构——英国国际咨询与资源企业中国首席代表，经省慈善总会牵线，于2000年来到东乡族自治县援建一所小学。在此过程中，她了解到，"东乡土豆"是该县第一大粮食作物，但品种退化，产量低。从此，她又将目光投向了改良当地洋芋。

"以前我们单打独干，现在与这里的农民一起干，我们的共同目标就是把洋芋种好。"林来燕操着流利的汉语对记者说，"刚开始在坪庄园艺站种洋芋时，一个个东乡族群众围在地头看热闹，如今都来帮忙搭温棚架子、薯种切片。"

被村里人公认是种洋芋"把式"的坪庄乡坪庄村农民赵么乃，很少服别人，但他提起林来燕，一个劲地竖起大拇指："她可真能干，真能吃苦！一个弱小的外国女人，开着笨大的拖拉机、播种机、挖掘机，从洋芋种植到收获全部进行机械化作业。我以前从未摸过拖拉机，现在也学会了机械耕作。"

"种洋芋最重要的还是种子，这是核心技术。"林来燕说。她与她所在的慈善机构，为帮助东乡县解决洋芋品种退化难题，已投资800多万元，在东乡县建成了脱毒马铃薯种薯中心，引进快繁陇薯3号、渭薯1号、爱德华国等脱毒种苗，在坪庄园艺站原种繁育，向全县推广脱毒品种8万亩。63岁的赵世祥说："林来燕给我们的洋芋品种可神了，1亩地原来产1000多公斤，现在能产3000多公斤，1公斤洋芋卖到0.65元钱。"

每到洋芋播种收获季节，林来燕与澳大利亚60多岁的道脑教授、高爱士女士常住临夏市，每天早晨开着拖拉机到东乡县洋芋地里"上班"。林来燕还动员新加坡、美国、英国等数百名大学生志愿者义务来田间劳作，给当地农民传授技术。

东乡县委的一位同志说："东乡县是个偏僻的少数民族县，但在田间地头，却经常能见到金发碧眼的外国人，'洋人'已成这里一道风景。"

16万元寿礼捐教育

胥廷辉　牛庆国

正月十五，正好是靖远县北滩乡独山村东滩社万国鼎老人的80大寿。这天，他家宽敞明亮的大院里，人声鼎沸，喜气洋洋，前来祝寿的人络绎不绝。这些人中有的是他的亲戚好友，有的是他曾经救助过的老人、残疾人，也有的是出于对万国鼎老人乐善好施的敬佩来表达心意的。而这一天，万国鼎老人还有一个更大的心愿要兑现！

80大寿有新意

万国鼎老人有9个儿子，2个女儿。由于平时子女们都很忙，顾不上陪老人出去玩，于是子女们悄悄商议，在父亲80大寿的特殊日子里，为他送一辆车，让他多出去走一走，看一看，见见世面。

可当老人知道这件事后在想：我生在旧社会，吃够了没文化的苦。而现在虽然家里条件好了，但不能乱花钱，有一辆车，还得找一个司机，不划算，还不如将子女们的孝心献给教育事业，帮助国家多培养人才。

在寿礼举办之前，他通过熟人将自己的决定告诉了白银市教育局。因此，寿礼这天一大早，他就穿戴得整整齐齐，等待教育局领导的到来。上午9时，在有关领导的主持下，举行了隆重的捐车仪式，他如愿将儿女们送给他的生日礼物——一辆价值16万元的桑塔纳轿车捐赠给白银市教育局。万国鼎老人当场将车钥匙和相关票据交到白银市教育局有关负责人手里，作为教育基金使用。万国鼎老人说："以前自己穷，又没文化，现在情况好了，非常希望所有的孩子都能够读书成材。"朴实、简短的话语，赢得了在场千余人的热烈掌声。白银市政府给万老先生赠送了一块写着"心系教育"的牌匾，北滩乡育才小学的学生为万老先生佩戴了红领巾。

由于捐赠的是实物，在作为教育基金进行划拨利用时比较困难。在发现这一"难题"后，万国鼎老人立即与教育局领导进行商议、沟通，最后决定将车转卖，他先拿出16万元现金代替车，以便捐款能够及早地帮助娃娃们上学读书。

　　教育局考虑到北滩乡育才小学的基础设施和教学质量有待进一步改善，于是当场表示，这笔捐款全部用于北滩乡育才小学的建设上，其中11万元用在硬件建设和教学设备的购置上，5万元用于设立"育才奖学助才基金"。

　　这笔捐款将由靖远县教育局接受并负责监督执行。

捐资助学是夙愿

　　一下子捐出这么多钱，难道不心疼吗？面对记者的疑问，朴实憨厚的万国鼎老人毫不犹豫地说："不心疼。"接着他向记者讲述了他80年的风风雨雨。

　　万国鼎老人自幼失去了父亲。母亲为了拉扯他吃尽了苦头。说起小时候的艰辛，他依然泪光盈盈。在过去困难的年代，他捡过破烂，讨过饭。有一次，他领着女儿偷偷爬上火车准备到景泰去要饭，可因为买不起车票被列车员揪着耳朵从车上往下推，疼得他快掉眼泪了，至今，那只受过伤的耳朵还有点聋。年轻时，他受够了贫穷的滋味。后来，女儿出嫁了，儿子也一天天长大成人了。特别是党的富民政策越来越好，儿子们跑生意、办企业，日子一天比一天红火。穷困了大半辈子的万国鼎老人到了晚年开始有福享了。前几年，他还带着老伴到北京、广州等大城市转了一圈。

　　万国鼎老人回想起那时贫穷的原因，其中很重要的一条就是没文化。他这辈子最大的遗憾也是因为穷而没能让孩子读上书。到现在，村里还有一些孩子因为家庭困难上不起学。因此，生活富裕了的万国鼎老人就是放不下这个心。他一直寻思着，一定要想办法为村里的教育事业做点实实在在的事情。

　　实际上，1990年在中滩村和独山村合建育才小学时，他家就捐助了2万元。现在这所小学有2栋教师宿舍、4栋教室，但都已很破旧，不能满足300多名学生和16名教师的教学需要。万国鼎老人一直急在心里，他每年都要催促儿子给学校送去4卡车煤。听到谁家的孩子学费紧张，他200元、300元地不知掏过多少次。可建学校需要很多钱，老人也一时凑不齐。而这次儿女为他祝寿，又拿出十多万元的厚礼，正好让老人有了实现夙愿的机会。

子女理解老人心

虽然万国鼎老人热心助教育，可他手里并没有多少钱。大儿子万生德笑着告诉记者："尽管老人出手那么大方，但他自己不挣一分钱，钱都是子女掏。父亲是个孝子，我从小就看到过父亲孝敬我奶奶的场景。因此，我们子女从小就留下了孝敬父母的传统。所以，我们尽量去满足老人的意愿，更何况，捐资助学是造福后人的大善事，我们肯定支持。"万生德接着说，他父亲家教很严，多年来，每到过年的时候，子女们要从各处赶到父母身边团聚，而父亲总是利用这个机会，听一听大家都在外面做些啥，如果谁想错了、做错了，父亲就会狠狠地批评。他现在已50多岁了，但还是从心里害怕父亲。只要是对别人有好处，父亲从不计较自己吃多大亏。他记得小时候家里吃粮很困难，有一次家里只剩下两碗面了，但当知道邻村的一家人两天都没吃饭时，父亲就把家里的面送给了那家人。母亲想不通，和父亲大吵了一架，但父亲始终认为自己没有错。父亲就是这样一个人，更何况他家里穷的时候，也受到过别人的帮助和政府的关怀。他1968年参军去了部队，有一次父亲写信给他，说家里快揭不开锅了。当他把这一消息告诉战友后，部队领导和战友们纷纷捐出粮票和钱，让他尽快寄回家里。

那时，的确解决了大问题。至今，万生德说起来还是很感动。

万国鼎老人有个侄儿叫万生江。万生江8岁时父亲去世了，母亲改嫁。是伯父万国鼎把他一手拉扯大的，并帮他成了家、立了业。几十年来，伯父对他比自己的儿子还要好，小时候，其他兄弟穿的是补丁加补丁的衣服，而万生江穿的总是要新一些。饭不够吃了，他吃一碗，其他兄弟们就吃半碗。万生江在白银冶炼厂工作了32年，由于工作踏实，年年都是厂里的先进。今年已经58岁的万生江感慨地说："伯父的为人在方圆几十里是出了名的，他做的事，我们都是很支持的。我一辈子也忘不了伯父的养育之恩。"

致富更要助邻里

听到记者来采访，乡亲们老老少少一下子挤满了万国鼎老人的上房，他们都抢着要给记者说说这位老人对乡亲们的好。

万国鼎老人所在的独山村，大部分村民是1984年从山区花岘村搬迁过来的。如今独山村大部分都是水浇地，可万国鼎老人深知花岘村的农家生活依然不宽裕，于是他每年都动员儿子，给过去的20多户邻里每家送去一架子车过冬取暖的煤。

2002年夏天，一场洪水后淤泥将花岘村的一口老井堵塞，致使全村人畜饮水发生困难。

10月，万国鼎老人知道后，亲自带上绳子、铁锹到花岘村去掏井。他说："以我80岁的高龄，请大家支持我的想法。"于是，儿子们跟上了，村里的青壮年劳力跟上了，这口井终于被掏开了。

2003年春节，万国鼎老人让儿子给全村115户农家，每家送去1瓶酒和一箱桔子，作为自己给全村人的拜年礼物。而且多年来，每到正月初二、初三，他总是让家里做好丰盛的年饭，准备上好茶、好烟、好酒，把全村的老人和困难户请到家里聚一聚，热闹一下。

村民张兆严的二儿子双目失明，生活很难自理。万国鼎老人就让儿子每月按时给张兆严送去200元钱，帮助这一家人的生活。这样已经坚持4年了。

同村的侯恒君老汉已经82岁了，万国鼎老人很尊敬这位老寿星，他每年要送去1吨煤，春节时送去钱和新鲜蔬菜。侯恒君老汉感激不尽，逢人就赞叹。韩秉森一家在"文革"期间曾与万家闹过不小的矛盾，但万国鼎老人不记前嫌，当看到韩家有困难时，让办企业的儿子把韩秉森吸收到企业上班。韩秉森感动地说："万老先生的度量就是大。"村主任孟作存说："外面的人只知道万国鼎老人为教育捐了款，其实，村上的工作，他也照样支持。前几年村里修路，万老先生一下子拿出了5000元。通过村委会向老弱病残的捐款已达8000多元。可到如今，万老先生不抽烟、不喝酒，生活也很简朴。现在富裕了的人家有不少，但像万老先生这样想着大家的并不多。大家之所以这样敬佩万老先生，的的确确是大家能够看到万老先生所做的好事、善事。"当记者来到白银市教育局了解这笔捐款如何利用时得知，为了把北滩乡育才小学建设成高标准的一流学校，万国鼎老人的三儿子又追加了10万元捐款。目前，由靖远县教育局牵头，育才小学的建设方案正在规划当中。

谢凤朝捐资助学记

白育庆

秋日的焉支山北麓，满山遍野红艳艳的山丹花，映衬着洁白的羊群，好一派迷人的草原风光。山脚下，欢快的马营河水清洌甘甜，向北缓缓而去，养育着两岸勤劳善良的人们。

山丹县大马营乡夹河村，就在这美丽的焉支山北麓脚下。村里有位老人叫谢凤朝，他不是富甲一方的有钱人，却情系教育，热心助学，他捐资建校的故事感动了很多人。为了存钱修学校，他捡过垃圾，卖过中药材。他建校历经辛酸苦难，自己却甘愿贫困，至今仍不言悔。

在谢凤朝家中，记者看到三间小平房内空空荡荡，唯一算得上家具的是一个空闲的面柜和一个破得不能再坐的沙发，家里几乎没有值钱的东西。老人正端着碗酸汤泡着馍吃，炉子里牛粪燃着的烟直冒，屋子里烟熏火燎，呛得他不时地咳嗽。见有人来，老谢赶忙走出屋来。提及捐资建校的事，老人打开了话匣子，讲述当年的经过。

谢凤朝是夹河村为数不多的念过书的人。

1971年，30岁的谢凤朝到夹河小学当上了民办教师。从此，他与学校和孩子们结下了不解之缘。当时，学校教育经费匮乏，各种教学设施没有保障，连老师们办公用的红墨水都无钱买。谢凤朝每月只有十几元工资，家里入不敷出，日子过得捉襟见肘。他还要从微薄的工资中拿出一部分来，用来买墨水等办公用品。

1982年，家里日子实在穷得揭不开锅了，谢凤朝恋恋不舍地离开了三尺讲台。但他依然割舍不下对学校的眷恋。他无时无刻地牵挂着学校和学生们。

1985年冬天的一个夜晚，夹河村小学失窃，所有教室的炉筒子被人偷走。这不啻于雪上加霜。学校没钱再买，教室里一连好几天生不了火。老师和学生们被冻得搓手跺脚。谢凤朝知道后，一边骂小偷是没有良心的小人，让上学的娃们遭罪，一边自己掏钱买来了新炉筒子，重新安好。看着教室里炉子又燃起了熊熊火苗，他才满意地离去。

务农后，谢凤朝把心思全用在了种地上，家里小日子倒也过得红红火火。随着4个儿女相继长大成家，谢凤朝老了，但他对家乡教育的关切之心并没有淡去，而是愈发强烈了。看着学校日渐破败的校舍，老师们长期没有房屋办公，谢凤朝看在眼里，急在心里。"要是娃们读不成书，那我们这个穷地方就更落后了。"谢凤朝对教育有着自己最基本的认识。

1993年初，已是50岁的谢凤朝，萌发了一个念头，要为老师们修几间像样的办公室。为此，他和儿子分了家。

"我和老伴一起过，不受孩子们的干预，我可以干自己想干的事了。"谢凤朝这样回忆当初的情景。

他开始想办法筹钱。

1993年，谢凤朝在自己的承包地里种上了中药材黄参。此举在村上招来一片非议和嘲笑。有人说他"不务正业"糟踏地，还有人背地里叫他"谢神经"。"不管别人说什么，反正能卖来钱，我就要种。"那一年，谢凤朝种的黄参大丰收。

当年冬天，他穿梭在到张掖市区的大街小巷，叫卖黄参。直至腊月二十八，家家户户都在准备过年，谢凤朝还在街头忙碌。后来，迫于各种压力，谢凤朝地种不成了。于是，他又和老伴来到山丹县城，租房住下，开始了捡垃圾的生活。

他和老伴一天早出晚归，风里来雨里去，捡凡是能卖钱的东西。这一干又是一年多。

经过两年多的苦心积累，谢凤朝点点滴滴地存了两万多元钱。他找到了乡村干部，正式表明了自己捐钱建校的想法。面对半信半疑的乡村领导，谢凤朝拍着胸脯说："我以一个老共产党员的党性作保证，我说到做到。"看着谢凤朝信誓旦旦的样子，乡村领导同意了谢凤朝的建校计划，并决定由大马营乡政府出资4000元，谢凤朝出资2.8万元，共同修建夹河小学教师办公室。

"我遇上了许多好心人。在他们的帮助下，学校才得以顺利建成。"时至今日，谢凤朝还念念不忘社会各界在他建校过程中给予的大力支持。夹河村村民们也纷纷出工，备齐了建校用的全部砂石料，施工期间还到学校义务帮工。驻张掖某部官兵，在谢凤朝前来购买部队处理木料时，了解到他是为修建学校个人出资购买，免费帮他把木料送到了学校。

由于资金有限,谢凤朝建校吃尽了苦头。有一次,他只身一人到县城采购木料,结果带的钱全买了木料,运费不够雇不到车,他被困在了城里。每天只吃一碗5角钱的面,晚上蜷在墙角一边看木料,直至3天后,家里一位亲戚来帮忙,他才回了家。对此,谢凤朝并无半句怨言。

1995年夏季的一天,谢凤朝正在学校工地忙碌着,因为一起经济纠纷案件,法院来人将谢凤朝修学校的木头拉走,并罚款1000元,还将谢凤朝带到张掖市公安局看守所,关押了15天。

既便遭此厄运,谢凤朝并没有放弃建校工程。其后,他再次找人继续开工,至当年秋季开学,终于建成了5间砖瓦房。从此结束了夹河小学老师无办公室的艰苦历史。

因为谢凤朝对法院强制执行有意见,不断上访,2004年山丹县政法委对此进行了专门调查,说明了事情经过,老人最后表示同意。但他认为有关部门本可以更为妥善地处理此事,老人每每说及此,伤心不已。

近几年来,谢凤朝家中祸不单行,先是老伴因病去世,后来儿子又不幸遭遇车祸,家中一贫如洗。

他的遭遇牵动了社会各界,山丹县民政部门等有关单位为其送去了慰问金,使老人倍感温暖。

2004年山丹县灾后重建,夹河小学迁址新建。乡村决定,原夹河小学谢凤朝捐资修建的校舍,产权仍归其所有。谢凤朝当即表示,他已是风烛残年,要这些东西也没用,仍然全部捐给学校,用于新建校舍使用。

谢凤朝捐资助学在当地传为美谈,受到了山丹县各有关部门的表彰。

主编点评

再穷也不能穷教育,再苦也不能苦孩子。这曾经是我们的响亮的口号。但是,当没有财力投入教育的时候,要教育不穷,孩子不苦,也难。因此,从古至今,民间慈善力量捐助办学,对于兴办教育事业,一直是非常重要的。

助学行动中,最让人感动的是那些人:耄耋老人,把自己养老送终的钱拿出来,捐献教育,有的人连亲朋给他过大寿的寿礼也慷慨地捐出来;尚在幼年的孩童,也把自己储蓄罐中的压岁钱拿出来，支援贫穷地区的小朋友。尤其感到温暖的是，在捐助热心人中，不少是不远万里的外国友人或华侨，他们从一些媒体报道或亲友的言谈中知道落后地区教育的窘状，总是想尽办法，辗转万里，将寄托着浓浓爱意的助学捐款汇往甘肃的山乡。

　　人们不但自己拿出资金捐助教育，有些还想尽办法开展募捐活动，让更多的人慷慨解囊，为教育事业增砖添瓦。来自众多好心人的捐助，改变了不少孩子的命运，而他们，也将是以后改变家乡面貌的希望。

扶贫济困

困学纪闻

兰州石化公司帮贫救困纪实

孟庆龙　钱双庆　陈　勤

2008年4月10日凌晨,兰州石化设备维修公司职工杜春德的妻子突发重度昏迷,被送往医院抢救,医生诊断为动脉瘤。手术后,又连续昏迷70多天。妻子的这一场大病,使本来就不富裕的家庭一下子陷入危机。就在此时,公司工会考虑到他妻子一直无业,立即按公司规定政策及时将其列入特殊困难家庭,给予大病医疗帮扶。

如今,杜春德的妻子已经恢复了知觉,还能够与人对话。杜春德逢人就说:"是兰州石化的'三不让'好政策,救了我妻子的命,也救了我的家庭。"

大病帮扶,给患者以勇气

兰州石化公司现有员工家属共计14.5万人、3.96万户。近年来,随着企业的不断改革重组和整合,形成了多种利益群体。其中集体企业员工、退职人员、企业安置性残疾人员、再就业人员、职工遗属、上世纪60年代精简下放人员、农民工等群体,生活相对比较困难。

为照顾好这部分员工的生活,公司出台了"三不让"政策,即:"不让一户困难家庭生活过不下去;不让一个困难家庭的患病人员看不起病;不让一名困难家庭的子女因困辍学。"该政策的实行,让公司特殊困难群体切实感受到了企业的关爱、公司大家庭的温暖。石化厂的孟建民和机械厂的刘仰全,都是30来岁就患上肾衰竭。公司工会把他们列入特大疾病救助对象,通过医疗帮扶,帮助他们进行了肾移植手术。如今,单位还为他们调换了相对轻松的工作岗位。"我们的病友许多已离开了人世,但我们仍然活着,是企业给了我们活下去的勇气。"两人说到自己的病都感慨万千。

公司改制企业金利公司的靳艳梅也是一名肾衰竭患者。器官移植手术后的排异治疗过程中，个人负担药费比例比较高，使她一直不敢吃好一点的药。在2008年7月初的帮扶救助领导小组会议上，该公司将三种重大疾病——肾透析患者、器官移植后排异治疗患者、恶性肿瘤患者，个人自负医药费救助比例大幅调高，极大地缓解了他们的经济压力。靳艳梅说："自从新政策出来后，我也能够吃一些进口药了，生活品质提高了不少。"

据了解，自2007年6月以来，兰州石化公司对大病医疗帮扶投入的救助金为132.4万元，先后有198人次受益。近期，该公司又重新修订《帮扶救助资金管理使用暂行办法》。其中，最大的特点是降低了医疗救助门槛，提高了救助比例。比如，特困家庭成员承担医药费按照80%的比例进行救助；困难家庭成员个人承担医药费按照60%的比例进行救助；一般困难人员个人承担医药费按20%的比例进行救助。

助学帮扶，让贫困学子露笑脸

李欢颜是兰州石化化肥厂的职工子弟，在他3岁的时候，母亲离家出走，一直杳无音讯。上初三的时候，父亲又离他而去。从此，他便与年迈的奶奶相依为命，并靠企业发给的遗属生活费维持过活。小欢颜这个在苦难中泡大的孩子却非常要强，学习一直在班上名列前茅。

2008年8月，正上高二的他已年满18岁，按规定将停发遗属生活费。在学业的关键时刻，却断了经济来源，这该怎么办？其实，小欢颜的难处，企业已经有所考虑。是年8月，兰州石化公司将他列为特殊助学帮扶对象，每个季度发放救助金1000元。逢年过节，工会的同志还去他家慰问、探望，带去慰问金，鼓励小欢颜专心学习。这样，李欢颜和奶奶每年就能够得到6000元的帮扶救助，再也不用为生活、学习的费用发愁，李欢颜的脸上又露出了笑颜。

像李欢颜这样的故事，在兰州石化还有很多。从2005年7月该公司推行困难家庭助学帮扶工作以来，先后得到助学救助的子女共有1743人次，发放助学救助金481.9万元。仅从2007年6月到2008年年底的一年半时间里，就助学帮扶533人次，使用救助金147万元。

特殊帮扶，让人间真情永在

2008年5月12日四川汶川特大地震，震碎了数十万个中国家庭，但中华民族的人间真情也在灾难中充分显现。2004年参加工作的兰州石化工程公司员工谢波，家在四川地震灾区。地震发生后，虽然家中无人伤亡，但是家里的房屋全部倒塌。兰州石化公司工会及时给他家救助了6000元钱，用于修缮房屋。类似的情况，在兰州石化公司有141人。对于遭受这种特殊自然灾害的员工，公司按照极重灾区、重灾区、一般灾区等受灾标准分别给予6000元、5000元、3000元不等的救助。如今，凡是遭遇重大意外灾害的员工，无一例外都能够得到特殊救助，因为兰州石化公司已经建立起一条特殊事件及时救助的绿色通道，实施无障碍援助。

公司还将因遭受重大意外事故等造成家庭实际生活水平下降的员工，按标准分别确定为特困、困难家庭，给予定期帮扶。有一名职工在回家探亲的路上，一家三口遭遇车祸，一死两伤。公司立即开通绿色通道，将5000元救助金和同事们的问候及时送到这个遭受巨大不幸的家庭。

2007年6月，兰州石化整体重组后，党政班子把送温暖帮扶救助工作上升到确保和谐稳定局面的高度进行通盘谋划。加强帮扶救助资金管理，对困难人员、家庭进行了全面的摸底核实，建立起困难、特困家庭档案。另外，还加强建档家庭的动态管理，每季度检查核实一次，该退出的退出，该进入的进入，确保有限的资金真正用于困难家庭。

生活帮扶，石化城爱心滚滚

柳林江、郭萍夫妇是宏达公司集体制职工，丈夫柳林江常驻西藏推销塑料薄膜，妻子郭萍长期患病，孩子9岁时又患上糖尿病，7年来每天靠打胰岛素维持，夫妻俩合计月收入3000元左右，其中超过三分之一用在医药费上。由于集体企业劳保规定职工子女门诊药费不予报销，使这个家庭陷入困境。兰州石化公司工会获悉情况后，把他们家纳入重大节日救助覆盖范围，夫妻俩所在单位在定期进行帮扶的同时，还给郭萍调换了一个相对轻松的岗位，方便她照顾孩子。

该公司还有一名职工，孩子上大学期间患上了血液病，家庭收入每月也只有3000元，可孩子治病期间就花了5万多元，整个家庭的生活顿时陷入窘境。公司比照特困家庭为他们建立了困难档案，按照医疗费用的80%救助了4万元，帮助他们渡过了难关。

2008年，兰州石化共使用救助金1033.1万元，进行了8138人次的生活困难帮扶。"通过实实在在的扶贫帮困,让企业党、政、工各级组织的关心,传递到每一个困难家庭,不仅在精神上使他们有一种归属感,更主要的是在经济上使他们得到帮扶和支持。"兰州石化公司党委副书记、工会主席李政华如是说。

据最新统计数据显示:自 2007 年 6 月"两兰"整合为兰州石化公司以来的一年半时间里,兰州石化公司共救助员工 25612 人次,共使用救助金 2110 余万元。

慈济会东乡县扶贫记

徐乐俊

"陇中苦瘠甲天下,东乡苦瘠甲陇中。"东乡有多苦?东乡县民政局的一位同志说:"苦一点的家庭,早上吃一顿土豆,中午吃一顿土豆,晚上再吃一顿土豆。"

汽车在海拔2500多米的黄土高原上行驶,眼前是一道道光秃秃的梁峁、一条条干巴巴的沟壑。望着山上四处散落的人家,生长在江南的我无法想象这里的人们如何生存。"很多来这里考察的慈善组织都说,这地方不适合人生存。"甘肃省慈善总会的同志介绍。

对东乡的生存威胁最大的,是干旱。据介绍,东乡是甘肃最干旱地区之一,干旱年份降水量不足100mm,且集中在7—9月份。为了生存,人们世代相传打水窖储水。他们在庭院里挖一口葫芦型的地窖,用当地一种粘性很高的红土糊在窖底和四壁,天下雨时,水窖就蓄上雨水以备日用。但是,水窖储量有限,而且渗漏厉害,蓄满一次水只能用上三四个月。

于是,在干旱的年份,或者不幸赶上家里水窖坍塌的时候,拉水成了村民们生活中的头等大事。在村民们的讲述中,我能想象到,天一亮,拉水的队伍就出发了,或肩挑,或用驴驮,穿过山沟,踏上山梁,一直走到几十里以外的地方。一条狭窄的山路,承载着沉重的足迹,铁皮桶单调的碰撞声,是多年来唯一的节奏。

村民苦涩的讲述中,难掩一份欣喜与庆幸,因为一种新式水窖让他们已经告别了这种取水的艰难。

时间回到1995年。甘肃省遭遇60年来的最大干旱,全省300多万人受灾。面对严重旱灾,省政府实施"雨水集流工程",组织有关技术单位在总结群众经验的基础上改进集雨技术,推广新式混凝土水窖。新式水窖通过改进建筑技术和增加配套设施——集雨场,极大地提高了集水和储水效率。过去黄土面集流效率只有 5%~8%，而改进后的混凝土集流面集流效率高达 70%；过去老百姓自己打的黄土窖一般只能储水 10 立方米，而且渗漏厉害、容易坍塌，而改进后的一眼混凝土水窖可储水 30~40 立方米，能供一个 5 口之家饮用 10 个月。

但对大多数贫困的东乡人来说，家有一眼新式水窖只是一个梦想。采访时我了解到，2007 年全县农民人均收入才 1023 元，而在 10 年前打一眼新式水窖光买材料就要 600 多元钱，大部分的村民根本掏不出这笔钱。

最开始帮助他们实现梦想的是台湾佛教慈济慈善事业基金会。1999 年 7 月，在甘肃省慈善总会的推荐下，慈济会通过考察，决定在当地开展资助贫困家庭打窖抗旱的集雨工程。当年 7 月，第一期工程启动，在高山、北岭两个乡资助 434 户农民，每户资助 800 元现金，受助人自己投劳。在确定区域和数量后，慈济会通过县民政局和乡镇政府确定具体受资助的家庭，再与县民政局签定协议，由他们负责每家每户的工程实施和技术指导，最后慈济会和省慈善总会一起验收。

慈济会的善举感动了当地政府，他们大力支持积极配合，更受感动的还有当地群众，他们满怀感恩与热情投入到集雨工程中，使首期工程得以圆满顺利完成。之后，慈济会不断扩大救助范围，截至 2007 年集雨工程一共实施了 10 期，累计修建水窖 6133 眼。大树乡大树村包文成是第八期集雨工程的受益者，他们家于 2005 年 7 月受助修建了新水窖。说起修了水窖后这 3 年来生活的变化，这位汉子仍然感动得难以成言。修新水窖之前，他被干旱死死缠住，每二三日就得花上大半天时间去取水，耽误时间不说，他还因此被拴得离不了家，即使农闲季节想出去打工也不敢出门。如今窖里有水了，人也轻松了，离家三五个月也不成问题了。

东乡严重缺水以及慈济会集雨工程顺利实施的情况引起社会慈善组织的广泛关注，通过甘肃省慈善协会的牵线搭桥，2000 年以来，先后有世界宣明会、美国视博恩公司、英国国际咨询与资源企业等慈善组织在东乡开展了资助修建水窖项目，共计援建水窖 3000 多眼。

万眼水窖给东乡人带来了对生活更美好的遐想。每当喜雨降落流进一眼眼集雨水窖，东乡人都会念起这些慈善工程的背后默默给他们送来爱心的人们，其实他们永远也不会知道那些人是谁，身在何方，但施爱与感恩的心，总是能在一起的。

爱生希望之光

"我们东乡现在吃水的困难基本解决了，剩下的最大困难，就是教育问题！"穆涛说。穆涛，一个自学成材由普通工人成长为县团委副书记的东乡族姑娘，2003年23岁时成为第十届全国人大甘肃代表团中最年轻的代表。在那届人大代表任期内，穆涛一直在呼吁政府加大对贫困地区的教育投资。

穆涛告诉大家，在她们家乡，太多太多的成人没有知识文化。而孩子呢，由于人们居住分散，学校又少，有些村甚至没有学校，小孩上学得翻山越岭走到一二十公里以外的地方。七八岁的小孩，山大沟深家长不放心，加之经济困难，很多小孩上不了学。

免古池乡马场村，就曾经是这么个村。采访时当地人告诉我，在马场恩溢小学建立之前，离这里最近的学校在县城。县城，在十多里以外的地方，站在高坡上望去，见到的只是一道道梁峁和沟壑，漫漫古道上，还有千年的风沙。

那个感动了无数中国人的在东乡支教的美国青年丁大卫，联系到了广东恩溢教育集团和英国国际咨询与资源企业的38万资助，于2000年建起了马场小学。由教育局配备师资，当年10月学校开学了，周围7个村子100多个小孩来此上学。如果没有这所学校，其中的几十名小孩将永远不会有上学的机会。

在马场小学，我看到了米黄色的二层教学楼，看到了满校园欢蹦乱跳的孩子。咨询与资源企业的负责人介绍，最初这只是个只有一到三年级的教学点，学生的学杂费全由他们资助；2005年他们追加投资将它扩建成六年制完小，当时政府已免除学杂费，他们便把资助改成了学生的校服。

在马场小学建立的前后，还有其他慈善机构也已开始牵手东乡的教育事业。从1999年开始，英国政府国际发展部（DFID）给临夏回族自治州包括东乡在内的四个最贫困县提供为期5年的资助，帮助那些因贫困上不起学的孩子上学。该项目的实施，使东乡每年有3千多名学生得助学金。原北京市副市长张百发也在东乡爱心助学的光荣榜上留下了自己的名字。通过市长协会对东乡县达成的"手拉手扶贫助学"活动，2003年张百发为东乡县龙泉乡中心小学捐资建立了多媒体网络教室。台湾慈济会、世界宣明会、美国视博恩公司等慈善机构也在东乡援建爱心学校。李牙小学、东塬乡牙胡家恩溢小学、包岭恩溢小学、春台乡祁牙小学、车家湾乡水家小学和董岭乡三岭村小学等14所学校相继建成，近千名学生能够免去长途跋涉之苦就近入学，上百名学生由此才实现了上学梦想。学校开学时，许多家长激动流泪，因为他们知道，只要背上了书包，就有了彻底改变命运的希望。

我们还去采访了另一个学校，叫坪庄小学。校园里有一座三层的新楼房还没使用。校长告诉我们，那是一个国际慈善组织给坪庄小学援助扩建的初中部，乡里准备配备师资，下个学期就要开学了，能满足本校"小升初"的需要。满校园欢蹦乱跳的孩子，他们中的一部分人，下学期就会坐进中学的教室里。那些已经毕业的孩子没赶上，也许他们会嫉妒，但他们应该高兴，因为他们的弟弟妹妹，他们的孩子，从此都有了机会。后来的人，理应有更好的生活。

爱筑成长之基

扶贫的关键在于扶持经济发展。当爱心学校不断建成，孩子们无学可上的难题得到解决，却出现了另一个问题——有学不上。因为贫穷。

有一个慈善组织很早就注意到这个问题，并很早就开始进行经济开发，那就是"英国国际咨询与资源企业"。

咨询与资源企业的工作主要由其驻兰州办事处的负责人林来燕来主持。林来燕，一个新加坡女孩，曾留学澳大利亚，毕业后曾担任一家知名国际企业高管。一次偶然的机会见识到东乡的贫苦后，她放弃了自己的事业和生活，来到这苦瘠的黄土高原一心一意从事慈善事业。

3月中旬记者在她的农场见到了她，高筒的胶鞋、裤腿上的泥土、以及被晒黑的皮肤，无一能与她来到东乡之前的经历联系起来。

林来燕于1999年来到东乡。那一年，经甘肃省慈善总会牵线，英国国际咨询与资源企业决定到东乡开展扶贫开发项目。作为该慈善机构负责中国方面事务的首席代表，她被派到东乡考察。林来燕还清楚地记得，在东乡县的马场村她看到了让她作出重大选择的一幕：在零下五六度的寒风中，一个七八岁的男孩光着脚丫，穿着单薄的衣服，行走在这个寒冷大山之巅，看着这个男孩当时的情景，林来燕流泪了。她回忆说，那时候从心底里冒出一个信念：哪怕搭上生命，也要帮助这些人做些什么。回新加坡后，林来燕辞掉工作，再来到东乡慈善扶贫。

至今，林来燕已经在东乡九年了，每年只在圣诞节期间才回新加坡与父母小住一阵。她不但在东乡吃苦受累，而且还耽误着自己的爱情与婚姻，以致现在还是孤身一人。九年来，林来燕为东乡做的善事很多很多，而最重要的一件却多少让人感到意外：种土豆。

虽然刚开始时，他们也像其他的慈善组织一样募集善款资助贫困农民打水窖，但企业确定的长远计划是帮助当地发展经济，而不是直接资助。

东乡干旱缺水，耕地多为山地斜坡，土豆一直是种植最多的农作物，常年播种面积近30万亩。但传统的耕作模式和严重的品种退化使东乡土豆个头小，产量低，亩产只有1000公斤左右。林来燕了解到这一情况后，决定帮助当地农民引进优良土豆品种，提高产量，增加收入。

最初的工作是艰难的。2002年冬天，她辛辛苦苦跑到省农科院请教专家，买来了最适合东乡土质和气候的土豆种，可当她要免费送人的时候却没人要。对这么一个外国来的洋女孩，村民即使不怀疑她的动机，也不敢相信她的技术。庆幸的是，2000年援建马场小学并资助贫困学生的过程中，她与学生、家长建立了深厚的感情与信任。于是在2003年，她在这些家庭中选择了13家进行试种，并获得成功，良种土豆喜获丰收，平均亩产达2000多公斤，最大的土豆重达1公斤，这让种了几十年土豆的农民大跌眼镜。

试种土豆的成功离不开另一个外国人，唐纳德·福布斯（DONALD FORBES），英国国际咨询与资源企业的董事，一个致力于慈善扶贫工作的澳大利亚老头。

见到老头的时候，他刚从地里回来，正在做中饭：用中国菜刀往西式面包片上抹黄油。

出生于新西兰的唐纳德10岁起开始帮助父亲在农场干活，大学期间学的也是农业种植专业，对作物种植和管理有着丰富的经验。2003年试种土豆的时候，他一直呆在东乡提供技术指导。

2003年试种成功使得良种土豆的推广容易了很多，见到好处的村民纷纷要求改种他们的品种。他们的成功也引起了县农业局的主动合作，局里给他们提供了办公用房，并在附近给他们解决了几十亩实验地。唐纳德要成立自己培植室，开展自己的种子研究，县农业局帮助解决实验用房用地，并派出技术人员协助研究。他们之间还建立了一种推广良种土豆的合作模式：农业局通过各方协调，规划出培种基地的范围，基地范围内的农户再与唐、林合作，唐、林免费提供土豆种和技术指导，农户提供劳力，土豆收获之后全部由县农业局用专门款项收购，再将土豆种免费发放给全县各乡农民。

为了搞好育种基地，林来燕、唐纳德投资2000多万元，帮农户建了优质大棚，建设了先进的灌溉设备，还购买的大型耕种机械。由于品种好，耕种管理得法，基地上的土豆尤能获得丰收，最好的亩产竟然超过4000公斤。进入育种基地的农户尝到越来越多的甜头，基地范围一再扩大，已由最初的几十亩扩大到 2008 年的 800 亩。与农业局合作的推广模式也获得惊人的成功，全县种植良种土豆的面积逐年成几何级增长，2004 年 7550 亩，2005 年 5 万亩，2006 年 8 万亩，2007 年 19.6 万亩，2008 年预计达到 25 万亩。保守估计，每亩增收 300 元计算，这是一笔多庞大的数字。东乡县农业局办公室的祁主任说，咨询与资源企业对东乡的贡献之大一时难以估量。

但林来燕、唐纳德给东乡人带来的绝不仅仅是这些。至少还有思想观念上的影响，尽管那是潜移默化的，难以察觉的。

唐纳德还记得，第一年试种土豆之后，他们出钱收购了土豆种，再去免费发给更多的农户，但有农户不要，原因仅仅是因为土豆种来自与自己不睦的邻居。唐纳德觉得不可思议。尽管与当地人语言不通，每一句话都需要林来燕翻译，但唐纳德用无声的语言、用自己的行动去感染他们、影响他们、改变他们，告诉他们要协作、要信任。这几年，由于大型机械的使用，基地上的农户在下种和收获时有了更多的集体协作。看到农民们放弃斤斤计较，在地里争先恐后、奋不顾身地干活时，唐纳德倍感欣慰："我要他们知道，当我们在共事的时候，我们是捆在一起的。"

还有更让唐纳德感到欣慰的事情。有一次，村里有个老人死了，唐纳德对一起干活的几个村民开玩笑，说他想回家了，如果他死在哪里不知该怎么办。"村民很认真地告诉我：'如果你真死了，我们会把你同我们的亲人葬在一起，并且每年都给你上坟'"，唐纳德说，"我非常感动，这里的工作我一定会继续下去。"

国家质检总局帮扶礼县教育 14 年

赵力健

国家质量监督检验检疫总局从 1994 年开始在礼县开展帮扶工作。14 年来，国家质量监督检验检疫总局共为礼县帮扶项目 50 多个，投入资金 900 多万元，帮扶各类物资价值达 140 多万元，其中仅在帮扶教育中就投入资金达 500 多万元。14 年来，国家质量监督检验检疫总局共向甘肃礼县派出十批帮扶工作队，每一批帮扶工作队在礼县开展帮扶工作时，都始终贯彻"治穷先治愚、扶贫先扶教"的理念，把帮扶教育放在尤为突出的位置上。

1994 年 10 月到 1996 年 2 月，第一批国家质检总局帮扶工作队帮扶甘肃礼县时，投资 16 万元援建了乔川乡中心小学。目前乔川乡中心小学学生由原来的 213 名增加到 514 名（改造两所小学）。

1996 年 1 月 19 日到 1997 年 1 月 30 日，第二批国家质检总局帮扶工作队帮扶甘肃礼县时：1、投资 15 万元援建了乔川乡中心小学、白关乡中心小学，建成砖木结构教室 8 个，宿舍 15 间，建筑面积 700 平方米。目前乔川乡中心小学学生由原来的 213 名增加到 514 名；祁山乡赵家小学在校学生由原来的 130 名增加到 223 名。 2、国家局职工捐款 1 万元救助 42 名失学儿童和 1 名贫困教师。国家局党组副书记、副局长李志民两次资助县希望工程 2400 元，救助了 6 名失学儿童。

1997 年 1 月到 1997 年 12 月，第三批国家质检总局帮扶工作队帮扶甘肃礼县时：1. 修建了雷坝乡初级中学，建成砖混结构教学楼一幢，建筑面积 760 平方米。目前，雷坝初级中学在校学生由原来的 322 人增加到 660 人。2. 投资 20 万元，翻建了阳坡乡中心小学，新建砖混结构教学楼一幢及配套设施，总建筑面积 1177 平方米。3. 1997 年 6 月，组织了国家局京区直属机关单位"向礼县希望工程捐款献爱心"活动。当时的国家质量技术监督局党组书记、李传卿局长带头捐资助学,累计共捐款96672元,救助了礼县18所学校的289名失学儿童,还捐赠衣物、文具共1万6千多件。当年8月份,原国家质量技术监督局直属机关党委徐素华副书记带队、局团委组织了十几团员专程赴礼县开展了为期五天的社会调查活动,为县上贫困学校送去了几千件体育用品和文化用具。

1998年1月到1998年12月,第四批国家质检总局帮扶工作队帮扶甘肃礼县时:1. 投资20万元援建了礼县阳坡乡中心小学,建成砖混结构教学楼一幢,建筑面积760平方米。在校学生由原来的248人增加到395人。2. 投资15万元,援建了永坪乡中心小学,建砖混结构教学楼一幢,建筑面积760平方米。现在校学习由原来的392人增加到767人。3. 投资8.35万元,分别修建了白河乡度高家湾小学,该校学生由原来的158人增加到230人;修建宽川乡双崖小学,使该校学生由原来的167人增加到212人;修建石桥乡汉阳小学,该校学生由原来的197人增加到284人;修建红河乡小高小学,现有学生74人;修建盐官镇中川小学,该校学生由原来的484人增加到758人。这五所学校修建面积达417平方米。4. 通过与中国青基会联系,从宝洁公司捐助给中国青基会的经费中投资60余万元,援建了三峪乡宝洁希望小学、桥头乡宝洁希望小学、上坪乡大河边村小学、雷坝乡坪山小学、王坝乡何崖小学、白关乡李坝小学、乔川乡马河小学。5. 国家质量技术监督局筹资3万多元,组织了第一期"我爱北京夏令营"活动,礼县10名贫困优秀学生、3名优秀教师参加了活动。

1999年1月到2000年2月,第五批国家质检总局帮扶工作队帮扶甘肃礼县时:投资11万元,修建了礼县龙林乡杜坝小学、铨水乡竹林小学、白河乡上杜小学,并为这些学校配备了桌椅、教学用具,为每个学生老师赠送了学习用具和体育用品,这三个学校现有在校生达600多人。

2000年1月到2000年12月,第六批国家质检总局帮扶工作队帮扶甘肃礼县时:1. 投资17万元,修建了白关乡阴各坝质检希望小学,修建砖木结构平房教室8间,宿办室6间,建筑面积630平方米。该校学生由原来的182人增加到295人。2. 投资16万元,修建了红河乡花石小学,建成砖木结构校舍550平方米。该校学生由原来的120人增加到186人。3. 投资2万元,修建了永坪乡初中,建成砖木结构办公室170平方米;投资1万元,维修了上坪乡大河边小学。4. 投资4.5万元,给礼县部分中小学校配置了课桌凳400多套。

2001年1月到2001年12月,第七批国家质检总局帮扶工作队帮扶甘肃礼县时:1. 投资15万元,修建了马河乡郭河小学,建设教室405平方米,宿办室 52 平方米。该校学生由原来的 153 人增加到 196 人。2. 投资 15 万元，修建了雷坝乡坪头小学，新建校舍 520 平方米。该校学生由原来的 144 人增加到 185 人。3. 投资 10 万元，修建了宽川乡张杨小学，建筑面积 500 多平方米。投资 4.5 万元，修建了白河乡潘能小学，建筑面积 160 平方米。4. 筹资 4 万元，组织了第二期"我爱北京"夏令营活动，共有 16 名贫困优秀中小学生和三名教师参加了活动。

2002 年 10 月到 2004 年 1 月，第八批国家质检总局帮扶工作队帮扶甘肃礼县时：1. 投资 40 万元，修建了王坝乡张坝小学、石桥乡柳树小学、马河乡小学。目前学校的环境得到了改进，学生由原来的 356 人增加到 416 人；2. 通过与有关单位联系，投资 7 万元，为教科局配套中小学捐赠给礼县 400 套课桌椅、计算机 40 台和汽车 3 辆，为礼县农牧局、礼县质量技术监督局、礼县图书馆及武都地区质量技术监督局赠送图书 73 种 300 册。

2004 年 1 月至 2007 年 12 月，第九批国家质检总局帮扶工作队帮扶甘肃礼县时：1. 投资 30 万元，修建了红河乡同心村质检希望小学，建成教室 8 间，宿办室 8 间，总建筑面积 710 平方米，目前该校有学生 211 名；投资 2.5 万元，修建了白关乡冉坝质检希望小学，建成教室 3 间，宿办室 2 间，目前该校有在校生 87 名。2. 出资 5 万元，组织举办了第三期"我爱北京"夏令营活动，礼县 15 名贫困优秀学生和 3 名老师参加了活动。投资 8.7 万元，为草坪乡、白河乡购置 600 多套课桌凳。

2008 年 1 月至 2008 年 12 月，第九批国家质检总局帮扶工作队帮扶甘肃礼县时：1. 投资 70 万元，援建礼县石桥镇八图小学（30 万元）、石桥镇钟紫小学（15 万元）、肖良乡中心村小学（15 万元）、上坪乡年家小学（10 万元），2、积极牵线搭桥，争取金龙集团援助 30 万元新建礼县祁山乡中王小学，争取海尔集团援助 30 万元新建礼县龙林乡小林小学，争取华测公司援助 30 万元新建礼县王坝乡中心小学，争取阳光灯具厂捐赠学校用灯具 2000 套，价值 40 万元。

金川公司帮扶困难职工家庭纪事

董冀红

"快把录取通知书拿来给客人看看。"8月26日,当笔者在金川公司特困职工冯利群家中坐定后,冯利群一脸灿烂地吩咐自己的女儿说。冯利群的女儿今年考入了山东财经学院,但他们一家却为女儿每学期上万元的学杂费犯愁。原来,冯利群自小患小儿麻痹右手致残,幸得公司照顾将他招收为所属集体企业职工,但每月900元的收入对于一个上有老母下有妻女的四口之家来说,维持基本生活本已不易。"真是太感谢公司了,正当我们为凑不够孩子的学费发愁时,公司为我们送来了2000元资助金,这下孩子可以顺利上学了。"近年来,金川公司积极实施国际化经营发展战略和"出资者满意,员工幸福"的经营理念,在企业经营成效显著,职工生活水平明显提高的同时,时刻把部分困难职工挂在心上,建立了特困职工家庭档案,出台了惠及职工及其家庭的助学、就业、大病救助等一系列帮扶措施,逐步实现了由一般性帮扶向根本性帮扶、临时性帮扶向长效帮扶、单一的"送温暖"向全方位多层次帮扶的转变。

让孩子上学无忧

2004年1月,金川公司经理李永军在慰问特困职工家庭时说:"公司最关心的就是这些特困家庭的孩子,孩子的学习问题解决好了,每个家庭就会有希望。"正是基于这样的认识,公司始终把资助工亡、工伤等困难家庭子女就学就业作为从根本上帮扶的"长效工程"来抓。

在金川公司工会,笔者在"2005年特困职工家庭子女考取大专院校及往届在校生就学资助名单"中看到,与冯利群的女儿同一天收到助学金的还有40名今年考取和已在大专院校就读的学子。

自 2002 年以来，凡考取大中专院校的特困职工子女，每年都能得到公司数额不等的资助金，直至毕业。如今，随着学校的开学，受到资助的 41 名特困职工子女已高高兴兴地踏上了奔赴全国各地大专院校的求学之路。

为确保特困职工子女顺利完成学业，金川公司于 2002 年出台了特困职工家庭子女就学费用减免制度。规定对工亡或病故职工特困家庭、患大病年度医疗费在 8 万元以上职工特困家庭、人均月收入在 280 元以下以及因其他特殊原因造成家庭生活困难的职工家庭，只要其子女在公司中小学就学，均给予学费减免，使特困家庭的子女从上小学到高中，从上大学直到就业，都得到了公司的全程帮扶与资助。为将此制度落到实处，公司自 2004 年起还每年给中小学总校拨付 20 万元专项资金，用于特困职工子女在中小学学习期间的减免费用，并对资助费用加强管理，严格监督。

据统计，自该制度实行以来，公司已先后为 547 人次特困职工子女就学进行了资助或学费减免，累计资金达 80 余万元。

助子女多方就业

闯出金川 4 年、年仅 25 岁的李东红如今在首钢钢结构公司工作。他成功的标志是：不仅能够独立完成所承担的工作，而且已经可以带班了。"他现在干的可都是奥运工程！"在向记者介绍他时，公司职介中心司建平科长话语中明显透露出骄傲和自豪："李东红可以说是公司职工子女技能型就业的代表。"李东红是金川公司为职工子女实现技能型就业而开办的首批焊工培训班学员，经过 6 个月短期培训掌握了焊工基本操作技能后，于 2001 年 8 月在公司职介中心的帮助下到安徽芜湖造船厂当了一名焊工。由于他能吃苦、肯钻研，又能虚心向老师傅学习，很快就掌握了船舶焊接技能，并考取了"全国船舶焊接职业资格证书"，成了厂里的生产骨干。为了使自己有更大的发展，2004 年 7 月，李东红来到了如今所在的公司。看到弟弟在外面干得不错，哥哥李中仁也动了心，于 2003 年参加公司第二批焊工技能培训后，一路追随与弟弟一同到了北京。兄弟二人 2004 年 7 月到首钢，当年底就带回 5000 元钱孝敬老父亲。

为提高就业质量，引导和帮助职工子女走技能型就业之路，自 2001 年起，公司每年拿出 200 万元专项资金为职工子女技能培训、外出就业、本地自主创业提供支持。公司职介中心先后举办了 13 期培训班，培训职工待就业子女 1120

人次。

掌握了一技之长的子女无论在外地、本地就业成功率和稳定性都有了很大的提高，工资待遇也相应有了提升。

5年来，公司职介中心已向北京、天津、上海、山东、湖南、东部沿海等地区推介子女就业2106人次，基本形成了与国内40余家知名企业及部分省市、沿海发达地区劳动部门间的就业合作网络体系，为子女走出戈壁、外出就业提供了可靠的就业服务保障。

公司还先后为260名困难家庭子女提供就业及技能培训资金166万元。包括承担特困家庭子女外出就业路费和当月生活费，对在本地自主创业者给予一次性资助5000元，同时免去技能培训费；一般困难家庭子女参加公司组织的技能培训个人仅承担费用的25%。

除此而外，还向万方公司投入资金300万元，将因特殊原因不能外出打工的60名特困家庭子女安置就业，并先后安排了170名工亡、病故职工配偶从事选冶化厂区保洁、绿化工作，助其挣钱养家。

帮职工渡过难关

2003年1月，供应分公司职工张旺吉收到医疗救助金3万元，成为金川公司实施职工大病医疗救助以来受益的第一人。张旺吉在2002年3月因患重症肝炎，发生医疗费13.8万元，其中3.54万元属基本医疗报销范围，剩余10.3万元需要自理。根据"凡参加医疗保险职工因患急难重病一次性支付医疗费用数额在10万元以上者，均可申请公司医疗救助基金"的规定，张旺吉得到了3万元的大病医疗救助。康复后重新上岗的张旺吉表示，要以实际行动报达公司的关怀。

庄浪县的"富亲戚"

王朝霞 李顺民

两个是在省城的国有大企业，一个是地处山区的贫困县，却结成肝胆相照的亲戚关系。兰州石化公司、兰州炼油总厂自1983年把庄浪县认作自己的穷亲戚以来，伸出援助之手，让"穷亲戚"逐步脱去贫穷的"破棉袄"，迈步走向小康家园。

20多年来，省城的"亲戚"时刻惦记着乡下的"穷亲戚"：他们的足迹踏遍"梯田王国"的山山水水，身影闪现在农家小院、田间地头和校园操场；他们嘴里不时挂着关怀之语："最近好吗？有什么困难说一声！"；他们总是牵挂着"穷亲戚"的光阴。特别是进入新世纪以来，他们的爱心汇聚成一曲曲充满阳光和深情的交响曲，飞扬在层层梯田……

建校助教兴学

如今，庄浪农村最好的建筑是学校，六七十年代破烂不堪的土木教室已被崭新的教学楼取代。行驰在庄浪县偏僻的乡村，峰回路转之间，一幢幢耀眼的教学大楼映入眼帘，让人倍感精神振奋。不知情的人也许不知道，这是兰州石化公司、兰州炼油总厂播撒在穷乡僻壤的一片爱心。这样的教学大楼全县有6栋。近五年来两个企业投资166多万元，为9个乡镇、17个贫困村建成了标准化小学17所，彻底解决了4600多名农村适龄儿童上学的难题。

随便走进庄浪的几所学校，就会发现标有"兰化"、"兰炼"字样的桌凳，两个企业为阳川、韩店等13个乡镇21所小学购置了1300个桌凳，让孩子们摆脱了泥桌子和土台子。同时为县一中和三中建成语音室2座，实现两校多媒体网络教学。

结对救助贫困学生57名，发放奖学金2.3万元，书包1200个，激发了贫困学生不畏艰难、勤奋好学的学习热情。先后颁发"实华扶贫尊师奖"、"实华扶贫奖学金"和"兰州石化奖学金",奖励成绩优异的贫困生300多名,优秀教师110名。

修路送水移民

2003年,庄浪县拉开了"乡乡通油路"大会战,资金短缺成为大会战中的"拦路虎"。面对省城的两个"亲戚",憨厚的庄浪人难以启齿,时间一天天逼近铺油造面的"黄金阶段"。两个"亲戚"不请自来,一批卡车载着270吨沥青运到庄浪,化解了铺油造面的燃眉之急,完成了水盘和良永两条10公里路的铺油造面。

5年来,两个企业共修建桥涵7座,新修乡村公路11条39公里。

省级劳模王丕江把自己的劳模当作通行证,多次上兰州找两个企业的老总,为马寺村争取了一个人饮工程项目,建成大口井、配套渠系提灌工程,解决全村老百姓吃水难问题,川塬地变成了水浇地。两个"亲戚"5年来帮扶建成"121"集雨水窖587眼,发展节水灌溉面积1200亩,建成人饮工程3处,新打大口井5眼,配套渠系7条120公里,解决了1.3万多人的饮水困难。

两个"亲戚"还将韩店镇马山村24户贫困户从高寒阴湿的深山老林搬迁到华庄公路沿线,从根本上改变了他们的生活生产条件。

拓宽增收渠道

在柳梁乡大庄村农民赵缠缠家,他家盖起二层楼房,骑上了摩托车,看上了数码电视,是村里群众羡慕的致富明星。

赵缠缠动情地说:"能过上今天这样的好日子,全沾了兰炼这个城里亲戚的光!"1983年,赵缠缠被兰州炼油总厂招收为合同工人,当上了一名电焊工,他吃苦能干,很快成为技术骨干,工资不断上涨,年收入四五千元。目前,兰州石化公司、兰州炼油总厂在庄浪县招收2000多名劳务人员,年人均纯收入4000多元,一些农民还被选录为合同工人。举办地毯加工、电焊、缝纫以及种养加实用技术培训班27次,扶持县地毯厂在盘安、良邑乡新建地毯加工点3处,吸收贫困户劳动力200名,年人均收入2500元。

省城的两个"亲戚"积极为穷亲戚增加收入拓宽渠道,帮助贫困村贫困户发展优质马铃薯基地1100亩，栽植黄金梨420亩，建立中药材基地400亩、纤维基地1300亩。新建日光温室20座，鱼塘12处，年收入12万元。发展暖棚养羊户230户，养鸡户170户。

近5年来，两个企业向庄浪县投资328.69万元，累计提供石化产品270多吨，支援医疗器械137件、电视和电脑120多台，捐赠课桌2700多套，投放衣物4300多件，救助失学儿童110名。

送温暖，献爱心，
这个冬天不会冷

左玉丽

2006年11月6日下午，甘肃省委书记陆浩率先将饱含爱心的捐款投到捐款箱内，拉开了甘肃省委办公厅"送温暖、献爱心"捐助活动的序幕。

此后，甘肃省"送温暖、献爱心"捐助活动蓬勃展开。一件件棉衣、一床床被褥、一笔笔捐款，带着甘肃省人民的深情厚谊，汇集成一股股寒冬的暖流，正源源不断送到灾民和贫困群众手中。

一

甘肃省是自然灾害多发省份，没有无灾有灾之说，只有灾轻灾重之别。每年都有干旱、沙尘暴、冰雹、暴洪、滑坡、低温冷冻和泥石流等自然灾害发生，给灾区群众生产生活造成很大的损失。2006年，甘肃省灾情十分严重，先后遭受大范围沙尘暴、低温冷冻、干旱和暴洪灾害，地震、泥石流、滑坡等地质灾害频率也高于往年。据统计，截至8月20日，各类自然灾害造成甘肃省14个市州的76个县、市、区1290余万人次受灾，直接经济损失49亿多元。

甘肃省委、省政府十分重视抗灾救灾工作，各级党委、政府得力地组织领导了救灾工作，及时下拨春荒救济和新灾应急资金6846万元，紧急调拨救灾帐篷2280多顶，安排灾民口粮、转移安置灾民，抓好因灾倒房重建工作，基本保证了灾区群众有饭吃、有水喝、有衣穿、有房住，适龄儿童不辍学，有效地降低了受灾损失，保障了灾区群众生活和社会稳定，有力地支持了灾民生活救助和恢复重建工作的顺利开展。

由于灾害发生突然，一些群众转移时随身携带的衣物和生活用品很少，甚至任何东西都没来得及带。许多倒房户倾家荡产，一无所有。尽管灾区各级政府都加大了恢复重建投入力度，并采取了一系列恢复重建优惠措施，但由于因灾倒损房屋的群众多是农村贫困户，自救能力很弱，建房资金不足的问题比较突出，一些困难群众在入冬前完成恢复重建住房面临很大困难。当前，气候正逐渐转冷，农村灾区群众和一些贫困人口面临缺衣少被、缺粮缺水，生产、生活出现了困难。

党中央、国务院十分关心困难群众特别是受灾群众的过冬问题，并及时作出了相关工作部署。省委、省政府主要领导对甘肃省灾区群众生活安排也多次进行了研究部署。10月21日，省委书记陆浩就做好冬令期间灾区群众生活安排问题专门作出重要指示，并明确要求省委办公厅组织一次捐助活动。

为贯彻落实党中央、国务院和甘肃省委、省政府关于动员全社会力量全面开展社会捐助活动的要求，妥善解决甘肃省灾区和贫困地区群众生活困难问题，把温暖送给困难群众，10月26日，甘肃省委办公厅、省政府办公厅联合下发了关于切实做好甘肃省"送温暖、献爱心"社会捐助活动的紧急通知。通知要求各级党政军机关干部和共产党员发挥模范带头作用，广泛动员社会各界和广大人民群众，为困难群众特别是地震、暴洪灾区受灾特困户恢复重建倒塌房屋提供资金援助，为干旱灾区缺粮缺水受灾群众提供资金援助，并为困难群众募集过冬棉衣被。

通知发出后，从河西走廊到甘南草原，从陇南山区到陇东高原，从黄河之滨到渭水之畔，为困难群众特别是受灾特困户恢复重建倒塌房屋提供资金援助、提供过冬棉衣被的"送温暖、献爱心"捐助活动如火如荼地展开。

二

"不让一家受寒，方为天下之暖。"甘肃省各级党委、政府时刻牵挂着困难群众过冬问题。通知发出后，省委、省政府机关率先积极行动起来，用实际行动向灾区群众献上自己的爱心。

11月6日下午，在省委办公厅举行的捐助仪式上，紧随陆浩之后，省委副书记陈学亨，省委常委、省委统战部部长蒋文兰，省委常委、省委宣传部部长励小捷，省委秘书长孙效东，以及省委办公厅各处室、各单位的广大干部职工，纷纷捐款捐物，慷慨解囊。在外出差、调研的省委领导也都分别委托工作人员进行了捐款。当天，共捐款2万余元，衣物和棉被2000余件。

11月3日下午，在省政府会议厅，省委副书记、代省长徐守盛，副省长冯健身、石军将饱含爱心的捐款投到捐款箱。

省长助理陈有安、程正明、夏红民，省政府秘书长姜信治和机关全体干部职工，纷纷伸出援助之手。当天下午，省政府办公厅的全体干部职工共为灾区群众捐款37285元。

人民群众遇困难，军队官兵来解难。曾经面对严重的自然灾害，奋勇参加抢险救灾工作的解放军、武警部队，此时又投入到爱心捐助活动中。

兰州军区广大官兵，把为灾区困难群众捐款捐物作为履行人民军队宗旨、为构建和谐社会贡献力量的实际行动，从将军到士兵，从机关大院到边防哨卡，人人争献爱心，个个踊跃捐助。

11月9日上午，临夏市南门广场一个隆重而简朴的捐赠仪式，让过往的人们在初冬时节感受到春天般的温暖：兰州军区空军副政委严宝发、政治部副主任邹志美将饱含兰空部队子弟兵深情厚谊的40万元和8000件(套)棉衣被交给了临夏回族自治州州委、州政府的负责人，帮助当地受灾群众平安越冬。

省军区领导高度重视，军区领导带头捐款捐物，机关干部、离退休老干部、战士，慷慨解囊，雪中送炭。

在武警甘肃总队，武警官兵们牵挂着灾区人民的冷暖，自发地为灾区群众捐款。退休老干部也不甘落后，不顾年迈体弱，冒着寒风到捐助点纷纷捐出棉衣棉被。

随后几天，"送温暖、献爱心"活动持续升温。

在省政协副主席、省发改委主任邵克文的带动下，省发改委机关的160名同志，共捐款2.25万元，衣物和棉被1100件，所捐钱物已于12日送达帮扶县——礼县。

省委宣传部机关及下属单位的144名干部职工捐款1.2万元，宣传部还准备于近日购买棉衣被送往对口扶贫点古浪县干城乡，进行现场发放。

省民政厅一方面认真组织落实全省送温暖献爱心工作，一方面积极搞好本厅及下属单位干部职工的捐助动员工作，截至11月13日，已收到捐款2.1万余元，将于15日送往对口扶贫点宕昌县。

省直机关工委机关全体干部职工积极行动起来，为灾区困难群众捐助2230元。

兰州铁路局工会对"送温暖、献爱心"活动极为重视，及时给各下属单位下发通知，做了部署安排，各单位的捐款先送交铁路局工会，再由工会统一交民政部门，捐赠衣被由各单位直接送交省民政厅。13日上午，兰州火车站工会干部于海生代表该站926名干部职工捐赠的4200件衣被送达省民政厅；下午，兰西机务段干部职工捐赠的 618 件衣被也全部送到。

与此同时，甘肃省各市州、各部门积极响应省委、省政府的号召，纷纷伸出援助之手，捐助点前，堆满了饱含着干部职工对困难群众关怀之情的棉衣棉被；捐款箱里，投下他们对困难群众的殷殷关切之情。

三

勤劳淳朴的甘肃人民有着中华民族"一方有难、八方支援"的传统美德。在 2005 年开展的"扶贫济困送温暖"活动中，全省共收到省内捐款 288.13 万元、捐赠衣被 245.43 万件（其中棉衣被 80.94 万件）。这些爱心捐助，曾极大地缓解了灾区和困难群众的越冬困难，也让他们深深感受到党和政府的关怀，感受到祖国大家庭的温暖。

2006 年 6 月 21 日，陇南市文县临江、武都区五库一带发生了 MS5.0 级地震后，省直部门和全省各市(州)纷纷向灾区捐款捐物，给予有力的援助，支持灾区人民度过难关。据统计，陇南市共接受各类捐款达 687.906 万元。

冬天的寒风，挡不住爱心的暖流。

广大党员干部踊跃捐款捐物，涌现出许多感人事迹。有的人家属下岗在家，生活比较困难，但听到灾区群众需要救助的消息后，仍积极参加捐助。有的人身患重病，也冒着严寒送来家中的棉被、毛衣。大家表示，一定要积极参加这次活动，为困难群众特别是受灾群众送上一份温暖、献出一片爱心。

在省直机关工委工作的曹刚捐了 50 元钱。他告诉记者："钱并不多，但是一种关爱。要过冬了，灾区群众需要来自各方面的帮助。我们正在构建和谐社会，大家捐款捐物，就是要让那些灾区和贫困的人们知道，党和政府没有忘记他们，全社会都没有忘记他们。"

为了保证捐助物资尽快运输到达目的地，兰州铁路局接到运输任务后，优先安排运输计划和装车。

公路交通部门则开通了"绿色"专用通道，确保运送捐赠衣物的车辆优先、快速通行，并免收车辆通行费。

各级民政部门正在组织干部深入灾区，深入基层，深入受灾群众家中，逐村逐户核实灾情，掌握受灾地区和困难群众的真实情况，细化和完善灾民救助方案，确保救助工作的及时到位。

接受捐赠的各个地区，正在严格按照有关规定，加强对捐赠款物的管理。

对收到的捐赠款物,由专人负责、逐项清点、登记造册、认真保管。发放捐赠款物时,张榜公布、公开发放,做到公正、公开、透明,确保捐赠款物不出问题,把社会的爱心和温暖落实到最需要的困难群众身上。

"众志成城献爱心,同舟共济渡难关"。一件棉衣,一床被褥,汇成爱心的暖流,传递着社会主义大家庭的温情,也让灾区困难群众享受到和谐社会的灿烂阳光。甘肃省"送温暖、献爱心"捐助活动,让所有的人们都觉得:这个冬天不会冷!

帮扶先进王前进

温新旭

奉献真情解疾苦

1996年隆冬，寒风呼啸，王前进受兰州大学党委的委托，怀着帮助贫困村摆脱贫困的坚强信念，离开兰大物理系的工作岗位，来到清水县黄门乡长谷村蹲点扶贫。

坐落在大山旮旯里的长古村，共有164户、804人，其中处于温饱以下的就有63户、315人，占全村总人口的40%，是一个远近闻名的贫困村。王前进一进村，就走家串户了解情况。连年旱灾，农业欠收；一些贫困户口粮不足，身上少衣，炕上缺被，难以过冬。看到农民兄弟贫困的境况，王前进又难过又着急。他连夜冒雪步行到县城，搭乘早班车返回兰州，向校领导反映情况，研究帮扶工作。在校领导的支持下，一批由教职工捐献的衣服被褥送到了长谷村，解决了困难户越冬缺衣少被的燃眉之急。当贫困群众从王前进手中接过救助衣物时，他们那发自肺腑的感谢，那闪动着泪光的眼睛，使王前进的心灵受到了巨大的震撼，也更加坚定了他为山区人民脱贫致富贡献力量的决心。从此，他便在长古村一住五年，全心全意投入到帮扶工作中去。

五年间，兰州大学多次组织教职工开展捐助活动，捐献的衣物达数万件之多，每次捐物，从衣物的整理分类、打包装车，到运回村挨户发放，王前进都是亲自动手操办。常常干得满面灰尘，浑身臭汗，从早到晚，顾不上休息。在救济物资的发放中，他坚持与村组干部共同协商，按照困难程度排序，造花名册，合理分配，做到严谨细致，不出差错。有些人看他如此认真，感到不可理解："不就是几件旧衣物嘛，随便一发就行了，干嘛费这么大的劲呢！"王前进说："党和政府的关怀，全校教职工的爱心，不能因为我的工作失误打了折扣。"由于领导重视，群众热心和王前进细致周到的工作，兰州大学的捐献救助活动，对于改善长谷村群众生活困难起到了良好的作用。

五年来，王前进扎在长古村，与群众同吃同住，调查研究，开展工作，常常一住就是一两个月，可他始终不让村里为他安排专门的宿舍。谁家的炕头宽裕一点，他就将就着住下，农民的锅里有什么，他就跟着吃什么。从来没有什么特殊的要求。农忙季节，村里男女老少都下了地，顾不上给他做饭，他就啃一包自带的方便面，依旧精神饱满地投入到工作去。他在学校里有自己的岗位和事业，家庭和亲人也需要他的照顾，可是自从驻村帮扶以来，他的心便系在长谷村，一年接一年，从不要求替换。亲人埋怨他不顾家，有的同事不理解，问他到底图什么，是不是吃苦受罪上了瘾？对此他总是淡然一笑，只管埋头做自己的工作。他走遍了村中的每一块土地，熟悉了这里的每一户人家，与村民结下深厚的感情。村民门把他当作亲兄弟，家中有了难事找"王老师"商量，村里发生了纠纷找"王老师"调解。正是这种真情的付出和对村情深入细致的掌握，使他掌握了扶贫工作的第一手资料。

在一次向村民发放救助物品的活动中，在场的一位县上领导看到王前进不仅熟悉领取物资的每一位村民，而且对他们的家庭成员、经济收入和生活情况都了如指掌，赞叹的说："就是我们土身土长的基层干部，也做不到这一点。" 1999年的夏天，正当小麦抽穗灌浆的关键时期，一场特大的雹灾袭击了长谷村，夏秋庄稼全部受灾。看到辛苦一年就要到手的粮食毁于一旦，村里老人哭了，王前进心里十分沉重，他一方面与村里干部查看灾情，做受灾群众的思想工作，组织生产自救；一方面拟写灾情报告，向校领导反映受灾情况。学校公布了他的报告后，充满真情与爱心的叙述和呼吁在师生中产生了极大的反响，掀起了奉献爱心捐助救灾的热潮。几天之内，就筹集到捐款五万多元，以及大量的衣物用品，由校领导亲自送到长谷村并发放到受灾群众手中。这些救助物品，不仅有效地帮助村民克服了生活困难，而且激发了他们战胜自然灾害的决心和信心。

山区卫生条件差，医疗费用高，因病致贫困扰着农户。王前进上大学时学习过气功按摩医术，他利用自己的这个特长为村民解除病痛。村民刘慧仙因患病半身瘫痪，口眼歪斜，语言不清，行动困难。几年来求医治病没有效果，大量的花费使原本富足的家庭变得一贫如洗。王前进一次次上门，不怕脏不怕累，为她按摩治疗。刘慧仙逐渐五官端正了，语言清晰了，她丢掉了拐棍，不仅可以操持家务，还能下地干活了。"王老师会治病"的消息不径而走，就连周围村子的很多人都来找他治病，常常是一天下来，原来体魄健壮的他也累得精疲力尽，饭都不想吃，可是他仍旧不辞劳苦，热情为群众服务。几年来先后为数十人治愈了瘫痪，腰腿疼等疾病。提起他为群众治病的事来，村民门总是说："王老师总是菩萨心肠。"

王前进认为，扶贫就象治病，要标本兼治，作为一个系统工程来抓。经过深入的调查研究和反复的实践探索，他对扶贫工作形成了自己完整的思路和一套行之有效的方法。他把重点救助贫困户和普遍帮扶及援建公共设施相结合，以增强全村的经济活力；依靠科技，集中力量种好粮田，以确保村民基本生活需要；发展林果业、种植业和养殖业，为长谷村持续发展建立支柱产业。彻底摆脱贫困的系列措施得到了兰大和当地领导的肯定，也得到了群众的赞同，并在实践中取得了较好的成绩。

过去长谷村道路不通，与外界基本上处于隔绝状态，更谈不上与外界进行经济交流。王前进与村干部一起，率领全村群众在2年时间内4次开展了修路活动，累计60多天，投入近2万个工日，开通了长谷村到黄门乡，长谷村到张清（张家川—清水）公路两条长8.5公里的乡村公路。过去村民出门，靠的是肩扛驴驮，如今载重汽车也可直达村中。

长谷村的农电线路，由于设备破旧失效，村民们实际上无电可用。王前进建议兰大出资为村里添置了变压器、电杆、电线等物资，为长谷村架修线路。电路畅通了，不仅村民的照明用电解决了，有的村民还购置了脱粒机、粉碎机等生产机械，村中还办起了磨坊、榨油作坊。

长谷村的周家自然村地势较高，连年干旱，水源枯竭。73户村民人蓄饮水十分困难，往往要走五六里路，到沟底去挑水。王前进与村干部一起翻山越岭，探察水源，又亲自在兰州选购了4500米的高压聚乙烯管道送到了周家庄，将山上的泉水引到村里，让村民用上了"自来水"。

过去长古村种植品种单一，除少量的油料作物外，几乎全部耕地都用于种粮。人均土地面积大，单位产量低，农民辛苦劳作一年，口粮也无法满足。遇有天灾，就连投入也收不回来，根本谈不上商品经营。为了改变长谷村生产技术落后、种植结构单一的状况。王前进走村串户，帮助农民制订生产计划，压夏扩秋，调整作物结构。过去农民不愿采用地膜覆盖等先进技术，他反复进行说服教育，多方联系提供地膜玉米、化肥和良种，使全村地膜种植面积逐渐扩大，实现了人均种植一亩地膜玉米，平均亩产达到400公斤以上，基本解决了缺粮吃的难题。农民尝到了甜头，地膜种植已经成为长谷村人的自觉行动。

为了发展长谷村的林果种植，王前进大力宣传远乡近村靠种果树发家致富的经验，挨家挨户地落实栽植面积。他从清水县城请来园艺技术干部作指导，选择适宜地块，由兰大出资提供苗木，栽种苹果330亩。经过精心管理，全部成活，现在长势旺盛，生机勃勃，为长谷村的经济发展打下了基础。

长谷村土地面积广阔，又多为山地，发展畜牧养殖业，是一条快捷有效的途径。王前进根据本村农民经济实力薄弱，难以直接开展大规模养殖作业的实际情况，提出养殖长毛兔增收的思路。1997年春，他选择勤奋肯干、有一定文化水平的青年农民蒲玉刚作试点，先用100元买来2只长毛兔，经科学饲养，通过繁殖到秋天存栏23只，价值1051元。产兔毛7斤，销售收入720元。典型带路，村民们纷纷效仿。兰大又捐资6000余元，扶助部分贫困户养兔，促进了全村养兔业的发展。现在村里养兔收入在人均纯收入中占有很大的比重，为长谷村开辟了可喜的增收门路。

为了让村民尽早能脱贫治富，王前进十分重视"短平快"项目的实施。改革开放后，村里个别人外出务工经商，摆脱了贫困，王前进用身边事教育身边的人。通过走出山村与死守家中不同结果的对比，鼓励有剩余劳力的农户走出家门，务工挣钱，增加收入。他和村干部精心组织，以老带新，有序输出。目前，全村有百余名剩余劳动力分别在8个省、市常年打工，收入普遍较好，有的还在外地成就了事业，当上了经理。他还安排了10名贫困户子女到兰大后勤部门作服务工作，以工代赈。

扶贫扶智办实事

作为一名教育工作者，王前进知道，仅有物质上的帮扶，并不是真正的帮扶，一个国家发展经济要靠科技教育，一个完美的社会离不开精神文明的建设，一个村子的脱贫致富，也离不开政治思想、文化教育方面的帮扶。只有培育出有文化、懂科学的新型农民，长谷村才会有兴旺发达的明天。在他的心中始终有一个明确的指导思想，那就是"扶贫先扶智"。

刚到长谷村时，王前进看到村小学校舍破旧，围墙倒塌，一幅残败景象。一提起维修校舍，村干部喊难，群众摇头。针对村干部怕花钱，嫌麻烦的思想，他苦口婆心终于做通了村干部的思想工作。动员他们组织群众，自己动手维修校舍，修筑围墙，平整教室，粉涮墙壁。他还用自己的钱买来了篮球、排球，初步改善了教学环境。

因为经济困难和认识上的不足，长谷村学龄儿童失学的情况非常严重。王前进对此感到十分不安，他一户一户上门做工作，讲解接受文化教育的重要意义，宣传教育法规。当他了解到失学儿童中，回民子女占有较大比例时他与阿訇马盘盘交上了朋友，请他与自己一起到回族村民家中做工作，对因极度贫困而不能上学的儿童，给予帮扶救助。凭着他的顽强与耐心，硬是把51名未入学的适龄儿童送进了学校。解决了失学问题后，他又赶回兰州，把长古村的教育状况向兰大领导做了专门汇报。校领导给予积极支持和援助，为长谷小学更新了课桌椅，修缮了教室，并赠送了一些教学用具。

初步改善了学校面貌，缓解了学龄儿童入学困难，但王前进还是心里不够踏实，要彻底改善教学环境，就要在长谷村新建一所高档次的村小学。为此，那年春天，他几次往返于长古村与兰州大学之间，终于在兰州大学领导的大力支持下，捐资11.4万元，协调资金1万元，为长古村修建村小学1所，建筑面积386.24平方米，建筑校舍19间，厕所1间，围墙95米，花园1处，校门、棋台各1座。在此期间，他吃住于建校工地，亲临现场督战，严把施工质量关，协调解决施工中遇到的困难问题，仅用了3个月的时间一座砖木结构、宽敞明亮、高质量、标准化的村小学竣工使用，他忘我的工作精神深深地感动了长古村的干部和群众，村民们拉着王老师的手深切的说："王老师，我们祖祖辈辈心里永远记着您。"

1998年春，他听一位朋友讲：香港妇幼基金会为救助内地贫困地区失学儿童，专门设立了《栋梁计划》项目，并在甘肃设立了办事处。听到这个消息后，他立即找到办事处，反映长谷村小学贫困学生的情况，要求列项救助。他又按照立项要求，赶回村里调查摸排，上报了百余名贫困小学生的材料。最后香港妇幼基金会驻甘肃办事处终于为长谷小学立项，成为该机构在甘肃救助的5所小学之一。根据立项规定，香港妇幼基金会资助长古村小学100名，贫困生每人每年100元学杂费，连续资助3年累计资助金额3万元。从1998年下半年起，王前进先后组织了3次资助金发放活动。在发放中，他一方面严格要求领到资助金的家长专款专用，必须把资助金用在贫困生的上学上；一方面用香港同胞的爱心善举，教育村民认识子女接受教育的重要性，激发学生为改变家乡贫困面貌刻苦学习的自觉性和责任感。这些振兴教育的举措，使长谷村的干部群众增强了科教兴村、科教兴家的意识，也促进了村风的好转。

扶贫扶智，促进精神文明建设。长期以来，长谷村的宗族落后势力，妨碍了村里工作的开展。村支书杨超义曾为了主持公道，伤了胞兄杨超俊的面子，杨超俊便联合弟兄五人，处处与杨超义作对，使他难以放手抓工作。王前进知道后,在群众大会上反复宣传依法治村的精神,鼓励村支书大胆工作,同时对杨超俊晓知以理,说服劝导,使兄弟最终化解了矛盾,言归于好。五年来,王前进利用自己在村民中的威信,调解了一件件宗族、干群、邻里之间的矛盾纠纷,加强了团结,发扬了正气,凝聚了全村干部群众的心。

长谷村的面貌变了,贫困户减少了,人均年收入由原来的210元提高到900元,基本实现了温饱。

帮扶贫困解难题

长谷村经过五年的帮扶于2001年底实现了全村脱贫,清水县人民政府在调整帮扶单位时,将兰州大学新一轮的帮扶村调整到黄门乡下成村。于是,王前进作为兰大驻村帮扶干部又与下成村结下了不解之缘。

2002年1月,正值天寒地冻,王前进首次来到黄门乡下成村驻村帮扶,等村里为他安排好住宿、生活之后,他就开始调查研究。

坐落在黄门河谷的下成村,共有404户、2080人,人均有耕地2.8亩,但由于种植单一,投入不足,年复一年粮食作物产量低,全村人均产粮不足300公斤,人均纯收入不足400元。大多数农民终年过着吃不饱,穿不暖,缺钱花的贫困生活,特别是一些重点贫困户时至严冬之际,依然身着单衣,在刺骨的寒风中生产劳动,让人看着心疼;20余位久病在床的特困农民,有病无钱医治,苦苦与病魔抗争,让人看了心酸;秋冬春三季气候严寒,河水冰冷刺骨,全村人为了劳动生产必须天天蹚村庄前的后川河水,使人看着不寒而栗;村小学300多名学生,竟然无一台教学用的电脑,影响着教学质量的提高;村委会竟然无一间办公室,更没有农民文化科技活动室,严重制约着村级组织作用的发挥和农民学习科技文化知识。

王前进将自己调查到的第一手资料,经过分析和思考,及时向兰大领导做了汇报,同时提出了首期应该帮助解决的5个问题,得到兰大领导班子成员的赞同和支持,并按王前进的建议组织开展了工作。

为给贫困户农民解决一批御寒衣物,王前进按照校领导的指导,亲自到兰大各个学院去搞捐助衣物的活动,经过多方配合,很快募捐到各种衣物2200件,于2002年春天送到下成村,分发给广大贫困户农民。此后,王前进接着到兰大各院系教职工中开展为贫困户捐助衣物活动,截止2003年11月,2年里前后4次共为下成村贫困农民募捐到衣物、被褥等12528件,分发给全村1248位贫困群众，人均受赠衣物10件左右，一下子较好、较快地解决了群众"缺衣穿"的大问题。

为帮助下成村20多位卧病在床的农民治疗疾病，王前进向兰大领导一次又一次诉说这些农民无钱治病的实际情况，要求兰大给予关怀。其为民解痛的行为感动了兰大领导，同意在校领导层开展捐款活动，经过多方努力，很快捐助到现金2700元。王前进立即回到下成村，与村干部们具体商量，根据20多位有病农民各自病情和困难实际，将2700元钱分送到他们家中，资助看病治疗，帮助他们战胜病魔。

为改善村小学缺乏教学设备的困难，王前进再次返回兰大诉说下成小学缺少电脑影响教学质量的问题，请求将他们换代下来的电脑赠给下成村小学。"锲而不舍，金石可镂"，王前进硬是说服了兰大几个学校领导，弄来6台刚换下来的电脑，送给下成村小学用于教学，解决了在教师中普及电脑知识和开展电脑教学缺乏设备的困难。

为帮助建设下成村农民文化室等，王前进积极帮助村干部多方筹划，除他回兰大求助到赞助2500元外，还出谋划策，引领村干部从市、县有关单位和本村农户处共筹措到资金3万多元，于2002年动工建起6间新砖瓦房屋，使该村首次有了村办公室、村农民文化、科技活动室等，成为加强全村精神文明建设、凝聚人心、发展经济的阵地。

为帮助修建下成村庄口过河大桥的问题，王前进除和村干部一道教育农民为给自己和儿孙们造福、自力更生负担开支外，又一次回到兰大向领导汇报建桥规划，请兰大领导来下成村视察，经过上上下下多次协商、多次争取，最后决定由兰大资助5万元，乡村群众自筹8.5万元，共用13.5万元，建设一座长32米，宽2.5米的五墩三孔、四铰钢构结构大桥。大桥由张家川县交通局桥梁专家设计，由该县桥梁建设专业队承建。于2005年4月开工，已于9月中旬完工验收，从而彻底解决了下成村农民祖祖辈辈过河难的大问题。

引进小麦新品种，淘汰老品种。为做好这一工作，2002年秋播前夕，王前进带领村组干部到县良种基地和县种子公司调查小麦良种种类，签定预购小麦良种品种，准备资金。然后从县种子公司一次够回经过种子包衣的小麦优良品种78654斤，陶18号、19号，中梁1号等4万余斤，户均种植2亩，共种植1000余亩。之后，王前进同村干部一道对农民进行科技培训，紧紧抓住冬小麦越冬期和返青期进行科学管理的内容，教农民如何进行灭草、追肥、防虫、灭病等。农民们积极落实科学管理措施，当年小麦喜获丰收，亩产达到400多斤，比过去种植老品种亩增120斤，增长42.8%。既使农民看到了种植优良小麦品种和实施科学作物的效果，又为全村实现小麦良种化打下了基础。2003年秋天，全村种植的3000亩冬小麦，全部种植良种小麦，并且积极采取了一系列措施，到2004年夏秋之际，小麦大面积丰收，亩产平均在400斤左右，总产达到120万斤，比种植小麦老品种增产粮食达36万多斤。使人均占有粮食显著增加。

实施地膜覆盖种植玉米，提高秋粮产量。下成村河谷有大片河滩地，但土层薄，保墒差，地力弱。多年来一直习惯种植露地玉米，并且多种植老品种，每逢雨水多的年份，玉米生长还可以；每逢干旱年份，玉米就严重减产。为改变这种落后生产状况，县乡多年倡导用地膜覆盖种植玉米，但因为投资大，费工多，技术难，总是推广不开。为推广开这项新技术，王前进与5户农民交了朋友，拿出自己的500元钱，买来地膜、种子、化肥、农药等物资，带领5户农民到县城川区学习地膜覆盖种植玉米的技术，回来后商定户各种植1亩地膜玉米，后经科学作物，杆粗，叶宽，棒子大，每技玉米杆上结着双棒子，令全村人大开眼界。秋天地膜覆盖玉米获得大丰收，亩产1000余斤，比露地种植的老玉米品种增产近一倍。5亩地膜玉米从投入种植，科学作物到生长获收，全村群众一一看在眼里，佩服在心里，转变在各自的行动上。2003年春天，群众开始自觉种植地膜玉米，面积达到420亩，占到当年种植玉米面积的70%，到2004年达到600亩，占年种植玉米面积的100%。平均亩产玉米在千斤上下，总产达到60万斤，比过去种植露地玉米增产30万斤，为人畜用粮提供了充足保证。

彻底解决缺粮吃的问题。王前进和村组干部们一道，潜心引导群众科学种植粮食作物，这条路子走对了，变化较大，年种植的3000亩冬小麦总产达到60万斤，仅小麦、玉米比过去总产增加51万斤。加上年种植的约1000亩夏杂粮年产30万斤，全年粮食总产量达到210万斤，比4年前增加66万斤，使全村人均产粮由570斤增加到1000斤，从跟本上解决了缺粮吃的大问题。

"手里有粮，心里不荒"，王前进指导村组干部共同引导农民实行科学种田，不仅成功地提高了下成村的粮食产量，解决了人畜吃粮问题，还从此开始有了成批外销的商品粮食，增加了经济收入。对这一巨大变化，干部群众无不夸赞王前进有办法，特别是贫苦户农民高兴地说："这都是王老师引导咱科学种田的结果。"

开发增收新渠道

帮扶贫困农民摆脱贫困,最主要的大问题有两个方面,一是多打粮食解决缺粮吃的问题;二是不断开发经济增收新渠道解决缺钱花的问题。

在驻村扶贫的5年时间,王前进认真地一个一个帮助解决,在解决了科学种田多打粮食的同时,他又兼顾开发经济增收新渠道的问题。

组织富裕劳力外出打工,拓展增收渠道。家在下成村,今年32岁的成红,10年前于兰州商学院毕业,先给兰州一家天然气公司打工,在懂得经营、积累了一定资金后,自己开办了一家天然气服务公司,生意做得挺红火。王前进就借回兰大汇报工作之机,抽空专门拜访了成红,并邀请他利用春节之机回家乡看看亲戚邻人。2003年春节期间,王前进陪同成红到下成村,请他给乡亲们介绍了他在兰州开办天然气服务公司的经营情况,村干部和王前进向成红介绍了下成村近几年的变化,同时建议成红能接纳一批乡亲到他公司打工。经过商讨一些具体问题后成红同意了接纳打工人员。刚进入2月下旬,王前进就带领30多名下成村有点文化的青壮年农民到成红的兰州天然气公司打工。经公司对30多名打工人员进行思想认识、岗位职责、工作技术等多方面的培训,使他们很快适应了打工工作的新环境,个个干得出色,至今多数还在该公司打工,人均年收入近万元。

从首次组织下成村富裕劳力到兰州天然气公司打工增收的前景上,王前进和村干部们大受启发,看到拓展外出打工不失为增收的一条好渠道。2004年春节刚过,王前进和村干部们一同邀请邻村在西安、新疆、上海、天津、宁夏等城市打工有经验的10多人,给村民们作自己打工情况的介绍,并同他们进行了座谈。凡是觉得可带几人外出一同打工的,请求他们以老带新,多领一些青壮年外出打工,没想到这年全村一下子去了200多人,80%的打工者年收入在5000元上下,更重要的是让他们有机会开阔了眼界,增长了知识,学会了打工交往。到2005年,该村已有300余人外出打工,按人均收入4000元计算,仅打工一项经济收入在120万元上下,的确是一笔可观的收入,为发展农业生产和改善生活起了重要的作用。

发展大棚蔬菜产业助农增收。王前进从长期驻村帮扶与农民的接触中发现,家庭有富裕劳力的农户可派人外出打工增收,可没有富裕劳力的农户如何才能拓展增收渠道?为此,他在群众中调查研究发现,自然条件,客观环境,人的认识均在发生着变化，随着新开通的张清（张家川—清水）公路从村边上通过，下成村的交通便利了。位于河谷区的下成村，光照充足，水资源丰富成为发展经济作物的一大资源优势。于是，有人一改祖辈人只种粮食作物的旧习惯而试种蔬菜，竟显著增收，拓展出种蔬菜增收的有一条新路子。王前进将自己调查研究的结果告诉村干部，得到大伙的认同，为引导不能外出务工的农民通过种植蔬菜实现增收。2004年春天，他们在村里先选择8户农户发展蔬菜种植，积极帮助为他们每户各贷款1000元；统一购进建设塑料大棚的竹竿等物资；从本县红堡镇请来技术人员指导建设塑料大棚，办培训班，请他们传授栽培黄瓜、西红柿、韭菜、辣椒等蔬菜的技术。由于辛勤劳动与科学栽培紧密结合，产菜及时批发，8棚蔬菜，每棚面积0.5亩，均获得2000元以上的好成绩。王前进知道8户农户大棚种植蔬菜增收的消息，很快会传变黄门乡。乡政府及时认真总结推广，在全乡有条件的6个村发展蔬菜产业。从2005年2月开始，乡政府先总结宣传下成村发展蔬菜产业实现增收的经验，后组织乡村干部和群众代表赴武山县洛门镇参观学习蔬菜栽培的经验，并且聘请来技术人员，在乡上办技术培训班，深入5个村指导建设塑料大棚，落实面积和种植的蔬菜品种。经过一段时间的发动和组织实施，很快在下成村、元川、小河、台子、峡口等村建设塑料大棚140座，使塑料大棚总数达到180座。栽培的品种有西瓜、黄瓜、西红柿、辣椒等，结果科学作物普遍获得丰收。至2005年8月，除22棚韭菜外，其余158棚瓜菜全部销售结束，总收入达21.17万元，棚均收入1340.6元，其中下成村的20棚蔬菜，每棚平均收入1800元，为下成村和全乡发展蔬菜产业增收开拓出一条新路子。

王前进在扶贫工作中积极引导农民外出务工和发展大棚蔬菜产业，使农民一步步实现增收，下成全村人均纯收入显著上升，2004年，全村人均纯收入达1500元，比4年前的400多元均增长2倍多。过去的贫困户郑建明，家里有3口人，去年产粮食3750公斤，价值4500元，人均产粮1166公斤；养殖生猪、毛驴和种植葵花、胡麻、棚菜等收入3480元，人均1160元，农业总收入达7980元，减去总投入2394元，全年纯收入5586元，全家人均纯收入达到1862元，彻底摆脱了贫困，过上了吃有粮，花有钱的富裕日子。对此，他高兴地说："是兰大王老师指导我发展生产摆脱了贫困过上好日子。"

王前进在黄门乡长古村、下成村扶贫已达10年，10年的扶贫工作和生活辛酸只有他自己心里清楚。为了扶贫工作，他操的心，跑的路，出过的力，长古村、下成村的干部和群众心里有一本账。可是，兰州大学却有人说："他看不惯一些事，躲到乡下去过逍遥生活去了。"他所在的学院曾以他多年不在单位上班，有一段时间停发了奖金，院领导还在校领导跟前闹着换人，他当时真是吃苦受罪却得不到理解。王前进说："兰大在清水县黄门乡的扶贫工作，是甘肃省委，省政府分配的一项社会工作，如果我不去，他也不去，怎么落实？作为兰大的一名教师，应以工作大局为重，听校领导安排，一天不派人来换我回去，我就得在扶贫工作岗位上操一天心、出一天力，若不这样做，我对不起党和政府，对不起长古、下成村贫困的农民群众，更对不起自己的良心"。同时，王前进在黄门乡两个村扶贫多年，与基层乡村干部和群众有了更多的交往，为兰大学生暑期实践活动创造了良好的实践条件，近几年来，每到暑假，兰大校团委总是把一批实践活动安排到清水县黄门乡长谷村或下成村，通过学生和农民的同吃、同住和劳动，既向农民宣传了科学文化知识，传递了诸多致富信息，又使学生们了解了农村实际和群众生产生活实际，学到了新的知识，和农民交了朋友，使双方都受到了教育。

王前进在清水县黄门乡2村扶贫已达10年，在工作中做出了出色贡献，兰州大学连续4次被评为甘肃省帮扶工作先进单位，王前进个人连续4次被评为甘肃省帮扶工作先进个人，他的先进事迹曾在《天水日报》、《甘肃日报》、《甘肃青年报》和天水电视台等多家媒体上作过刊播，受到社会的广泛好评。

王前进在扶贫10年工作中，根据当地的实际情况，结合扶贫工作实践，对扶贫开发面临的困难和对策，提出自己的见解，为加强农村思政治工作等一系列的建议，他还撰写了有高见的4篇论文，分别发表在《兰州大学学报》和《甘肃农业》上。这对我们的扶贫工作都具有一定的帮助和指导意见。

水窖，让村民有了脱贫的希望

杜雅文

在这些缺水的地方，村民们一般靠少量的地下水以及雨水生活。因为水少，每户最多养一头猪。然而在徐湾村，记者却看到了不少已经建好的准备用来大量养殖牲口的暖棚圈舍。这些暖棚坐北朝南，冬天用塑料棚蒙上，牲畜在里面就不用消耗脂肪御寒，利于长膘。

乡党委书记周小明告诉记者，目前全乡已经修建了130座暖棚，共养了400头猪，1300头羊。这些暖棚都是在有了"母亲水窖"之后兴建的。

青年农民吴文辉在暖棚里喂羊

没有"母亲水窖"的时候，村民们曾自发挖过红泥窖，用不易渗水的红泥抹窖面以储存雨水。然而一个窖最多只能储存10立方米水，保持2个月。"母亲水窖"则是砖混结构，不仅储存的水多，而且不渗漏。有了好水窖，就能解决人和牲畜的饮水问题，使得山区的优势项目——养殖业有了发展的可能。从而也使得农民积极地退耕还林，让西部的整个生态环境得以改善。

8月7日，记者来到"母亲水窖"另一个实施地榆中县定远乡董家湾村方家楞杆社。该社位于浅山区，离兰州的车程不过40多分钟，因此有不少人外出打工。在一农户家里，记者看见庭院里种上了蔬菜、向日葵和叫不出名字的花朵。在水窖上还有乡里拨款配备的水泵，以及用来烧水的太阳灶。

这个农户的主人告诉记者，修水窖以前都得用汽油桶到井里拉水，由于排队等候的人太多，有时候早上去，太阳落山还回不来。一个汽油桶能装200公斤水，没有驴子，就3个人扛，拉一次吃一礼拜。水窖建好了，汽油桶就"退休"了。当记者问他家里一年的收入是多少时，他笑而不答。记者发现，他们5口人的房子宽敞明亮，粉刷得漂漂亮亮，看得出来比较富足。

当地人告诉记者，光靠天吃饭不够，很多人都出外打工，从而挑水、种地的重担都落在了"386199"部队（"38"指妇女，"61"指孩子，"99"指老人）肩上。以前为了吃水的问题，光担水都得花半天时间，根本没有多余的精力好好种庄稼。现在有了水窖，外出打工也放心。家里人也能吃上茄子、辣椒、白菜等新鲜蔬菜了。

全国妇联水窖办的黄慧娟告诉记者，他们发展"母亲水窖"的思路首先是解决干旱地区人口的生存问题，在有水的基础上再给予支持，把粮食作物和经济作物的比例调整过来，通过发展小额贷款等项目，最终实现农业综合立体发展目标。

"母亲水窖"需要支持

在"母亲水窖"项目推进之前，当地政府和农户也想了不少办法解决用水问题。榆中县集雨办的杨主任说，从1996年开始，甘肃省推行了"121"雨水集流工程，即1户人家挖2口水窖灌溉1亩经济田，资金来源于社会捐款。然而资金有限，只能"撒胡椒面"，即给最困难的人家修建水窖，覆盖面才40%左右。另外，当地也实行了集雨灌溉工程，覆盖面也只有10%多一点。和上述工程比起来，"母亲水窖"的最大特点就是"整村推进"，即做到每家都有一口水窖，且水窖质量最好，用个三五十年都没问题。

水窖建设现场

兰州市妇联王主席告诉记者，榆中县最缺水的是北部山区。该区没有地表水也没有地下水，当地人完全靠下雨的时候用铁桶接水生活。那里的女孩出嫁前才洗生平第一次脸。然而榆中县第一批水窖项目选址却落在了中南部的董家湾村，因为这里的群众积极性高，在贫困人群中比起来经济条件相对比较好，交通条件也可以。而北山区离定远乡还有3个多小时的车程，像水泥等材料根本就没有办法拉到深山去，水窖的建设成本也会更高。

"下次得到资金，我们还是想在北山区开展这个项目。然而目前资金很紧张。"王主席说。根据县里的规划，5年之内要完成1.5万眼水窖的建设，解决5万多人饮水困难问题，这至少还需要1000多万元，仅仅依靠国家级贫困县的财政拨款是远远不够的。

在董家湾村头,矗立着一个容积200立方米的巨型水窖,主要用来浇灌庄稼。然而要建造3000米的运输管道通到农田里,至少还差十来万元。记者看到,没有运输管道,大水窖里放出的水很快就渗进了泥地。

在记者采访的时候,处处都有欢天喜地的村民跟着,诉说他们的感激之情。更让记者感动的是,在车离开董家湾村时,由于下雨路滑,竟有村民拿着铁锹一路小跑在车子前把路坑填平,以防轮胎被陷住……

在将近一个星期的行程里,记者第一次深刻地体会到水是如此珍贵,体会到"母亲水窖"工程的博爱以及关怀,更体会到每人只要献出一点力就能帮助更多的人生存下去。

主编点评:

有些贫困是从娘胎里带来的,因为他的出身,他的环境,他继承了父辈的贫穷,无力自拔;但有些贫困是后天不幸造成的,这或者是因为天灾,或者是因为人祸,也或者因为种种风险,甚至还因为不可避免的衰老。

没有人愿意贫困,但是,在社会发展中,经济演化中,个人成长中,这种种进程中,都有可能使一个人成为贫困者。

贫困夺去了人们本应享有的幸福、健康,以及尊严。没有人以贫困为荣,也不必以贫困为荣。消灭贫困,让人人不受贫困的折磨、侮辱和践踏,才是正确对待贫困的态度。

消灭贫困是中国的世纪工程,一些贫困消灭了,但是,一些贫困又出现了,可见,消灭贫困不是件容易的事。政府是消除贫困的主力,为扶贫投入了大量人力物力,而民间慈善力量也是消除贫困的重要力量。政府与民间社会互相补充,共同促进,才能挖掉穷根。

在扶贫济困中有企业,有个人,也有一些机关事业单位。这些不论是中央还是地方的机关单位,包片帮扶,奉献爱心,是中国特色的特殊慈善帮扶者。

救死扶伤

辭灾龚社

血之源

张 琳

白色的采血车停在东方红广场的一处空地上。双休日，在热闹喧嚣的情景之中，它安详而肃静，同时又有那么点冷清。丑凌功献完血，从采血车里出来，慢慢地在周围转着，然后在一家熏鸡店里买了几只鸡翅膀。他这样做不是因为刚刚献了血想要补补身体，只是因为自己一直喜欢吃这个东西罢了。献400毫升血，丑凌功将这看作是稀松平常的事儿。每年，他都会在相同的情景中做这件相同的事儿，带着相同平静的心情。

丑凌功自1997年起开始无偿献血，至今已经无偿献血18次，其中3次捐献了成分血，献血量共计7600毫升，是一个人周身血量的两倍。

多年的愿望实现了

丑凌功坐在医务室里，穿着白大褂，神情敦厚、平和。他现在是甘肃农业职业技术学院的校医。

"我从1968年参军当卫生员起，一直从事医务工作。"丑凌功说。"血液在目前是一种无可替代的、自然界不可再生的资源，作为一位医务人员，血液对于病人和生命的作用，我真是太清楚了。"

1974年，丑凌功带着部队卫生队的学生在陇西的一家医院实习。有一天，医院为一位农村妇女进行脾肾静脉吻合手术，结果手术中出现意外情况，必须紧急输血抢救，血库里却没有合适这位妇女的血型。情况紧急，不能有丝毫拖延，在那种情形之下，医院里所有血液合格的工作人员都献了血，农村妇女因此得救了。

"他们都是主动无偿献血。"丑凌功说。"那还是计划经济时期，血液被当作商品流通。"

一年之后又发生了另外一件相关的事儿。那时候丑凌功正在宝鸡进修，医院遇到一位因外伤大量失血的病人，医生们一时找不到出血源，病人已经处于休克状态，急需输血抢救。但是医院里没有合适的血液，傍晚七八点钟的时间，那时候的通讯又不发达，所以一时难觅输给病人的合适血液，只好输以大量代血浆和液体。尽管救治手术成功了，由于病情需要，最后将病人转院，但转院后病人最终死亡。

"那个小伙子才十八九岁，正在好年华呢，却因为血液的缺失而失去了生命。在这一两年时间里经历的这一正一反两件与血液和生命相关的事例，让我的感受太深了。我常常设想，如果这个小伙子当时也能遇到像在陇西那家医院里的情形，大家都能积极参与献血对他进行救治，血液得到保证，他的生命就能得以延续。"丑凌功说。

自此丑凌功就产生了义务献血的念头，但是因为当时他所在的部队地处偏远，一直没有机会。1984年，丑凌功回到兰州，仍在部队从事医务工作，他开始打听兰州的献血点，得知在黄河北有一个血液中心。因为部队远在焦家湾，没有通到血液中心的公交车，他也就作罢了。1995年9月，丑凌功自部队转业到甘肃农业职业技术学院做校医。他的生活很简单，也很规律，每天都是"两点一线"，不逛街，也不怎么购物，所以直到两年之后1997年6月的一个礼拜天，丑凌功偶尔上街经过东方红广场时，眼睛一亮，心里也一亮——他看到一辆白色的采血车停在广场上。丑凌功赶快走上去填表，紧接着检查身体，心肺功能、血压、肝功……经初步检查，身体的各项指标都合格，这次他献了200毫升血。

一个礼拜后，丑凌功收到了血液中心的回执。"这个回执还写得挺人性化，"丑凌功说，"说是经过进一步检测，您的各项指标都符合标准，我们代表用血者向您表示感谢等等……看了就觉得心里很舒服，很踏实。"

说起第一次献血的感觉，丑凌功说："没有什么特别的感觉，只是实现了我多年的一个心愿。"

从第一次无偿献血到1998年10月1日国家实行无偿献血制度的《献血法》颁布之前的一年多时间里，丑凌功又无偿献血4次，频率是几乎每过4个月就献一次，每次献血400毫升。

丑凌功的家里人不知道丑凌功献血这件事，学校也不知道。

做人上没有走过弯路

想听听丑凌功在这献血的10年里有什么印象深刻的事儿，丑凌功说没有，"这是很平常的事，也没什么。常常是双休日没事儿的时候，自己就去献了。我的动机就是救人。也许我的血救了有贡献的科学家，也许是农村带领一方群众致富的带头人。我个人虽然没有'为官一任，造福一方'的能力，但是我觉得通过自己的这个行为也间接地达到了同样的效果；当然，也许给哪个罪犯用上了，救了他的命，这也很正常，俘虏该救治的时候还是要救治啊！自己的血救治了什么样的对象，那就不是我所考虑的问题了。"

"有的人很有钱，可以资助贫困的人，我没那么多钱，那我就以自身的条件做点对别人有帮助的事儿。我们这一代人，受毛泽东思想、白求恩思想和雷锋精神的影响很深，就想着做一个有益于人民的人，雷锋精神集中体现的不就是奉献吗？"

丑凌功的老家在庆阳，父亲旧社会里给地主扛长工，新社会是生产队的社员。在丑凌功的记忆中，父亲一辈子都在做好事。"给生产队放羊看场的时候，父亲忠心耿耿；给生产队看果园的时候，掉个果子，我们都不能去捡；看瓜园的时候，我们兄弟也不能到瓜园里去，去了就会受到父亲的责骂，说是占公家的光了。还有冬天，大雪过后，第二天早上一推开门，就是一条长长的路通向村子的各个地方，这都是早起的父亲扫出来的……"丑凌功说。印象更为深刻的是父亲修路的情形，庆阳那边，每次下过暴雨，雨水都会将路面冲坏，父亲就扛着镢头去修路了，伴随着父亲扛着工具去修路的情景，年幼的丑凌功一年年成长起来。父亲这些行为里所蕴含的内容与意义，已经潜移默化地影响了他。

"上世纪六七十年代当兵的时候又受到部队的教育，因为这些影响和教育，我这一生在做人上没有走过弯路。"丑凌功说。在部队当战士时他是五好战士，提了干部后他常常立功受奖。转业到这个学校以后，他年年都是先进工作者、优秀党员。

回想起这些，又引出了丑凌功的感慨，他说："这些年啊，人不缺钱了，缺的是精神，善良和诚信这些品质慢慢在丢失，你看公交车上，抱娃娃的妇女站在车上晃来晃去，可没人给她让个座位，视而不见，有的人见了，还把脸转过去……各人自扫门前雪，而且有些人还不是自扫门前雪，而是将自家门前的雪都扫到别人家门口去了。"

坐在对面的丑凌功的同事黄大夫听了这话摇着头说:"老丑啊,也不全是这样,我也碰到过好几次有抱孩子的妇女上车,就有人马上让座位的情况呢,这社会上啊,什么样的人都有,不过我相信世风会慢慢好转起来的。"

榜样的力量

丑凌功的一个朋友知道他献血的事儿后对他说:"老丑啊,你献了这么多血,我也想去献,可是有些害怕,你陪我去吧。"丑凌功一听,特别高兴,马上就爽快地答应了,陪着她到血液中心献了第一次血。第二次献血的时候,这位朋友不害怕了,自己去献。第三次却出了点"故障",因为献血后在领取纪念品的时候,她想要这种颜色的纪念品,血液中心的工作人员却给了她那种颜色,她没满意,弄得很不愉快,她一气之下,自此就中止了献血。

"在工作人员特别忙的情形下,有时候就顾不上那么多了。"丑凌功说。"后来我这个朋友很后悔,说我的初衷是无偿献血,却为了这么一件小事儿中止了……"后悔之后那位朋友就想继续献血,却已经到了献血法限定的最高年龄界限。

还有一个丑凌功认识的企业老总,有一次碰到丑凌功说:"看到你献血的事儿我特别感动,我也想献血。"说了这话之后这位老总就真的去献血了,可是体检结果不合格,转安酶高。丑凌功告诉他,有时候人劳累啊、喝点酒啊,都会导致转安酶升高。你休息一段时间,然后再去检查看看。

西北师范大学有一个爱心献血社。1999年,丑凌功受到这个爱心献血社的邀请,以自己的切身经历来说明无偿献血不会对身体产生负面的影响,以及献血的意义。这次活动之后,西北师大的大学生献血人数就明显增加了。

就像点点闪烁的火花,这种种迹象都让丑凌功觉得安慰。

记者采访时,这个学校医务室药房的一位工作人员走进来说,她今年44岁,在去年和今年分别献了两次血。"献血后身体没有什么感觉,其中一次当时有点疲劳,但是休息了一下之后很快就好了。我是看到丑凌功多次献血后对身体没有什么不好的影响,就去献血的。"她笑吟吟地说。

"献了这么多血,您的身体真的一点儿也没有受到任何影响吗?"记者问丑凌功。

"没有啊,你看看,我的身体这不是很好吗?没生什么病,精神也很好。每次献血后我也没有特别去吃那些营养食物,不过要注意在短期内不要过度运动。"丑凌功拍拍自己的胸脯笑道，"不少人担心献血会影响身体健康，其实这种担心没有必要。我一直在做医务工作，这方面的知识心里都清楚。献血200毫升不到全身血量的二十分之一，不会影响血液正常的生理功能。而且人体本身具有很强的调节功能，献血后10小时血容量就会得到恢复，各种血液成分可以两周内达到原来水平。还有呢，人体的血液不断进行新陈代谢，即便不献血，细胞也在不断地衰老死亡，被新生的血细胞代替，而献血后人体造血功能更加旺盛，会加速细胞的生成，从而维持相对的恒定。但是因为宣传上的薄弱，能准确知道相关知识的人非常少，也就对献血心存顾虑，这是可以理解的。"

丑凌功说，实际上无偿献血在救治别人的同时，也可能为自己的将来做了一个储蓄。《甘肃省实施＜中华人民共和国献血法＞办法》中规定无偿献血的公民享有的用血权利是：本人可免费使用两倍于献血量的血液，并优先用血；献血者的配偶和直系亲属可免费使用献出的等量血液；患者临床需要输血时，亲属或亲友互助献血的可享受优先用血的权利，但要交所用血液采集、储存、分离、检验等费用。献了那么多的血，丑凌功至今还没有遇上过自己需要输血的情况，"我可不希望自己能有享受这个权利的机会！"丑凌功笑了。"不过只要你参加过无偿献血，一旦需要输血时，就能获得相关权利的享受。所以无偿献血确实是利己更利人的好事儿。"

丑凌功的影响浸润着、渗透着，现状是甘肃农业职业技术学院的师生员工们献血的积极性和主动性非常高，这些年来学校集体献血有七八次之多，从门卫到院长，大家都很踊跃，有一些年轻的老师已经献过四五次血了，其中一位老师献了有十多次。学生们的热情也特别高，有些学生还不到法定的献血年龄，也挤在采血车前想要献血，丑凌功和医务室的工作人员们就将相关的法律法规和医学知识讲给他们听，做他们的工作。血液中心储存的血液一紧张，只要给丑凌功打个电话，丑凌功跟校领导一说，校领导马上配合，即便是正在上课的时间，会影响正常的教学秩序，献血车就开进了学校……

"榜样的力量是无穷的。"坐对面的黄大夫深有体会地、反复地说着这样一句话。

倾情关注无偿献血

甘肃省血液中心有3台采血车在市区内停放，地点分别是东方红广场、建兰路市场和西北书城前，但采血量都不理想。"流动采血车在街头采血不是很安全。"丑凌功说。作为一个医务工作者和一个热情的献血者的双重身份,他对这一点很有体会。虽然采血器械都是一次性的,不会有污染和传染,但是车停在露天,空气中毕竟有灰尘,而且冬天车上太冷,夏天车上又太闷热。这样的流动采血车在远郊或交通不发达地区可以作为一种拾遗补缺的方式,但是在城市中心用这样的形式就不太合适。

"这就像你坐在街边吃烤羊肉和坐在店里吃烤羊肉一样,两种感觉一样不?我认为兰州市自愿献血的人数少与采血环境也有一定关系,献血者需要一个安全、舒适、整洁的采血环境。"他说。"改善献血环境很重要,在其他一些经济发达的城市,都有固定的采血点、献血屋。如果兰州更新采血点,资金是一个问题,只靠血液中心会有难度,那么政府是不是可以投入一些?1998年12月在东方红广场建起的献血屋和1999年在安宁区建起的献血屋,就是因为付不起房租,在2002年中止了。"

走在街头巷尾,丑凌功留意到,现在电器啊、汽车啊等等的商品广告都做得十分火爆,像无偿献血这样的公益广告却冷清得很。而无偿献血少了宣传这一环是绝对不行的,但是做广告要有钱,丑凌功就想:是不是可以由大型企业或政府出钱来做一些公益广告,或者将献血屋继续下去?一个城市的公益事业上不去,文明程度就滞后了。

"无偿献血作为一项公益事业,政府应该拿出一些措施和资金投入。可是甘肃现在没有一个相关无偿献血的行政机构,没有行政机构,就没有人买你的账。我跟咱们血液中心的人都很熟了,我去那里献成分血的时候,他们也常会跟我讲起工作上的困难,说是去单位做无偿献血宣传时,一些单位就推托不配合,踢皮球,说找这个部门,这个部门又说让找那个部门;有次血液中心的一位女同志到一个单位进行无偿献血宣传,拿出自己的工作证给门卫说明来意,却遭到门卫的阻拦,并且凶狠地说:'出去出去!你是个女的,如果是个男的,把你踢出去呢!'这位女同志难过得哭了……像这种情况,无偿献血工作怎么开展呢?确实很难啊!而在那些无偿献血做得非常好的省份,都成立有无偿献血领导小组。"说起各地无偿献血的情况和相关政策规定,丑凌功都了然于心,特别是对于率先实现临床用血100%来源于无偿献血的深圳,和无偿献血量占采集临床用血量、自愿无偿献血占无偿献血比例均达到100%、位居全国无偿献血第一的河南,丑凌功更是感慨万分。

"兰州市近年来没有出现过大的公共卫生灾害,所以没有太深体会,如果遇上一次大的公共卫生灾害,血源的紧缺状况马上就显现出来了。"丑凌功说。

希望回到相安无事的状态

在我国献血法颁布之后不久的1999年2月,《兰州晚报》曾公布过一个兰州市无偿献血的献血榜,丑凌功的名字首次出现在媒体上,此后随着丑凌功无偿献血的不断增多,他的名字和相关报道就开始陆续见诸报端。有些熟人和朋友看到了,很理解他的做法,也很赞叹他,可是也有人说:"这个老汉把自己的血就这么给人了?人家给他什么好处没有?得了钱没有?""拿着400毫升的血就是去换一堆纪念品,雨伞啊什么的,血就这么不值钱吗……""他还组织学校里的人献血,拿回扣了没有?"这些说法传到丑凌功这儿的时候,最初他的心里有些不是滋味儿,自己把献血看作一件很平常的事儿,可是却有人这么误解他。不过很快他就把这些说法放到一边儿去了,他觉得只要自己心里坦然就行了,没必要计较这些。"太在乎了还会影响到我生活的其他方面,有句话不是说得好吗,一个人的快乐不是他拥有的多,而是他计较得少。"丑凌功说。

丑凌功的女儿是2004年才知道爸爸献血的事儿,也是从报纸上看到的,他们父女之间就产生了这样一段对话:"老爸,你献了这么多年血,身体怎么样啊?""你看到了啊,挺好的。""差不多就行了吧,别把身体弄坏了。""我知道,身体没问题。""那我就放心了。"

就这么简单,却让丑凌功很暖心、很安慰。

对于那些误解他的说法,丑凌功虽然想开了,可是对于新闻媒体的采访报道,他还是挺为难。媒体的报道,或者说报道之后给他带来的一些负面影响,是他所没有想到的,也违背了他献血的初衷,成了他的一个包袱。被报道这件事,自己原本是被动的,但有人却认为他招摇过市,主动要宣传自己。他为此很苦恼。

"张扬不是我的个性。"丑凌功一再说。"如果不是现在这个样子,我心里倒踏实一些。我很希望能回到过去那种相安无事的状态。"

但是丑凌功的同事黄大夫认为,这种默默奉献的精神是需要让大家都知道的,可以感染许多人,可以带动整个社会,提高大家自愿无偿献血的意识。丑大夫的这种自觉性是一种境界,在这个行动的后面,其实是一种精神和信念。

"我们都知道你本人非常朴素、朴实。你自己心安理得就可以了,别人怎么看,那是他的事儿。你能图啥呢?你都快退休的人了,叫你当官也不行了,靠这个发财也是不可能的。"黄大夫半开玩笑半认真地说。

为表彰奖励无偿献血者，卫生部、中国红十字总会在1999年下发了《全国无偿献血表彰奖励办法》。捐献者累计达到一定的捐血量，可以获得国家颁发的无偿献血奉献铜、银、金奖。兰州市有两位献血者曾经荣获无偿献血金奖，苏海杰是甘肃省第一个无偿献血金奖获得者，并赴北京领奖。据省红十字血液中心的工作人员介绍，在献血法尚未颁布之前，也就是国家尚未实行无偿献血制度的上世纪80年代时，苏海杰就开始无偿献血了，起因是他自己的母亲在需要输血时顺利得到了他人的血液，从而被及时救治，他为此非常感动，自己开始无偿献血。后因年龄原因中止献血。另外一位在2002年获得金奖，但是令人深思的是，这位金奖获得者的遭遇比较特殊，因为献血而在单位遭到了不合理的待遇，结果被单位开除，之后在某地以看自行车为生。在这样的遭遇之后，他仍然坚持无偿献血，每年两次，每次400毫升。

而丑凌功是近年来兰州市无偿献血量最多的一个典型。就在今年，他分别在3月、6月、10月献了3次血，其中最后一次献的是成分血。2006年10月13日是丑凌功55岁生日，55岁是我国《献血法》规定的公民无偿献血的最高年龄界限。所以在这个日子之前，他就想着要再献最后一次血，而医院方面也正好需用A型的成分血。因为学校放暑假，8月中旬他回了一趟庆阳老家，从老家回来后就去献血，可是体检时查出转安酶高出标准，可能是因为在老家时喝了点酒，走亲串友也比较劳累的缘故吧。丑凌功只好回去，等了一个多月，到10月9日这天，再次去体检时各项指标都符合标准了，他放下心来，踏踏实实地献上了这最后一次血。

"现在我遗憾的就是自己没有早点开始献血，在年龄允许的前提下献血的时间太短了。"丑凌功说。

虽然丑凌功从无偿献血的队伍中"退役"了，但是他对无偿献血的作用和意义应该不只是奉献血液本身。

一个白血病患者,一群好心人

王宇兴

在兰州大学榆中校区 27 号楼 310 房间见到刘丽刚时,他刚上完体育课回来。

1.57 米的个头,合体的夹克衫,使他显得精气神十足。满头乌黑的头发,一双目光闪烁的眼睛,使人绝对想象不到他曾经是一个急性淋巴白血病患者。刘丽刚见我们不停地打量他,他不好意思地指着头发给我们说:"以前患病化疗后,头发全部都掉光了,这些头发是从去年开始才长出来的!"谈起那段噩梦般的经历,刘丽刚眼含热泪:"是陇原大地上的父老乡亲给了我第二次生命。

"我一辈子也忘不了那些救助过我的叔叔、阿姨,我的老师、同学,还有那些许许多多救助过我、但我至今还没有见到过的好心人。"

病魔将他推向生命的边缘

刘丽刚来自江西省井冈山市峡江县仁和镇的一个贫困家庭。父亲廖正根,是当地的民办老师,每月工资仅有 357 元。

父亲除了要养活七八十岁的爷爷和奶奶外,还要供养他和姐姐上学,母亲在家务农。由于生活贫困,刘丽刚的姐姐不得不辍学在家学做裁缝,以减轻父亲的重担。全家人把所有的希望都寄托在刘丽刚身上,懂事的刘丽刚也争气,1998 年,17 岁的他便以 550 分的成绩考入了兰州大学化学化工学院,成了全村几十户庄户人家第一个考上重点院校的大学生。为此,父母亲都着实为他感到骄傲。

在兰州大学,刘丽刚属于"特困生",得到了学校的贷款。俗话说:"穷人的孩子早当家",刘丽刚非常珍惜这来之不易的学习机会。他明白:只有刻苦学习,才能改变自己家庭的贫困面貌。在辅导员花蕊老师的眼里,刘丽刚是一个

"积极上进的同学,对学习、对身体锻炼都抓得很紧,自强不息,人际关系也很好"。1999年,刘丽刚还拿到了兰州大学化工学院的"镇泰奖学金"。

18岁,正是刘丽刚生命最光彩的时候。但谁也没有想到,正当刘丽刚为实现自己的奋斗目标而刻苦学习时,凶恶的病魔却悄悄逼近了他。

1999年10月15日,正读大二的刘丽刚突然因感冒引起高烧持续不退,他先是在学校医务室看病,由于效果不明显,校医建议他到兰州医学院第一附属医院(编者按:现更名为兰大一院)去检查一下。在辅导员花蕊老师和同学们的陪同下,刘丽刚来到兰医附属第一医院住院进行检查。住院先要交3000元的押金,当时刘丽刚身上仅有500元钱。看着刘丽刚窘迫的神情,花蕊老师劝慰他不要着急,由大家慢慢想办法。花蕊老师当即从身上掏出仅有的1000元钱,陪同的林明艺、张宪恕等7位同学,也你一点我一点,又给刘丽刚凑了1500元,使刘丽刚顺利地住进了医院。

住进医院的当天晚上,刘丽刚的体温不断升高,最高时达到41摄氏度。那一刻,刘丽刚感到自己已到了死亡的悬崖上。他觉得自己只有一息尚存,生命随时可能悠悠而去。看着刘丽刚痛苦的神情和持续不降的体温,晚上留下来照顾刘丽刚的毛鸿岗和谢海韬两位同学,不停地用湿毛巾给他擦身,以便使刘丽刚身上的体温降下来。在此后,他宿舍的几位同学也都采用这种方法,不停地给他擦身擦脸。在等待刘丽刚检查结果出来的几天里,照顾他的同学们都没有合过一眼,人人都熬红了眼。同学们说:"能使自己朝夕相处的同窗早日脱离病魔的折磨,就是多受点累也不要紧!"看着同学们日夜为自己辛勤操劳的身影,远离父母、远离家乡的刘丽刚不禁流下了感激的热泪。

10月19日,经医院骨髓穿刺化验结果表明:刘丽刚患了"ALL急性淋巴细胞白血病,病情非常严重"。大夫告诉陪同的老师和同学说:若不及时救助刘丽刚,他的生命只能维持2至4个月。

消息传到学校,刘丽刚的同学们都真真切切地感受到了生命的脆弱。同学们怎么也不相信,平日里在体育场上活蹦乱跳的刘丽刚,前几天还和同学们在宿舍里打闹玩耍,怎么一下子就离死神不远了呢?朝夕相处的年轻学子们,纷纷伸出了热情的双手,他们想尽自己最大的力量,来帮助学友与命运抗争。

在辅导员花蕊老师和班长李洋的精心组织下,刘丽刚所在班的28位同学,加上自愿赶来的其他班的10多位同学,大家组成了一个特别护理小组,每天6个人,在医院轮流护理刘丽刚。当时正赶上期中考试,同学们学习都十分紧张。但为了照顾刘丽刚,许多同学都主动放弃了温习功课的时间,同学们说,只要能把刘丽刚从死亡线上拉回来，我们耽误一点学习也不要紧。来自陕西省的班长李洋说："我们虽然来自20多个省区，但平日里好得就像亲兄弟，为了救助刘丽刚，我们什么都舍得！"就这样，从10月18日到11月17日，在刘丽刚住院的整整一个月时间里，刘丽刚的近40位同学，轮流守候在他的身旁，每天给他取药、倒水、端饭、擦身。他们中有7位女同学，大家都不怕脏不怕累，无怨无悔，把最真诚的关心和爱心献给了刘丽刚，谱写了一曲爱的赞歌！

特别倡议打动兰大学子

死神与生命进行着残酷的较量。尽管医院的大夫们竭尽全力抢救刘丽刚，同学们也给了刘丽刚最大可能的关怀照顾，但刘丽刚的病情仍然在不停地恶化。治疗白血病需要高额的医疗费用，每天1700元至2000元的治疗费，使同学们的一些捐款早已用完。据医生介绍：ALL急性淋巴细胞白血病又叫血癌，治愈率不是很高。早期一般都采取保守的化疗方法，用的药物都比较昂贵。要治好这种病，比较有效的手段是进行骨髓移植。但进行这种手术最起码要花费二三十万元，这么多的钱一时到哪里弄去呢？

同学们这才发现，小集体的力量毕竟是有限的。经过一番紧急研究和磋商，1999年10月29日，兰州大学化学化工学院学生会向全校师生发出了为刘丽刚募捐的倡议书。倡议书写到：亲爱的同学和朋友们：当暴雨打落了繁花，你会发出一声叹息；当狂风吹灭了烛焰，你会感到惆怅。那么，当生命受到死神威胁的时候，你又做何感想？

现在，就有一个生命受到死神的威胁！化工院九八级学生刘丽刚同学患了急性白血病，在确诊之前的3天中已经花去了1000余元。

自从化疗开始以后，用钱更如流水，平均每天要用掉1000元。

保险公司的赔偿最多支付6万元，而要治好刘丽刚的病至少需要20万元。刘丽刚远在江西农村，贫困的家庭根本无力负担这近似天文数字的医疗费。他的父亲是一位小学教师，目前处于半下岗状态，已经一年多没有发工资；他的母亲身体不好，更没有能力获得任何经济收入；他的姐姐还在做学徒，自身尚且难保，更不要说帮助他了……在这种情况下，我们怎能袖手旁观？同样的生命，同样的青春年华，我们怎能眼睁睁看着一个活生生的人在死神的魔掌中挣扎而不能获得救助？

……让我们人人都献出一点爱，为这平凡的世界增加一份感动，用我们微薄之力支撑起那脆弱的生命!

当这份声情并茂的爱心倡议发出后,刘丽刚的不幸遭遇立即牵动了兰州大学广大师生的心。

同学们说:"作为当代大学生,不仅要有知识,更重要的是要有社会责任心和同情心……"于是,一张张真诚的面孔,一句句热忱的话语与洋溢着爱心的捐款一起,纷纷涌向了刘丽刚所在的病房。短短几天时间,兰大广大师生就为刘丽刚捐款5万多元。院领导也先后几次专程到医院看望刘丽刚,鼓励他振作精神,积极配合医生,与病魔做顽强的斗争;与刘丽刚认识的、不认识的同学,也都纷纷抽空去看望他,给他带去了诸多的问候和鼓励;刘丽刚同宿舍的其他7位同学,还专门弄来了一本厚厚的《现代血液病学》,他们一有空就翻书本。他们说,多了解一点这方面的知识,对帮助刘丽刚有好处。这一切,给了刘丽刚很大的精神安慰,也给了刘丽刚战胜疾病很大的勇气。

1999年10月19日,刘丽刚的父亲廖正根从学校打来的电话中得知了儿子的病情,顿时全家哭作一团。为了挽救儿子的生命,廖正根东凑西拼了6000元钱,就急忙从家乡峡江县坐汽车到南昌,再从南昌坐火车到西安,然后又辗转到兰州。

下火车后,廖正根便直奔医院,在病房里见到苍白消瘦的儿子时,老人的心都碎了。抱着儿子,老人不停地哭:"为了儿子,我宁愿用自己的生命来换取儿子的生命……"得知儿子治病缺钱,老人急忙把带来的6000元交给医院。但廖正根没有想到,自己带来的钱仅够给儿子维持5天的治疗费用。到11月9日,儿子的医药费已高达3.15万元。儿子要进一步治疗,缺额还很大。看着父亲一愁莫展的样子,刘丽刚对父亲讲:"爸,咱们不治了,回家吧!"廖正根老泪纵横地说:"就是砸锅卖铁,借钱背债,也要把你的病治好。"兰州大学化工学院的老师和同学,都纷纷安慰刘丽刚父子俩:只要社会真情在,只要人人都献出一点爱,刘丽刚的病情总会有办法的。

社会各界纷纷伸出援助之手

从1999年11月份起,《兰州晨报》、《西部商报》、《兰州晚报》,以及兰州地区的一些广播、电视台等新闻媒体,相继报道了兰州大学学生帮助刘丽刚的感人事迹。兰州大学的同学尽一切可能挽救一名普通学生的行为感动了陇原大地。

就在新闻媒体报道后的短短几天时间里，富有强烈正义感和同情心的兰州市民纷纷向刘丽刚伸出了热情的援助之手。一天，双方年龄大约都在30多岁的一男一女，匆匆赶到医院，给刘丽刚送来了2万元钱。刘丽刚的父亲问他们姓名，他们俩始终不肯说。只说：你们只要知道我是兰州人就行了。随后他们安慰刘丽刚的父亲说："孩子在兰州上学不容易，我们有理由帮助他。你要好好地陪着你的儿子，要相信医学，儿子的病一定会治好的。"1999年11月12日中午，又有一位年约50多岁的王女士给刘丽刚父子送来了2000元，并带来了一些好吃的东西。坐下后，她热情地问寒问暖，安慰刘丽刚父子。看到刘丽刚衣着单薄，过了两天，她从商店里特意买了一件崭新的羽绒服，给刘丽刚送了过来。刘丽刚转院到酒钢医院以后，这位好心的王女士又亲手给他织了一套毛衣毛裤寄了过去。后来，刘丽刚回到江西老家治疗，刘丽刚父子委托她给代买中药，她每次都尽心尽力，从来没有耽误过事情。刘丽刚的父亲满含热泪地说："到现在我们父子俩都不知道她的名字，她在什么单位工作。我和孩子转院以后，她一直关心追踪着我们求医的去向。她每次来电话总要安慰我几句：孩子的病会好的，有机会我一定会去看他的。她对孩子的关心和照顾，使我们全家都非常感动，真不知今后怎样才能报答她！"后来，当记者通过电话，千方百计找到这位不肯告诉姓名的王女士时，她动情地说："我是一名退休女工。人心都是肉长的，自己做一点好事，并不图什么，只是想给别人一点帮助，增添一点温暖。"让刘丽刚父子所感动的，还不仅仅是那两个未留下姓名的好心人和王女士。顾庆辉是甘肃省医药集团新药特药采购供应站的经理。1999年11月13日，他专门托人给刘丽刚送来了300元钱，来人临走时还专门留下两个电话号码，让刘丽刚以后买药到他那里去，他会以最优惠的价格照顾刘丽刚。在顾庆辉的帮助下，刘丽刚在药费方面节省了不少开支。刘丽刚的父亲说："在我们最困难的时候，身在异乡，是兰州人点点滴滴的照顾和关怀，汇成了一股股暖流，时刻温暖着我和孩子的心。"就在刘丽刚住院近一个月，正在与凶恶的病魔顽强拼搏的时候，远在酒泉地区的酒泉钢铁集团公司总经理马鸿烈来到兰州开会。一个偶然的机会，马鸿烈经理从报纸上看到了刘丽刚的不幸。这个领导着数万职工、对我国钢铁事业做出重要贡献的企业家，被这个兰大学子的不幸遭遇深深打动。看罢报道，他立即给酒泉钢铁集团总公司医院血液科打电话，要求该医院立即接刘丽刚去酒钢医院治疗，费用全免。随后，他又给刘丽刚父子打来电话，要求他们做好准备去酒钢医院治疗。在马鸿烈经理的亲自安排下，1999年11月18日，酒钢医院专门派了血液科的大夫，不远千里，从兰州将刘丽刚接到了酒钢医院。

11月份的酒泉地区，已是寒风嗖嗖。然而，当刘丽刚父子一踏入酒钢医院，他们就立即受到了院领导和大夫们亲人般的热情关怀。当日下午，院领导就来看望刘丽刚，并给他调配了最好的主治医生和护士，院领导还专门在招待所为刘丽刚的父亲安排了一间房间。待刘丽刚父子住妥当以后，主治大夫苏东峰随后给刘丽刚做了认真细致的检查，根据检查的结果，医院先后几次开会，给刘丽刚制定了最佳的治疗方案；为了防止刘丽刚感染，护士们对刘丽刚的卫生、饮食、起居照顾得无微不至。特别让刘丽刚难忘的是护士赫淑兰，她对待刘丽刚就像对待自己的亲生儿子一样。

刘丽刚刚到酒钢医院的当天晚上，赫淑兰整整一个晚上都没有睡觉，她先后几次来到刘丽刚的病床前，帮刘丽刚盖被子，生怕刘丽刚感冒了。

在酒钢住院的130多个日日夜夜里，酒钢职工医院的大夫和护士都经常对刘丽刚问寒问暖：职工医院的饭菜合不合口味？在酒钢生活习惯不习惯？

面对这么多非亲非故的酒钢人的赤诚关怀，刘丽刚和父亲一次次流下了感激的泪水。经过酒钢医院4个多月的精心治疗，刘丽刚的病情基本得到了控制。为抢救这个来自井冈山下青年学子的生命，酒钢医院为此整整贴进去了4万多元的医药费。

陇上名医裴正学开出神奇药方

2000年4月，春回地暖。

刘丽刚父子俩怀着对酒钢人的深深感激之情，回到了兰州。到兰州后，他们住进兰州军区总医院继续接受化疗，并和北京医科大学取得了联系。北京医科大学的专家们打来电话说，根据刘丽刚的病情，要治好他的病，目前国内外唯一有效的办法就是做骨髓移植，但做这种手术费用非常昂贵，一般费用在30万元左右。听了北京专家的回答，听到这天文数字般的治疗费用，刘丽刚父子俩只好暂时放弃了做骨髓移植的想法。但他们不安心就这样坐以待毙，在住院期间，听别人介绍说，甘肃省肿瘤医院的裴正学教授医术精湛，曾经治好过白血病病人。为此，他们抱着试一试的想法来到省肿瘤医院找到了裴正学教授。

裴正学教授是国家中医药管理局确定的全国著名老中医专家，也是我省中西医结合的学术带头人。面对这个在死亡线上苦苦挣扎的年轻人，裴正学教授对他充满了深深的同情，他立即放下手头的其他工作，决定采用中西医结合的方法对这个年轻人进行治疗。2000年5月24日，在陇原父老乡亲的关爱下，刘丽刚父子俩怀着依依不舍的心情回到了江西南昌。到南昌后，他们又住进了江西省第二附属医院血液科病房，仍希望在江西能有机会做骨髓移植。但是，由于长期化疗，使刘丽刚的骨髓造血系统已完全失去了免疫功能，导致脾肿大，满头的乌发也都掉光了，且身体日渐虚竭，面色苍白。在这种情况下，刘丽刚不由又想起了远在千里之外的裴正学教授，他托人将自己的病情告诉了裴正学。裴正学教授接到刘丽刚的病情检查单后，根据自己多年的从医经验，随即又给刘丽刚开出了一张中药单，并将自己专门配置的丸药托人给刘丽刚寄了过去。

今年8月26日，刘丽刚又重新回到了久别的兰州。回到兰州后，兰州大学根据江西医学院第二附属医院和兰州医学院第一附属医院的检验报告，以及刘丽刚的身体状况，重新恢复了刘丽刚的学籍，并将刘丽刚转入经济管理学院学习。根据刘丽刚的身体状况，裴正学建议刘丽刚在求学期间继续服用中草药，以巩固治疗成果。

刘丽刚拿到中草药以后，却为难了，原因是中草药没有地方煎。就在这时，地处兰州大学校门对面的"荟萃堂"的经理范俊玲女士向刘丽刚伸出了热情的双手。她热情地对刘丽刚讲："小刘，你尽管忙你的去吧！中药由我们负责来给你煎，到时你按时来喝就是了！"后来，当范俊玲了解到刘丽刚艰难曲折的治病经历后，她又当即无偿地给刘丽刚提供了中草药。并深情地对刘丽刚讲："你就把'荟萃堂'当成你的家吧！生活上有什么难处，尽管给我说，我会给你全力支持的。"刘丽刚复学转到兰州大学榆中分校以后，范俊玲又专门跑到榆中看望了刘丽刚，给了刘丽刚极大的安慰和鼓励。

刘丽刚深情地说："我是一个幸运儿，我的这条命是社会给的，我要一辈子珍惜它。为了回报那么多的好心人，我一定要珍惜来之不易的学习机会。无论将来做什么，我一定要成为一个有用的人。我得到许多人的帮助，我绝不能让他们失望！"

"健康快车"四进甘肃

宜秀萍

在安西县南岔开工村,住着一户特殊的大家庭。一家四代37口人,竟有17口人患有白内障,年长的60多岁,年龄最小的只有三岁半。由于近一半的家庭成员是盲人,加上土地贫瘠,日子过得极为艰难,更没钱治病。

2005年,一件天大的喜事给这个不幸的家庭带来了希望。当年6月,香港"健康快车"驶进了酒泉。除了3人因病变不宜做手术外,家里其他14人都先后得到免费治疗,重见了光明。

从1999年第一次驶进甘肃,香港"健康快车"已先后在甘肃省兰州、定西、酒泉开展了4次这样的免费手术,帮助近4000名贫困白内障患者重见光明。

"健康快车"随香港回归祖国而诞生。这是由香港企业家和普通市民发起捐款,经特别设计建造的"火车医院",专门免费为内地贫困白内障患者实施手术。列车由四节车厢组成,配有先进的眼科医疗设施,包括诊疗室、化验室、手术室、消毒室、病房等,并由国家卫生部和香港特区政府选派优秀眼科医生实施手术。

1997年7月1日,在香港回归祖国的那一天,第一列"健康快车"从香港九龙站开出,首站停靠安徽省阜阳市。随后,分别于1999年和2002年开出第二列和第三列。9年来,"健康快车"开进了全国21个省、市、自治区,在铁路沿线55个贫困地区的66个站点停靠,免费为6万多名白内障患者实施了复明手术。

1999年,"健康快车"开到了兰州。当时,由于诸多因素制约,甘肃省贫困地区农民看病难问题很突出,全省有41个县不能开展白内障人工晶体植入手术,至少有3万多名白内障患者得不到治疗。"健康快车"的到来,给这些患者带来了福音。

2001年,"健康快车"停靠在甘肃定西。短短三个月时间,"健康快车"做了1100多例手术。鉴于当地的白内障患者很多,而"健康快车"每站只能停靠3个月,2004年,"健康快车"第二次驶入定西市,为贫困山区的1000名白内障患者实施了复明手术。

2005年5月,"健康快车"再次停靠甘肃省酒泉市,在两个多月的时间内,帮助甘肃省河西5市的近千名白内障患者重见光明。

万名医师下乡来

蹇勇德　吕宝林　李欣瑶

好雨知时。初春酣畅淋漓的雨水为干渴一冬的陇原大地带来了勃勃生机。甘肃省"万名医师支援农村卫生工程"第三批1265名队员也已于此时整装待发,将像知时而至的春雨一样,伴随着春的脚步,走向全省国扶贫困县的43个县级医院和350个乡镇卫生院。至此,全省3年来累计已有3795名城市医生加入到这项惠民工程的行列,把健康和希望送到了饱受缺医少药之苦的农村群众身边。

德政惠民

2006年6月,古浪县中医院来了一位病人,病人右胳臂被卷进切砖机,血肉模糊。根据病情,大夫通知手术室及家属,准备截肢——

正在此时,省中医院脊柱颅脑骨科副主任医师鄢卫平赶到了。他一个月前刚到古浪,是万名医师支援古浪县医疗队队长。在认真检查了病情后,鄢卫平发现,病人虽桡动脉、桡神经断裂,但尺动脉、神经尚好,可以进行桡动脉、桡神经吻合、骨折内固定术。经过近6个小时的手术,病人的右臂保住了……

这位患者是幸运的,因为鄢卫平所进行的手术在当时的古浪县中医院还是个空白。因此,该患者也成了万名医师支农工程的无数受益者之一。

从2005年起,卫生部、财政部和国家中医药管理局联合启动了"万名医师支援农村卫生工程",决定在3年内组织城市万余名医师对口支援中西部地区600所县医院。甘肃省巧借东风,将战线前移,从而成为全国唯一一个城市二级以上医疗卫生机构支援乡镇卫生院的试点省。

为了不给受援地增加经济负担,省财政在中央财政项目资金基础上,每年再配套资金500万元。省卫生厅则拿出一系列强劲有力的措施,保证这项惠民工程落到实处。与此同时,全省366所二级以上医疗卫生机构积极行动起来,首批1265名支农队员很快抽调到位。

工程的实施受到了基层干部群众热烈而真诚的欢迎。许多地方将支农队员骨干聘为业务副院长，让队员直接参与医院管理；各受援单位想方设法为队员安排好食宿生活———不少乡镇卫生院院长腾出了自己的办公室，古浪县中医院院长倪时安，更是主动让出了自己刚装修好的新房让支农队员居住；宕昌县哈达铺镇，上万名干部群众像当年欢迎红军队伍一样，敲锣打鼓欢迎支农队员的到来……

造福一方

"我们决心尽一份微薄的力量，尽自己所学，到基层服务……我们将真正做到把政府的关怀送到基层，送到需要帮助的每一位百姓心中；我们决心所到之处，必要造福一方。"2006年5月，省中医院赴合水县医疗队队员在决心书中写下了这样的话。

他们的心声也是所有支农医疗队员的决心。

初到临潭县中医院时，临潭县医疗队队长、张掖市人民医院外科主任柳佰富感觉恍如隔世———医院内病人提着输液瓶到处"方便"；内科仍在使用"漏斗"洗胃；外科只能开展纯胃穿孔修补等简单的手术。"支农队"和县医院职工从治理医院环境做起，健全完善各项规章制度36项、操作规程14项；制定了"建立三个新专业、强化三个弱势专业"的培养计划。经过一年的不懈努力，县中医院面貌焕然一新，已能够独立开展多项新业务，接诊范围辐射至合作、临夏，往日门庭冷落的局面变为"五多两少"：门诊病人多了，住院病人多了，手术病人多了，工作量多了，经济收入多了，闲置设备少了，农民负担少了。

在坐诊的同时，柳佰富还带领队员深入临潭贫困乡镇，组织开展巡回医疗，送医送药上门。支农一年，累计在全县6个乡镇巡回医疗13次，义诊病人1000多人次、健康咨询2746人次，使当地困难群众就近得到了及时诊治，为群众节省外出就医费用近万元。

巡回医疗变等病人上门为主动上门找病人，扩大了支农工程受益面，把德政的福音传送到了信息闭塞、交通不便的贫困患者身边。

2006年7月，张家川县医疗队队长刘建云带队在全县开展为期8天的巡回医疗。在巡诊途中，他发现了两个"特殊"的孩子：马关乡西山村一名8岁男孩，因1岁时烫伤造成唇、颌、颈、胸严重粘连，长达7年多的时间一直没法抬头；胡川乡夏堡村一名4岁女孩，由于出生后不恰当包扎，造成右手严重背伸畸形。在刘建云和县卫生局的努力下，这两个不幸的孩子在省人民医院做了手术——小男孩的头抬起来了，小女孩的手指也伸开了。

刘建云形象地称巡回医疗为"卫生长征"，说它"播种的是生命的希望"。

此外，支农队员还千方百计为患者节省费用。省人民医院放射科主管医师成子福，在华池支农期间，着力推广"中西医结合影像学"。患者白某慕名找到华池县中医院时，角弓反张、四肢僵直、目光呆滞、呕吐不止。家人曾经为她的病四处求医，钱没少花，病却越来越重。成子福运用他的新方法检查确诊后，给患者开了七剂中药，患者竟然痊愈了，而全部治疗费用仅为100多元钱。

统计显示：通过卫生支农工程，全省受援的43个县医院和350个乡镇卫生院的门诊量比项目实施前同期平均增加了19.6%和65%；350个受援乡镇卫生院能开展妇产科和普外科手术的卫生院数，由2004年的162所上升到2006年的298所，上升了84%。通过对10个常见病种治疗费用的调查发现，由于就近就医，治疗总费用平均节约了500元至3000元，平均每例手术节约近1000元，仅此一项就为农民节约2000多万元，加上交通及家属陪员生活费用，直接减轻农民群众负担3000多万元。

留下希望培养一支永远不走的医疗队，是"万名医师支援农村卫生工程"的重要任务之一，也是整个支农工程成败的关键。

崔玲玲，武山县桦林乡计生服务所计生员。已拿着B超探头工作了近十个年头的她，直到遇见支农队员、张掖市人民医院B超室主治医师彭宗群时，才知道B超探头有上下左右之分。崔玲玲很喜欢自己所从事的职业，却一直苦于没有学习深造的机会，没有名师指点。所以，遇到彭宗群大夫后，她就整日围着彭大夫转，生怕漏掉了彭大夫操作和讲解过程中的任何一个细节。

已有近30年临床经验的彭宗群，在武山县桦林乡卫生院支农期间，一边治病救人，一边积极为乡卫生院培养B超人才。为了给学生增加实践机会，院长、甚至乡政府领导都会被她"抓差"来做"实验"。2006年8月，武山县卫生局邀请彭宗群在全县举办B超专业培训班。

彭宗群白天看病，晚上收集整理资料，加班加点编写教材，最终将多年临床经验编写成了23万字的《临床超声诊断》培训教材，为武山县基层卫生院培养了一批急需的B超人员。

为了尽可能多地为本地培养卫生人才，静宁县启动了千名医生培训计划，由支农队员对县、乡医疗机构人员和乡村医生进行全面培训。康县由支农队员自己选定培训对象，签订带教责任书，以"一传一、一帮一、一带一"的方式进行培训。临洮县卫生局针对本地需要，组织支农队员对全县放射、检验人员进行专门培训。工程实施两年来，全省支农队员培训受援地卫生技术人员总数高达25万多人次。

在支农过程中，支农队员就像一个个信使，通过他们的努力，在支援单位与受援单位之间架起了一座交流沟通的桥梁。通过支农队员牵线搭桥，省肿瘤医院与迭部县人民医院、兰大二院与通渭县人民医院、金川公司职工医院与静宁县人民医院等援助双方相继结成了帮扶对子，在设备、技术和人员培养及派驻专家等方面达成或初步达成了帮扶协议，从而将我省卫生支农工作由单一的人员支持、资金支持、设备支持转变为综合支持。

2006年8月10日，省人民医院定点帮扶华池县人民医院揭牌仪式举行，华池县人民医院被省人民医院确定为该院第七所定点协作医院。根据协议，省人民医院将为华池县人民医院在设备、技术、人才培养等方面提供无偿援助；定期或不定期派驻专家坐诊；提供远程会诊；为该院引进设备提供担保。定点协作医院形式的出现，为城乡医院之间的长期帮扶探索出了一条新路，也为城市对口支援农村卫生工作建立长效机制做出了有益的尝试。

一举多赢

对于"万名医师支援农村卫生工程"的成效，省卫生厅厅长侯生华用"多赢"来加以概括。通过这项惠民工程的实施，缓解了农村"看病难、看病贵"问题，政府赢得了民心；群众得到了实惠；医务工作者得到了锻炼；基层医疗机构得到了发展。

据调查，"万名医师支援农村卫生工程"实施以来，支农队员共接诊患者88.8万多人，受援地区群众对支农医疗队员服务技术水平和服务态度满意率达到了92%。

在支农队员走过的地方，经常会听到一些小故事，如：临洮县红旗乡一位姑娘把一双绣花鞋塞到支农队员马玲手中，因为马玲治愈了她母亲长达5年之久的病痛，而全部费用只有23元钱；静宁县一位老人拎着个布包——布包里是一只烧鸡和几个油饼，在静宁县威戎中心卫生院上上下下地寻找支农队员拜福兰，因为拜福兰救了她孙子的命……这是受援地区群众对万名医师支农工程朴素而真诚的评价。

嘉峪关市的无偿献血者

李近远　白育庆

他们是这样一个群体,平时默默无闻,分布在嘉峪关的各个角落,从事着各种各样的工作。一旦听到召唤,就会在危急时间迅速赶到,为素不相识的人,献出自己体内流淌着的鲜血。

他们是这样一个群体,有很多人至今互不相识,即便在大街上相遇,也会陌路而过。他们所救助过的人,同样有很多并不知道自己体内的"救命血",是这个群体中谁无偿奉献给自己的。

他们没有人因此成名,也没有人期盼得利。一个电话,一名危重病人的期待,就会有一次热血和爱心的付出。

在嘉峪关中心血站,我们听到了众多无偿献血者中发生的许多不为人所知,却令人感动的故事。

2000年12月18日,刚刚成立的嘉峪关市中心血站开始接受无偿献血的第一天。过生日的青年王雪杉,在母亲的陪同下来到血站,献了第一次血,作为自己18岁生日的纪念。从那时到现在,他每半年就献一次血,加上急需血液时临时献血,到现在,已经献出了4400毫升的血液。他的母亲亢卫星今年50岁,是名下岗工人,与儿子同天开始献血,同样半年一次,坚持到现在。

任为民、黄飞父子,父亲是下岗工人,儿子正在上大学。父亲每到半年就按时献血,儿子一到假期回家,也不忘实践自己的承诺。俞存录、高金梅夫妇,献血经常是结伴而来,献血量超过了4000毫升。

今年9月22日,新城镇农民张学海得知医院需要血小板,就到血站接受了检测,而后开客车去了酒泉。接到血站通知,他开着大客车返回嘉峪关,献出3个单位(600毫升)的血小板。11月8日晚,酒钢医院一名患者急需血小板。新华路派出所保安员王雪刚接到血站打来的电话后,他二话没说,就接受了检测。接近晚上12时,开始进行血小板采集,结束已是第二天的凌晨2时。当晚有巡夜任务,他没有休息,便又开始了一夜的工作。54岁的王永学是大友公司的工会主席。按相关规定，第二年他将不能继续献血了。已经献了11次血的他，又加入了骨髓捐献者的行列。

血站工作人员不但严把血液质量关，热情服务献血者，还有不少人自己就是无偿献血者。有些人累计献血已超过3000毫升。该市第一例血小板采集者，就是血站工作人员。

一个个危急时刻，无偿献血者就是伤病患者的希望所在。2001年，一名伤者盆骨骨折，腹腔大出血，抢救中需要大量的AB型血。血库中所有的AB型血全部送到，还有至少2000毫升的缺口！血站紧急联系应急献血队伍中的AB血型无偿献血者，10分钟后，第一名献血者赶到了。当夜，21名献血者挽起臂膀，5600毫升鲜血，终于挽救了伤者的生命。

2003年"非典"时期，嘉峪关中心血站的库存血液急剧下降。5月的一天，某医院一名上呼吸道大出血的患者急需AB型血液2400毫升，但血站库存明显不足。酒钢修建部职工李建新，酒钢技校学生柳永胜接到电话，分别无偿献出了400毫升血液。

2004年8月，一次突发事故后，25名烧伤患者被送到医院救治。整个救治过程中，每天需要新鲜冰冻血浆、新鲜全血各1万毫升。市民闻讯后。纷纷加入到献血者的行列。加上外地紧急调运，十几天内，供应临床用血74600毫升，血浆23万毫升，满足了抢救伤员所需。

目前，嘉峪关市已有3万多人建立了血液档案，成立了近1000人的应急献血员队伍。紧急用血时，他们中80%以上能够及时赶到。他们保障了这个城市临床、急救用血100%来自无偿献血，挽救了一个又一个需要鲜血救助的生命。现在，嘉峪关中心血站的无偿献血年采血量已突破1吨。献出自己的热血，挽救他人的生命。虽然至今，无偿献血者这个群体依然默默无闻，他们，却因爱的奉献而光荣。

马达加斯加的中国医生

宜秀萍

马达加斯加地处遥远的印度洋上。在这个总面积不足 60 万平方公里的岛国上，有一群人来了又去，去了又来，至今已有 32 个年头。当地居民不知道他们姓甚名谁，便给了他们一个统一的称谓———"中国医生"。

这些中国医生全部来自甘肃，是甘肃省卫生厅受卫生部指定派出的援外医疗队。自 1975 年 8 月开始，已先后有 16 批、474 人来到马达加斯加服务。他们用精湛的医疗技术树立起中国医生的良好形象。

我们的大夫走了就不愿再来，中国医疗队却来了一批又一批

马达加斯加是联合国贸易与发展会议宣布的最不发达国家之一，卫生条件很差，当地缺医少药。在偏远乡村，一些非洲大陆常见病，如疟疾、登革热、阿米巴痢疾等长期肆虐。

甘肃派出的援外医疗队队员都是省市级医疗机构的骨干，每批 30 人左右，涵盖了内科、外科、骨科、妇产科、麻醉、耳鼻喉科、针灸、化验、药剂等多个专业领域。他们分别在马国 4 个县级医院工作，每两年轮换一批。这 4 家医院分散在马国的中、北、东、南部。

马义奇医疗点，地处马达加斯加中部，距首都 40 公里。医疗队称之为"首都点"，是医疗队总部所在地。桑巴瓦医疗点，地处北方省份迭果省，距首都 1500 多公里。瓦图曼医疗点，地处东部偏远小镇，属塔马塔夫省，距首都 300 多公里。昂布翁贝医疗点，位于马国的最南端，距首都约 1200 公里，是中国在马达加斯加设立的第一个援助医疗点，也是马达加斯加经济最不发达地区。当地生产水平低下，仅有木薯等耐旱农作物，农民食不果腹，常以仙人掌充饥。

医疗队所在的中心医院缺乏基本的医疗设备，全院仅有一瓶氧气，几间病房破破烂烂，30多年从未维修、粉刷过。医院只有两名大夫，一个是院长，一个是在这里坚守了8年的全科医生。医院周围几百公里内没有妇科和外科医生，送来的几乎都是危重病人，经常是深更半夜用小木车推来，不是骨折、烧伤，就是难产、子宫破裂，而医院既没有辅助检查设备，也不具备输血条件，队员们只能靠经验来诊断处理。

在这样的环境下，医疗队员克服重重困难，想方设法创造条件，积极救治当地病人。外科大夫从加强手术室消毒做起，培养护工、护士的无菌观念，并自制了许多引流条和凡士林纱布条，手把手教他们换药，明显降低了术后的感染率。妇产科大夫因陋就简，开展了子宫全切、卵巢肿瘤摘除、膀胱阴道漏修补等多种手术，大大提高了子宫破裂的抢救成活率。

中心医院院长感慨地说："我们的大夫走了就不愿再来，中国医疗队却来了一批又一批。"

自从来到马国，"热奶糕"成了我的新名字

韩晶莹在昂布翁贝医疗点工作，当地没有一个妇科医生，走在街上或乡村小路上，无论大人小孩，大家都亲切地向她问候："撒拉玛！热奶糕。（你好，妇科医生）。"常常是走一路，"热奶糕"喊声伴随一路。韩晶莹在给家人的信中写道："自从来到马国，我的中国名字就仅限于同事叫了，'热奶糕'成了我在马国的新名字。"

有一次来了一位病人，她在当地医院做了妇科手术，术后两个多月病情反而恶化了，腹痛、发烧、伤口流脓。韩晶莹仔细检查后，怀疑病人的腹腔内有异物，于是重新打开伤口，果然发现了一块手掌大小、已发出恶臭的纱布块。纱布取出后，经过精心治疗、严格消毒，患者很快痊愈了。她逢人便说："热奶糕太好了！"

韩晶莹在一篇文章中写道：每当听到"热奶糕"的喊声时，我就忘了一天的疲劳，忘了酷热和苦咸水，深深体会到了作为一名中国医生的自豪。时间长了，我几乎忘记了自己的中国名字。虽然语言不通，但"热奶糕"三个字就足够了。

在瓦图曼医疗点，有一位病人患镰状细胞性贫血，合并高血压、胆结石，曾到塔马塔夫省立医院求治，医院惧怕手术麻醉带来的风险和术后并发症造成

的后果，拒绝救治。患者到瓦图曼寻找中国医生，看着患者企盼的目光，外科医生王世文毅然冒险接诊，成功实施了手术。病人痊愈出院时，紧紧拉着王世文的手，用生硬的中文连连道谢："中国医生，谢谢你！"

中国医生，马国的"白求恩"

2002年，马达加斯加因总统大选而发生了长达7个月的政治动乱。在7个月当中，商店关门，工厂停工，电信、邮政、航空、交通中断，政府部门陷入瘫痪。军队封锁了各交通要道，对过往车辆和行人进行搜查。

"我是中国医生，中国医疗队队长。"时任中国医疗队队长安平每次只需一句话，对方就很礼貌地放行，连汽车都免查。在桑巴瓦地区发生的激烈枪战中，当地医院均停业，医生拒绝出诊，只有中国医生坚守岗位。那段日子，经常有荷枪实弹的士兵抬着伤员送往医疗点，医疗队员都一一全力救治。动乱过后，当地政府、卫生局官员和医院院长联合签名，特意为每位队员颁发了写有"为桑巴瓦人民的健康作出出色贡献"的荣誉证书。30年来，"中国医生"被马国总统授予国家级勋章51人次。

30多年来，这支援马达加斯加医疗队克服了环境生疏、生活艰苦等诸多困难，接诊患者1275万人次，其中接收住院病人20万多人次；抢救急、重、危病人5万多人次；开展手术13万多人次；针灸治疗病人60多万人次。他们不仅诊治了大量的常见病、多发病，而且还治愈了不少疑难病例，成功开展了心脏手术、巨大肿瘤切除等疑难手术。针灸医师充分发挥祖国传统医学特色，对神经系统、运动系统、消化系统、外伤后遗症等多种疾病进行了有效治疗，不少中风偏瘫的患者，经过治疗都恢复了正常。随着病人越来越多，影响也越来越大，不少马国上层人士及华人华侨也纷纷慕名前来就诊。

榆中农民夫妇卖房
拯救白血病儿

孟晓龙

三年前，榆中四中一名叫范紫贵的高中生患上了白血病，可他没有屈服于命运的安排，坚韧、努力地生活着。如今，面临辍学的范紫贵却哭了……

不怕生病却怕耽误上课

范紫贵的家在荒山脚下的"黑洞"里。那是一间极简陋的房子，光秃秃的土墙壁上贴了一些报纸，一张炕、一盏灯、一张桌子就是这个家的全部家当。记者进屋时，范紫贵正趴在炕上认真地看书，丝毫没有觉察到有人到来。

就在范紫贵认真学习的时候，他的父亲范正义却蹲在山脚下，忧伤地眺望着远方。他告诉记者："三年前，紫贵被检查出患有白血病，这个消息犹如晴天霹雳。可是紫贵没有害怕，反而担心得病会耽误上课。就这样，孩子和病魔斗争了三年，随着病情的加重，孩子昏倒在课堂上。"

卖房子拯救孩子生命

范正义说："为了挽救紫贵的生命，我们全家只能祈求奇迹的出现。我们先卖了羊、鸡，最后唯一的老耕牛也被卖了，可变卖牲口的钱根本不够给孩子治病，为了延续孩子的生命，我们把家里能卖的都卖了。现在巨额医药费已经快把我们这个家压垮了！后来，紫贵不配合医生治疗，不吃药，我们心中都明白他是为了省钱。家里已经没有什么可以变卖的了，我只有把房子卖了给孩子凑医疗费。"

"房子就快被卖时，我常常整夜整夜地抽烟，看着父亲住过的房子，看着我结婚的房子，看着儿子们出生的房子，我心中暗暗疼痛。可是我不能放弃儿子年轻的生命，最后我还是坚持把房子卖了。房子卖出去了，新房主却暂时不能入住，需要我先照看房子一段时间，我看着熟悉的台阶，知道眼前的一切都不是自己的了……"

努力生活，不辜负爱我的人

范紫贵告诉记者，"虽然我们全家搬到了这废弃的窑洞中，但是我看见从我仰头喝药的一瞬间，父亲紧锁的眉头稍稍舒展了一些。每天晚上，我和爸爸、妈妈、奶奶睡在一张炕上，说着我病好了以后的事情，想着我们重新搬回新房子，一切烦恼都没有了。我现在只有一个念头，就是好好学习，不辜负爱我的人对我的期望。"

而让范紫贵一直感到内疚和放心不下的就是远在他乡打工的弟弟。"弟弟小我一岁，也很想上学，学习成绩很好。因为我的病弟弟偷偷地退了学去广州打工了。临走时弟弟拉着我的手说：'哥，我去外面打工了，为了能挣钱给你治病，更是为了让你帮我念书，考大学。'"

同学呼唤"小草"早日复学

就在范紫贵全家苦苦挣扎时，他的班主任首先了解到了范紫贵的病情及家庭情况。范紫贵的班主任告诉记者，范紫贵是一名品学兼优的好学生，同学们对他的评价都很高。"他有一个笔名叫小草，寓意是学习小草野火烧不尽，春风吹又生的不屈精神。我们全班同学坚信小草会回到我们身边的。"这是范紫贵同学的心声。

学校范校长得知后，马上倡议学校发起捐款，并明确表示，等范紫贵同学身体康复，重新返回学校后，学校将免除全部学费，让范紫贵同学安心学习。在榆中县一场为这个花季少年，发起的爱心捐助行动正在进行之中……

重疾援助：兰州首开先河

赵 卿

2006年年末，由兰州市委书记陈宝生提议，市长张津梁倡导，副市长张世珍主抓，兰州市重大疾病社会援助制度启动。重大疾病援助是一项新生事物，通过10个多月的运行，全市三县五区239个家庭，在无力承担高额费用的艰难时刻，得到3000元至30000元不等共计120.6万元慈善捐助，受助家庭由衷地感谢慈善部门的捐助，感谢社会的关爱。重疾援助，兰州在全国首开先河，为解决贫困重疾家庭看病难开出"良方"。

实施10个月239人受益

2006年3月9日，《兰州日报》刊登一则《谁帮我走过这个坎》的报道：下岗女工杨昌萍身患重病无钱医治。这一消息，引起甘肃省委常委、市委书记陈宝生的重视。当即作出批示，请兰州市慈善总会协调救助杨昌萍。之后，社会各界人士纷纷献爱心，10万元捐助款将杨昌萍从病魔手中夺回。

这之后，慈善部门、市政府相关部门，依然连续不断收到贫困、重疾家庭的求助。重疾贫困家庭无钱治病，或因病致贫现象，引起社会各界的高度关注。这些家庭生活困难，就连平时的日常生活都很拮据，一旦家人患病，整个家庭将陷入绝境。

"能不能建立一个重大疾病援助制度，让全社会来帮助那些需要救助的贫困重疾家庭？"这种想法一直萦绕在陈宝生脑中。2006年12月26日，兰州市重大疾病援助正式启动。制度从酝酿到实施，历时半年。经陈宝生书记提议，张津梁市长，张世珍、王冰等市领导多次召集相关部门商讨，决定由市慈善总会牵头，成立重大疾病援助领导小组，由副市长张世珍、王冰任组长、市慈善总会会长王恩渭任顾问，下设重大疾病援助办公室，由市财政局、市民政局、市卫生局、市慈善总会四单位专职人员组成领导小组成员。

据兰州市慈善总会重大疾病援助办公室张少军部长介绍，制度实施近10个月，申请求助贫困重疾人数达280多人，目前已有239名患者得到援助，共计发放重疾慈善款120.6万元。

今年3月8日，重疾办对永登县一名10岁心脏病患者进行援助，因患者错过3岁至4岁最佳治疗时期，病症已经威胁到他的生命。孩子的父亲杨国友回忆说："当时，兰大一院主治大夫诊断，孩子如再不进行手术，不仅以后治疗的危险性增大，更可怕的是孩子的生命最多延续一年。"可是面对5万元的治疗费，杨国友几乎放弃了希望，但重大疾病援助在这关键时刻发挥了作用，在重疾办的援助下，他得到3万元救助，医院减免治疗费，孩子手术康复。他说："现在唯一的希望是让孩子好好学习，报答社会的关爱！"

年近六旬的毛得义老人，儿子在车祸中身亡，悲伤的阴影还未消散，噩耗又来，6岁的孙子患白血病生命垂危。可在天津白血病医院治疗过程中，毛老汉因无力支付医疗费被困在租住的民房中。无奈之下，他决定卖掉家中的院落，为孙子治病，困境中得到重疾办援助……重疾家庭遭遇的不幸，在重疾办每天都能遇到几个，负责援助工作的同志们深感责任重大。近日，记者在重疾办办公室看到，四面墙壁挂满了锦旗、牌匾。张部长说，它们背后都寄托着一个个贫困家庭的希望。

调整程序让更多人受助

重疾援助资金，主要来源是福利彩票捐助以及"慈善一日捐"部分资金，也接受社会人士的爱心捐助。说起个人捐助，重疾制度永远不能忘记一个人——沈阳万金集团总裁屈会强。因患肝硬化，屈会强身体出现严重肝腹水现象，可就在病魔即将夺去他的生命之际，2007年3月27日，他靠着止痛药的"保护"，到七里河区崔家崖村五保户崔正林家，送去1000元捐助款和生活用品。事隔两天，屈会强来到重疾办，将500元交到负责人张少军的手中。虽然钱不多，但他叮咛：这些钱要用在急需援助的重病患者身上，让患者体会到政府的关爱和社会的温暖。据张少军部长介绍，这是重大疾病援助制度实施三个月后，收到的第一笔社会捐款。

可谁又会想到，这位热心兰州慈善事业的东北大汉，2007年5月中旬被肝病夺走了生命。他留给世人一颗爱心、一份遗憾。"慈善事业只有凝聚了社会爱心，才能让更多的贫困家庭享受到社会的温暖。"市慈善总会会长王恩渭说，慈善事业不能忘记屈会强这样的爱心人士。

张部长说，对困难家庭重大疾病实施援助，并建立完善的制度，兰州在全国首开先河。市民看病难结症在哪里？慈善部门调查发现，不管是医保，还是合作医疗，都是住院治疗后凭发票报销费用，而贫困重疾患者，多数是因凑不到前期的住院治疗费，望着医院门兴叹，没有办法走进去。重大疾病援助制度，作为农村合作医疗和城市医保的补充，对符合救助条件的患者进行手术前、手术中、手术后援助，接受3000元至30000元不等的救助。

为让更多的重疾患者得到援助，并且提高援助金额，从9月20日起，重疾患办与各县区民政局联合重疾援助，对援助申请程序作出重大调整。此后，重疾办不再直接接受各县区重疾援助申请。重疾患者如请求援助，首先向辖区民政部门提出申请，符合条件者将获3000元至8000元援助；之后，依然无力支付医疗费用者，由民政部门推荐到慈善部门，再次接受3000元至30000元不等的援助。

环卫工病倒之后

张蔚波　汪成保

今年 32 岁的谢保平，是天水市北道区环境卫生管理处的一名环卫工，参加工作十多年来，一直默默无闻、任劳任怨地为他生活的城市"美容"。不料，一场突如其来的病魔却差一点夺去他的生命。

2002 年夏天，天水市正在创建省级卫生城市，同时还在积极筹备全国乡镇企业经济贸易洽谈会和伏羲文化旅游节。为了迎接"节会"，环卫管理处取消了所有的休息日。从此，做为班长的谢保平就和大伙一样，全身心地投入到了工作中去。为把环境卫生工作搞好，让全市"创卫"工作顺利通过省级验收，让全国乡企贸洽会和伏羲文化旅游节顺利召开，谢保平主动要求上夜班，并且一上就是半个多月。

那段时间，谢保平已经感到自己的身体时常不适，但关键时刻不能离开岗位，他没有及时上医院检查。

7月下旬，和他一起上夜班的职工彭国华，发现谢保平越来越瘦，气色也不对，便劝他去医院检查一下。谢保平却说："现在工作离不开，过了这段时间再说。"就又投入到了紧张的工作中。

2002 年 7 月 28 日，全国乡企贸洽会顺利在天水开幕了，来自全国各地和海内外宾客们，除了对当地热情的接待和得力的组织工作表示满意外，对天水优良的环境卫生也大加赞赏。谢保平和伙伴们看到自己的劳动成果得到了肯定，心里无比自豪。

到了 8 月 7 日，谢保平的身体支持不住了，同是环卫工的妻子田小丽发现，他连起床的力气都没有了，她立即向单位寻求帮助。同事们赶来后，将谢保平背着送到了天水市二院，经检查确诊为肺结核，由于病情被拖延，已经发展到全身结核，有的部位开始形成血液结核，病情十分危险，他的体重已由 65 公斤快速下降到了 35 公斤。

得知谢保平病倒住院的消息后,单位领导和职工都来医院看他。面对和自己朝夕相处的同事,如今他们怎么也不敢相信病魔这样无情。谢保平的父母、6岁的女儿和妻子更是难以接受。

考虑到谢保平病情的严重性和当地的医疗条件,单位决定送谢保平到甘肃省肺病专科医院进行治疗。往兰州送的那天,单位的领导和职工全都来了,每个人心中都默默地祝福着,希望自己的好同事早日康复。

来到省肺病专科医院后,谢保平便直接住进了抢救室,这一抢救就是两个多月。

谢保平的母亲说,住院后,光病危通知就给她下了十多次。每接到一次病危通知书,母亲心里就像被刀刺了一样痛。由于儿媳还年轻,怕她承受不了这样的打击,谢母每次边流泪边将病危通知书悄悄地藏起来。全家人在为亲人承受痛苦的同时,还面临着高昂治疗费用的巨大压力,儿子、儿媳都是环卫工,收入不高,也没什么积蓄。

但谢保平工作的单位领导和职工并没有忘记他。为了帮助他治病,单位决定发动职工为他捐款。

这一行动不仅受到主管局北道区城市管理局领导的肯定,而且还得到了城管系统广大干部职工的积极响应。

2002年11月6日,北道区城管系统开展了"为环卫职工谢保平献爱心"的捐款活动,当城管局领导将谢保平的病情向大家说明后,参加会议的100多名干部职工纷纷伸出友爱之手,环卫处主任李振明带头捐款150元,其他人你50他20,就连每月仅领200元工资的临时环卫工也每人捐了10元。

最使人感动的是3名垃圾清运工,为了挽救工友的生命,他们不惜倾囊捐助,其中王明洲捐了500元,安四成300元,张小龙200元,他们是捐款最多的3个人。在当天的捐款活动上,全区城管系统共为谢保平捐款8845元。

随后,环卫处主任李振明和另外2名职工一起,将代表着城管系统职工一片爱心的捐款,送到兰州,交到了谢保平家人手中。

由于谢保平住院时间长,医疗费用大,仅靠这些捐款还远远不够。为此,北道区工会和区团委向全区工会组织和各级团委发出了"爱心献给环卫工"的捐助倡议。随后,天水市工会北道办事处、北道区委党校、北道区团委、北道建设局、北道区城管局、天水市二中、七中、八中、北道区第一职业中学、区道南小学、道北小学及元龙中学等12个单位相继参与了这一活动,共捐款17548.30元,为谢保平得到及时的治疗提供了宝贵的支持。

提起此事，谢保平的母亲总是说："世上还是好人多哪，我儿子多亏遇上了好单位、好领导、好职工和那么多的好心人，才保住了性命啊。"

经过两个多月的抢救后，谢保平终于苏醒了，他的父母和妻子欣喜地抱在一起哭了，前来看望他的同事们也禁不住流下了眼泪。2003年春节过后，谢保平病情好转了，回到家里疗养。最近，已经能下地走路了，体重也恢复到了60公斤。

谢保平说，是单位领导和职工、同事们，是许多的好心人，给了他巨大的支持和关爱，使他获得了第二次生命。谢保平表示，要坚强地战胜疾病，尽快恢复体力，争取早日回到自己的工作岗位上，用加倍的工作，回报所有关心和帮助他战胜疾病的人。

援救小春燕，铜城在行动

李保荣

连日来，在白银市的新闻媒体里，一个以"救助小春燕行动"为题的新闻，再次引起了人们的广泛关注，许许多多心地善良的人纷纷把爱的目光投向一个年仅12岁、被大面积烫伤的农村孩子。

王春燕，1993年出生在景泰县的一个小村。父亲是农民，母亲在村小学做代课教师。

2000年7月19日，小春燕乘坐的农用三轮车不慎翻车，从发动机内流出的滚烫的水将小春燕的全身大面积烫伤。

由于景泰县医院无法救治而不得不转院去省人民医院治疗。到省人民医院救治时，医院给小春燕的家人下达了病危通知书。

就在这时，景泰县电视台记者张海健得知了此事，他连夜写稿、摄像，在景泰电视台做了报道，呼吁社会各界为小春燕伸出援助之手；景泰县妇联也发出捐款倡议。当白银广播电台、白银电视台记者知道此事后，几次驱车赶往景泰县医院看望春燕，并在白银3家媒体相继作了连续报道，白银人民广播电台《红蜻蜓青草地》栏目也向全市的中小学生发起了倡议，开展救助春燕行动。倡议发出短短几天就引起了强烈反响。呼吁发出后，景泰、白银社会各界纷纷伸出援助之手，共计捐款5万多元。

当年，经省人民医院检查，小春燕烫伤面积为60%、三度深伤，伤情十分严重。

经过大夫全力抢救，春燕还是没有脱离危险，可是此刻东拼西凑的8000元钱已经用完了，春燕的父亲四处求亲戚、朋友借钱，并把家里能卖的东西都卖了。

12天后2万多元钱又一次用完了，无奈之下，2000年8月15日春燕只有回到县医院巩固治疗。经过一个多月的治疗，脸部、身上的烫伤基本恢复，肚子上的伤却始终流着脓，于是县医院请来省人民医院专家为春燕做了腹部植皮手术。小春燕的生命总算保住了，但是她的半边脸、半边嘴、半边眉毛、半边头发、一只耳朵和身上大面积的肌肤都被灾难无情地剥夺了。这样的面容，这样的身体，小春燕怎么度过这一生！

爸爸妈妈更是东奔西走想尽办法去借钱为春燕看病，治疗费共计花去13.7万余元，一个家庭因为这突如其来的灾难而债台高筑、愁容不展。

6年过去了，小春燕目前身体情况怎样了？

2006年1月13日清晨，本报记者来到景泰县寺滩乡永川村。走进小春燕家门的时候，已是上午近11时了，小春燕的全家早已等在门口。

看见我们，春燕全家开心而又激动，春燕和妹妹紧紧拉着我们的手领进屋。屋内只有一张桌子、一张床和一个炉子。大家围坐在炉火边，春燕妈妈给大家详细介绍了事情的经过。

春燕是家里的老三，也许是由于自身遭受不幸，春燕善解人意、乐于助人。在她身上看不到自卑和忧郁。她热爱班集体，和同学友好相处，学习成绩始终名列前茅，这次的期末考试，春燕语文、数学全班第一。在春燕家我们还看到，墙上贴满了几个姐妹被评为三好学生、优秀少先队员的奖状。

村委会主任告诉我们，春燕家家境困难，月收入仅200元钱，加上地里连年干旱，根本没有什么收成。不要说高额的手术费，就连日常的生活都很难维持。村里也想帮助春燕一家，但苦于没有能力。

在春燕就读的永川小学，我们采访了苏校长和春燕的班主任以及一些同学。他们在同情春燕不幸遭遇的同时，更称赞春燕各方面的优秀表现。春燕的班主任给我们念了春燕在作文里写给姐姐的一段话："姐姐，家里条件不好，你在兰州上学不要与同学们比吃穿，要比就比学习。"

记者了解到：从2000年7月下旬至2002春天，小春燕历经大小9次植皮手术；时隔4年，2005年8月16日春燕和妈妈再次来到省人民医院检查，春燕的嘴、鼻子需要矫正，下巴牵拉部位需要解开，右耳需要重做，右边头部头发需要移植培养，脸部的瘢痕需要切除，身上的瘢痕需要松解，左手的指头需要矫正。这些项目总计需要医疗费约10多万元，这些钱对于已经负债累累的春燕一家无疑是一个天文数字。

爱，是博大的；爱，是无私的。许许多多的好心人为小春燕的再次治疗倾注了爱心。他们不愿留下姓名、不愿接受采访，他们和小春燕父母的心愿一样，就是尽快让孩子摆脱病魔的困扰，成为一个健康、正常的孩子。据了解，白银市慈善协会已专门设立了爱心账户，为小春燕的再次治疗筹集资金，救助小春燕行动受到了社会各界的广泛支持和参与。

周欣：8年无偿献血9000毫升

王菊梅 许正泰

2004年10月21日，对于无偿献血者周欣来说，是一个终身难忘的日子。这一天，在北京人民大会堂，他作为甘肃省唯一的无偿献血奉献奖"金奖"获得者，与来自全国22个省市的1053名金奖代表，共同参加了由中华人民共和国卫生部、中国红十字总会、中国人民解放军总后勤部卫生部联合举办的2001-2003年度全国无偿献血表彰大会。全国人大常委会副委员长彭佩云为获奖者颁奖，周欣就是其中的一员。

10月24日，周欣载誉返回金昌，当我们向他表示祝贺时，他却淡淡地说："和广东、山东等献血先进省市相比，我们做的还不够。"作为一名在血站工作了16年的输血工作者，笔者目睹了周欣无偿献血从"零"到9000毫升的8年献血历程，关于他献血的感人故事，此时也从记忆深处不断涌出……

镍都无偿献血第一人

1967年出生的周欣，是一位普普通通的年轻人。他选择献血这一形式，作为无偿奉献、救助生灵的起点，而这种奉献雏形缘于他在北京师范大学上学时的一次义务献血活动。正是通过那次献血的真实体验，使他明白了"献血无损健康"的科学道理。

1996年5月10日，参加工作后的周欣，在纪念"世界红十字日"的宣传活动中，第一次在他工作的城市——镍都金昌献血，同时成为该市无偿献血的第一人。

作为一名多次献血的年轻人，周欣总是站在现场采血的第一位，他说这样做是为了给那些初次献血的人壮胆,以消除他们的紧张心理。他就是这样一次次地伸出胳膊,一次次地完成着自己的心愿,完成着自己对社会的回报。

捐献热血为和平

1999年5月8日,我国驻南联盟大使馆不幸被炸,听到这个消息,周欣非常愤慨,他在怀念我国遇难烈士的同时,以国际主义的正义和真情,想尽自己的绵薄之力,帮助南斯拉夫正在遭受战争灾难的人们。

他首先到市中心血站了解血液捐献程序后,毫不犹豫地把自己一本储有1000毫升血液的无偿献血证,通过南斯拉夫驻北京大使馆无偿捐献给了南斯拉夫人民,以表示自己的一点微薄心意。不久,他收到了该使馆斯洛博丹大使的亲笔回信和感谢信,信中高度赞扬他为和平事业所奉献的爱心和热情,以及为中南两国人民的友谊所作的贡献。

获得全省献血之冠

在金昌中心血站办公室的玻璃板下,醒目地书写着周欣家和单位的电话号码,这是他特意留的。纸上写着:"我是O型血,如果情况紧急,请随时拨打电话和我联系,我会以最快的速度赶来的。"周欣是这样说的,也是这样做的。他没有惊人的壮举,有的只是每隔4个月(献血间隔时间)涓涓流淌的那份爱心。

把自己健康的爱,以血液献给了那些需要健康的病人。

1998年5月,周欣荣获中国红十字会总会颁发的"无偿献血银质奖章"。

2000年5月,已累计献血3400毫升的周欣,在那一年的世界红十字日,受到了金昌市红十字会和金昌市献血办的联合表彰。同年6月,他获得了甘肃省无偿献血金质奖章,成为甘肃省无偿献血量最多的人。

多年来,周欣的献血行为,一直是在"秘密"中进行。他瞒着家人,也谢绝媒体的采访报道,因为怕妻子担心他的身体。他的妻子在金昌市毛纺厂工作,收入不高,而他的工作,2004年秋天刚刚转正。尽管如此,他仍是家里的"顶梁柱",妻子和女儿生怕他献血会影响健康,所以常常"要挟"他,不让他献血。实际上那12个献血证,根本瞒不住妻子,妻子只有在埋怨中一如既往地支持他。而他也总是拍着自己的胸膛骄傲地说:"我已经10多年没上过医院了,你瞧！适量献血——身体还是一样棒。"

执著唤起共鸣

  对每一个健康的人来说，献一次血并不难，难的是像周欣那样坚持无偿献血；难的是8年来每隔4个月准时到血站献血。许多人知道"适量献血无损健康"的科学常识，也知道"献血一袋，救人一命"的善举，但真正能把这种善举、这份爱心融入到自己的实际行动中，并持之以恒的却不多，尤其是在献血事业并不发达的西部地区。

  8年来，周欣累计献出的血液几乎是一个标准成年人全身血液总量的2倍，他的执著唤起了人们献血的共鸣。

  有人把周欣喻为金昌无偿献血百花园里的一朵红花。如今，在他的带动下，愈来愈多的人们加入到了无偿献血的行列中。

爱河在雄关下汇聚

白育庆

"郭竞回来啦！师老师也回来啦！"这几天，在嘉峪关市逸夫学校，这消息成了牵挂郭竞的师生们最高兴的喜讯。

因为他们觉得，郭竞回来了，就是他的腿病好了。

今年9岁的郭竞是嘉峪关市逸夫小学三年级（2）班的学生，母亲师钰儒是逸夫学校的教师，父亲郭建明是嘉峪关市胜利路小学的教师。

2003年1月13日，小郭竞发现自己的右腿膝盖处忽然变粗了。在当地医院检查后被诊断为恶性骨肉瘤。大夫建议他们赶快去北京治疗。于是，郭建明夫妇带着家中仅有的两万多元钱，领着儿子到北京求诊治疗。

16日，小郭竞住进了在北京的解放军307医院肿瘤研究中心。各项检查、专家会诊再一次确诊了郭竞患的是骨癌。癌细胞扩散，病情迅速加剧，前两天还活蹦乱跳的郭竞，住院后仅过了两天，右脚已不能着地了。医院大夫很快拟定了治疗方案，决定先给郭竞进行6个疗程的化疗。根据治疗方案，整个治疗费初步估算需要20多万元。

2月底，新学期开始了，师钰儒陪儿子在北京治疗，郭建明回到了学校。嘉峪关市教育局得知郭建明孩子的遭遇后，局工会向全市教育系统教职员工发起倡议，号召为小郭竞捐款治病。广大师生纷纷解囊，踊跃捐款。

涓涓细流汇聚成爱河。不到一个星期，嘉峪关市教育系统600多名教职员工、1000多名学生为郭竞捐款总计7.1万多元。

在胜利路小学，老教师曹惠芬身患Ⅱ性糖尿病，她自己每个月仅医药费开支就五六百元，日子过得并不宽裕。当她听说小郭竞的情况后，拿出了1500元。"这也就是孩子一天的医药费。"她关心的是小郭竞的病。

邢晓敏老师1200元，刘国秀老师1100元，王泽兵老师1000元……"这个孩子是我们看着长大的，可聪明惹人喜爱了。过去我还常常抱他。"王泽兵老师言及此,流露出无限的爱怜。一笔笔捐款,一份份关爱。学校看大门的临时工叶庆贤老人今年已64岁了,老两口吃住都在门房,每个月只有500元的工资。他们平时省吃俭用,买菜捡最便宜的,可听说这事儿,也捐出了50元。

全校46名教职工累计捐款14550元。

同学们有的拿出了自己的零花钱,有的向父母要钱交到学校。

有的同学怕小郭竞想家,买了录音机、磁带,交到了郭建明手中,并一遍一遍地嘱咐:"郭老师,你一定要把这些带给郭竞,让他在医院里听。"在小郭竞就读的逸夫学校,小郭竞的病同样牵动着每一位师生的心。刘建平是较早知道小郭竞生病的,就在郭建明夫妇带孩子上北京的时候,她赶着去送行,"拿着,看病需要钱的地方很多。"在真挚的关心和安慰中,她把1000元钱塞在了师钰儒手中。学校组织捐款后,老师们积极行动了起来。闫艳500元,徐海燕300元,李文德300元……

全校40名教职工捐了8000元。

在小郭竞所在的三(2)班,这个学期开学后,同学们发现小郭竞没有来,才知道他病了。捐款时,有的同学拿出了压岁钱,有一位同学的家长还专程到学校送来了200元。

吴俊用一个装了袜子的塑料袋拿来了厚厚一沓钱,全是5角、2角和1角的零钱,这是他存了好几年的零花钱,共计50元5角。这个班36名同学共捐了2601元。

小郭竞远在北京治病,可同学们还是给他留着座位,盼望着他早日回来。每天早上,同学们总是擦干净郭竞的桌子,尽管空着。课间活动,同学们总是不由自主地想到郭竞。

"干脆咱们为郭竞折千纸鹤吧!""对,今年是2003年,就折2003只。"有人提议,有人响应。

同学们买来彩色纸,一有空便忙起来了。有的裁纸,有的折,把他们的祝福和企盼都折了进去。足足用了两个多星期,终于折够了2003只千纸鹤。同学们准备着在郭竞回来时送给他。

嘉峪关市第一中学、嘉峪关乡中心小学、文殊乡文殊小学等10多个学校的教职工们,都向小郭竞伸出了友爱的援助之手。

小郭竞的不幸同样也引起了嘉峪关社会各方面的关注。一位不愿留下姓名的人来到最先刊登消息的嘉峪关日报社,放下了50元钱,转身就走了。一位嘉峪关市房管局的职工辗转送来了200元。

驻嘉峪关某炮团一营的官兵们也捐了4000元。

郭建明在一封公开的感谢信中这样写道："这些帮助我们的好心人，有的熟悉相知，有的相识共事，有的却是素未谋面、素不相识，而他们所给予我们的都是一片炽热的爱心，让我们一家人深切感受到社会这个大家庭的温暖。"

 **主编点评**：

"救死扶伤，实行革命的人道主义"，一般指的是医生。但这里所说的救死扶伤，其实主角大多不是医生。这里的主角主要是那些为了救助病患者，给患者提供无私帮助和爱心的社会热心人士，虽然这里也有不少是医生。

有人为危难中的患者如白血病儿童募捐，虽然他们素昧平生；有人多次义务献血，让自己滚滚的热血，挽救危难中的患者生命；有人捐献骨髓，让白血病患者挣脱死神的魔爪；有人出钱出力，为贫困地区的白内障患者进行手术，使他们重见光明，而有些人，则从大都市来到乡下，只是为了让自己的医术在山乡治病救人。

健全的社会需要健全的社会保障，而医疗保障就是健全的社会保障的重要方面。但即使有健全的社会保障，因为贫困或其他的原因而使患者得不到及时救治的悲剧也是难免。所以，来自民间的慈善救助什么时候都不多余，尤其是目前社会保障还不到位的时候。慈善救助作为社保的补充，意义正在这里。

扶弱助残

林語堂著

为了贫困母亲的微笑

张 倩 胡 兰

省妇联启动的"救助单亲特困母亲行动",使一个个贫困母亲住有所居、病有所医,感受到无限温暖,露出了幸福的笑容。

省委书记、省人大常委会主任陆浩说:"省妇联坚持围绕中心,服务大局,较好发挥了联系广大妇女的桥梁和纽带作用,特别是努力为妇女办实事办好事,在救助单亲特困母亲方面引起了社会的广泛关注,工作卓有成效。"

据了解,全省农村现有单亲母亲家庭10万余户,其中4万余户生活特别困难。这些单亲特困母亲是我省贫困人口中的特殊群体,她们大多上有老下有小,有40%的家庭子女上学非常困难,有一半以上的单亲母亲或家人身患疾病,有30%的家庭无房或居住在危房中,十分需要全社会的关心和帮助。

家在榆中县金崖镇瓦子岘村的哈俊英,长年住在两孔破窑里,家庭年收入仅为1200元,是村里的特困户。1992年,哈俊英的丈夫去世,留下她和两个尚未成年的孩子及两个残疾弟弟,建一栋属于自己房子的梦随之破灭。

今年46岁的贫困单亲母亲田金梅,生活在泾川县窑店镇丰禾岭村。丈夫5年前去世,田金梅带着一儿一女过日子,家中主要收入源于在外打工的儿子。田金梅虽搬过两次家,但只是从一孔破窑搬到了另一孔破窑里。田金梅身体很差,一直靠做鞋、卖鞋挣钱补贴家用,日子过得十分艰难。

仲长寿花是临夏县榆林乡联合村一位普通的妇女,今年已经78岁。因不堪贫困重负,儿媳妇离家出走。多年来,她一直与智障的儿子和两个孙子一起生活。家中4间房屋破烂不堪,围墙倒塌,没有任何经济来源,属于典型特困户。在附近的村子里,还有和她境况相同的几位母亲,无助地面对着破烂不堪、围墙倒塌的院落……

"母亲不应属于贫困",母亲应该得到全社会的关注与关心。

改善贫困妇女生存状况是全社会的共同责任。

为此，2007年5月，省妇联开展了一项充满温馨、带着暖意的工程——"救助单亲特困母亲行动"。

省妇联主席崔玉琴说，开展"单亲特困母亲救助行动"，旨在搭建一条帮助特困母亲的绿色通道，为政府分忧解愁，为广大妇女办实事，办好事，倡扬扶贫济困，共同发展，尊重妇女，关爱母亲的良好社会风尚，促进社会主义和谐社会建设。

这次救助行动的目标，主要是针对人均年收入不足650元的单亲特困母亲家庭，在住房、子女上学、疾病、饮水四个方面进行援助。包括对住房困难的单亲特困母亲家庭援建不少于70平方米的住房；对每个单亲特困母亲家庭援助2100元，帮助一个孩子完成高中或中专3年的学业，对有大学生的单亲特困母亲家庭提供3000元的救助；对单亲特困母亲家庭中患有重大疾病的家庭成员捐助2000元至3000元；对吃水困难的单亲特困母亲家庭捐助1000元，帮助修建一眼水窖。

救助行动刚一启动，就得到了社会各界的积极响应和广泛参与：招商银行甘肃分行拿出300万元作为救助甘肃特困母亲行动基金，金川集团公司捐资50万元，中石化兰州分公司、兰州军区、省军区、武警甘肃总队、酒钢集团公司、兰州铁路局等单位踊跃参与，全省各级妇联组织积极奔走，360多万元的募捐款，带着真情和爱心，源源不断地打入甘肃妇女儿童发展基金会的账户，又陆陆续续拨进受助家庭。

仅仅一个月的时间，一个个家庭发生了变化。2007年7月，皋兰县黑石川乡白崖村村民火照秀新居竣工，一直沉寂的农家小院鞭炮声声，祝福声声，火照秀激动地流下了热泪。临夏县刁祁乡82岁的姜文尼领着两个孙子度日，住着危房却无力再建新房。"救助单亲特困母亲行动"帮助她建起砖混结构的6间新房。姜文尼激动地说："我做梦都没想到能住进这么漂亮的房子！"嘉峪关市文殊镇河口村闫凤珠早年丈夫病逝，家中只有她和患小儿麻痹的儿子，生活十分困难。如今守着二室一厅一厨一卫的新房，闫凤珠高兴得"没法说了"。

截至目前，"救助单亲特困母亲行动"已修建母亲安居房77户，配套水窖4眼；救助单亲特困母亲子女完成学业1328人；开展单亲特困母亲重大疾病救助232人。

为了保证"救助单亲特困母亲行动"有序有效开展，省妇联在积极募集资金的同时，2007年6月，将第一批募集到的资金下拨到兰州市、临夏州的试点县，进行了第一批为单亲特困母亲援建安居房的行动。

随着首批"母亲安居房"的顺利竣工，2007年7月，省妇联在兰州市和临夏州分别召开了由全省14个市州妇联主席参加的"援助单亲特困母亲安居房现场观摩会"，以推广经验。之后，"救助单亲特困母亲行动"在全省全面展开。

临夏州有单亲特困母亲6154人，因病、伤残、丧失劳动能力的母亲9109人，无房户380人。在救助行动中，省、州、县三级妇联的负责人深入到农户家，实地看点，确定救助对象，设计修建图纸，组织发动各族群众，加班加点，亲帮亲、邻帮邻，仅用一个月时间就高质量完成了修建任务，使6户单亲特困母亲如期搬进了崭新的安居房。在"母亲安居房"实施地临夏县，救助行动得到地方党委、政府的大力支持，县委、县政府专门成立项目领导小组，在省妇联为每户投资2万元修建两室一厅一厕一厨的基础上，为每户配套1.355万元，用于修建沼气池、圈舍改造、围墙、大门，并扶持5只品种羊。在此基础上，临夏州妇联通过深入调查摸底，了解到全州有6万多疾病中的贫困母亲急需解决看病难、看病贵问题。为此，州妇联发出倡议，广泛募集资金，目前已投入资金42.2万元，扶助1.42万名疾病中的贫困母亲参加了新型农村合作医疗。

各级妇联组织以救助单亲特困母亲为主，结合实际，开展了形式多样的救助活动。张掖市妇联围绕以人为本、关注民生这一主线，开展"感恩母亲·回报母亲"救助单亲特困母亲行动。全市各级妇联组织深入基层，以社区(村)为单位，对单亲特困母亲的贫困原因、住房状况、患重大疾病、子女完成学业、吃水困难等情况调查摸底，特别是对无房和危房的单亲母亲进行走访了解，实地查看，建档立案，做到了底子清、情况明。投资20多万元，援建母亲安居房4户，均按省妇联安居房标准完工入住。张掖市甘州区新墩镇双塔村的单亲母亲朱花花被确定为援建对象后，市、区妇联积极协调配套资金1.9万元，为其购置了家具、电视机，同时，配套修建了沼气池。

武威市各级妇联组织建立了"救助单亲特困母亲行动"领导机构和工作机构，并提出了"444"工作思路：即：重点推进四救助活动的实施(救助单亲无住房贫困母亲、救助无钱建棚的贫困母亲、救助患重大疾病的贫困母亲、救助无力供子女完成学业的贫困母亲)，取得良好成效。甘南州妇联加强宣传，通过新闻媒体对身患重大疾病、居住危房的单亲特困母亲的生活状况、居住情况进行了详细报道，引起了全社会的关注。积极开展募捐活动，通过实施救助项目，切实解决了单亲特困母亲急、难、盼的问题。金昌市妇联确定141户农村特困妇女为结对帮扶对象，组织了"城乡姐妹手拉手扶贫结对献爱心"结对救助活动。各级妇联组织发动单位党员、妇女干部群众为包括 30 户单亲母亲家庭在内的 141 户贫困家庭捐助现金、化肥、水泥、文具、劳动工具等。兰州市、天水市、酒泉市、陇南市等各级妇联组织积极行动，拓展工作思路，形成了关注、关爱贫困单亲母亲的良好氛围……

涓涓细流汇成了巨大的力量，正在为贫困单亲母亲撑起一片新的天地。

"明天计划"：给孤残孩子一个闪亮的明天

朱 婕

汇水成海、垒石成山，无数爱心汇集成的福彩公益金，造福着陇原社会福利事业，为困难群体构筑起爱的长城。从2004年5月至2007年5月，针对孤残儿童实施的"明天计划"是我国历史上第一次针对残疾孤儿实施全覆盖的手术矫治行动。在中国福利彩票募集到的公益金的全力支持下，3年间全国近3万名孤残儿童顺利实施相关矫治手术，其中，我省孤残儿童手术人数就占到总数的近1/10，在"明天计划"的阳光雨露下，他们获得新生，健康地迎接未来，曾充满痛苦的他们在社会关爱下绽开了幸福的笑颜。

明天是一种希望，明天是一种期盼，明天是孩子眼中的幸福，一张张小小的彩票，寄托了全社会无数的爱心，为那些需要帮助的孤残儿童托起明天，托起未来，托起生命的一片天。

六亿元救治近三万名孤残儿童

为了救助残疾孤儿，改变他们的命运，从2004年5月起，由民政部发起，各地政府开展了一项大规模社会福利活动——"残疾孤儿手术康复明天计划"（简称"明天计划"）。此项活动的内容是在城乡各类社会福利机构中寻找0岁至18岁、具有手术适应症的残疾孤儿，为其进行手术矫治和康复治疗。3年间，民政部每年从发行中国福利彩票募集的彩票公益金中拿出1亿元，各省、市、自治区每年从省级留用彩票公益金、地方财政和社会捐赠中筹集1亿元，总共筹措6亿元，为近3万名残疾孤儿有效实施手术矫治和康复。2004年5月，"明天计划"在我省正式启动，在民政部和省委、省政府的关心支持下，经过各级民政部门的努力和社会各界的参与配合，截至 2007 年 3 月底，经省"明天计划"办公室初审，专家审核组复审后，批准手术人数 2195 人，其中包括五官科 342 人、先心病 1154 人、外科 684 人、矫形康复 15 人。据初步统计，目前已完成手术人数 2003 人，其中包括五官科 312 人、先心病 1053 人、外科 625 人、矫形康复 13 人，手术成功率达到了 99%。

让折翅雄鹰重新翱翔

"紧抓小板凳，后背要挺直……"伴着整齐的节奏，一阵阵稚嫩的童声，在兰州市儿童福利院康复中心荡漾。"六一"儿童节前夕，记者在这里采访时看到，一个个已接受完"明天计划"手术的孤残儿童正在医护人员的指导下进行术后康复训练。他们中有的曾患唇腭裂，有的曾患先天性心脏病，有的曾是脑瘫患儿，有的曾患尿道下裂，但在"明天计划"手术后的康复训练中，他们那黑葡萄似的眼睛里都焕发着生命的光彩，充满着对未来命运的期盼。

几个月前，见到小向阳，当时的感觉是怜惜和难过，这是个还不到 2 岁的男婴，有一双圆圆的黑黑的大眼睛，因患先天性心脏病和先天性锁肛，出生仅几天脐带还未掉，他便被家人遗弃街头。

"希望这个孩子能在阳光下茁壮成长，所以我们给他起名叫向阳。"据兰州市儿童福利院的工作人员讲，初来院的向阳身体状况很差，严重的营养不良、贫血，"除了严重的心脏病外，孩子最痛苦的是不能正常排便。"

为了抚育向阳，儿童福利院的阿姨们付出了很多的心血，每天不停地换尿布、喂牛奶、洗澡，胜似妈妈。经过一年时间的精心照料，向阳的身体状况逐渐好转，由于有"明天计划"资金的支持，福利院把向阳送到北京做了手术。"手术做完后，医生说很成功，但由于向阳还小，不懂得配合，麻醉剂失效后，就会大哭，为了不让刚做好手术的创口撕裂，我们阿姨两个人一个班不分昼夜轮流抱着他……其实福利院里每个孩子做手术时，我们都是这样过来的。"负责照顾他的阿姨边说边爱怜地抱起向阳，"你看，现在术后恢复得不错，多可爱啊。"

"向阳恢复得特别好，医生们都说是因为我们看护得好。"阿姨们自豪地说

帮助幼苗快乐成长

爬着长大的孤儿小雷，终于能伸直双腿，像正常孩子一样活动了；当初因

唇腭裂而不愿见人的小萍，现在能够开心地笑了……残疾孤儿手术康复的"明天计划"，使这些孩子有机会完成了手术矫治和康复，从而改变了他们一生的命运。

在小雷的记忆里，自己的身世永远是个谜，5年前的一天凌晨，还没满月的他被遗弃在了兰州市儿童福利院门外，从此，小雷成了福利院里的一名孤儿。在福利院阿姨叔叔的照料下，小雷慢慢长大了，但因为脑瘫导致下肢痉挛，两条腿总是交叉在一起，他的腿没有办法像正常孩子一样直立。于是，福利院就有了一个满地爬行的小男孩。经过"明天计划"的手术治疗，如今的小雷可以慢慢走路了，尽管还有些摇晃，他却很开心。

微笑对普通人来说是再正常不过的事了，可对于5个月前的小萍而言还是一件想都不敢想的事。她患有重度先天性唇腭裂，她不愿出门，不愿与人交流，随着年龄的增长，她的自卑感也越来越重。"明天计划"实施后，兰州市儿童福利院上报了小萍的病情。很快，小萍被安排住进医院，并成功接受了矫形手术。"真不敢相信镜子里那个秀气的小姑娘就是我！"术后第一次照镜子，小萍高兴极了。漂亮了，小萍的自卑感也没了。

在采访时，兰州市儿童福利院的满家位院长告诉记者，3年中，院里共有84个孩子列入了"明天计划"，经医院确诊，72人具备手术适应能力，包括10个脑瘫患儿和62个疑难病症患儿，均及时进行了手术。目前，院里每个孩子每月的生活费是250元，另外，还有部分医疗补贴。但这些钱，只能解决孩子们吃穿等一些日常开支和平时治疗小感冒的费用，要想做花费几万元甚至十几万元的大手术，如果没有福彩公益金支持的"明天计划"的帮助，那是根本不可能办到的。

为"明天计划"搞好服务

我省自然条件差，经济发展相对滞后，贫困面大。全省87个县(市、区)中，列入国家和省上需要扶持才能正常运转的贫困县占县(区)总数的58.62%。全省儿童福利院和社会福利机构中设儿童部的仅有13所，大部分县(市、区)接收的被遗弃的孤儿，都是被寄养在当地乡镇敬老院和其他收养性福利单位及村(居)民家中。据不完全统计，全省寄养在各种福利机构和散居寄养在居民家中的孤儿有1.17万人，其中近1/2有各种疾病，有的甚至有几种病症，多年来，这些孩子绝大多数因经济条件差所患疾病不能得到医治，民政部"明天计划"的实施，无疑给他们的身心健康带来了福音。

"'明天计划'进行到手术阶段以后,出现了很多不好解决的问题",省民政厅"明天计划"办公室的有关负责人告诉记者,按卫生部门和医院有关规定,对患儿进行手术时,术前要经过体格检查、交纳押金和监护人签字等程序,有的医院医疗任务重、医疗设备较差、床位不足影响患儿住院治疗,还有全省散居孤残儿童相当一部分手术对象生活在边远地区,而且是在校小学生,不能及时按要求的时间进行手术矫治等。"对此,我们积极主动到卫生部门和定点医院反复商讨办法,尽最大努力为'明天计划'工作争取工作上的便利条件,较好地解决了对患儿施行手术面临的困难和无定点医院市、州中'明天计划'工作中遇到的难题。大多数定点医院在院领导的协调组织下,采取一定措施,制定了优惠政策,全力为'明天计划'工作搞好服务。"

"他们缺少的爱,我们要竭尽所能来补偿。"为了这些特殊的孩子,兰州市第一人民医院成立了"明天计划"领导小组,专门设立了手术组、术后监护组、心脏介入诊断及治疗组、设备保障组、后勤保障组,按照用"最好的医生"、"最好的设备"、"最好的护理"的总要求,组织了一批最精干、最优秀的医护人员,准备了最优良的医疗设备来完成"明天计划"工作任务。兰州大学第二医院实行无押金入院、手术最低限价、出院后一次结算、力争节约资金等优惠政策,为"明天计划"工作的顺利进行开通"绿色通道",赢得了民政部门的好评和孤残儿童监护人的认同和赞许。据初步统计,从2004年下半年至2007年3月底,我省经筛查、报批、专家组审定等各个环节的残疾孤儿近4000人次,3个年度完成的手术人数分别为117例、552例和1334例。

做回访帮助术后孩子恢复健康

和小雷、小萍、向阳一样,近三年来,"明天计划"已使我省2000多名孤残儿童从中受益,这些孤残儿童术后身体恢复怎么样,手术效果如何,成为各级"明天计划"办公室关心的大事。

记者从省民政厅了解到,为了有效实现"明天计划"的实施目标,使术后孤残儿童能够得到良好的康复,保证他们健康成长,省"明天计划"办公室在各地不同程度检查回访的基础上,根据民政部关于对手术后患儿康复效果按一定比例进行抽查的要求,于2007年1月,专门组织甘肃省人民医院的医护人员,分别到张掖、武威两市的4县1区,对87名术后患儿及手术风险大、费用高、护理难的先心病患儿手术效果、康复情况进行了跟踪回访。这次抽查选定在农闲、学生假期进行,极大地方便了更多的患儿参加复查,抽查比例达到预期人数的85%。

检查表明,术后患儿康复良好,特别是先天性心脏病患儿,手术效果令人满意,达到了"明天计划"的预期目的。同时,省"明天计划"办公室工作人员和医护人员每到一地,还向社会福利机构护理人员和患儿监护人进行康复护理指导,为术后孤残儿童的有效康复和健康成长提供技术支持。这次抽查组织严密,影响广泛,赢得了福利机构和患儿监护人的一致好评。

公益金为孤残儿童撑起明天

爱心送遍陇原大地,福彩彩民用一双双购买福利彩票的手,又为2000多名孤残儿童打造了一个美好的未来。

当记者采访民政部门以及儿童福利院的有关负责人时,他们都不约而同地表示,这么多孩子受益"明天计划",最主要是感谢福利彩票,感谢广大彩民,感谢投注站的工作人员,是他们辛勤的努力才有这些孤残儿童的美好明天。

"没有福利彩票筹集到的公益金,就没有'明天计划'的实施,"省"明天计划"办公室的有关负责人这样对记者说,"当看到2000多名残疾儿童脸上绽放出幸福笑容的时候,我们更加能体会到福利彩票公益金在'扶老、助残、救孤、济困'中发挥的巨大社会效益。关注孤残儿童就是关注社会、关注发展,这也是我们坚持以人为本的科学发展观,构建和谐社会的最具体的条件。福利彩票作为公益事业筹集资金的重要载体,在我省之所以叫得响、销得好,与彩民的积极参与和爱心奉献是分不开的。正是广大彩民的切切爱心铸就壮大了福彩事业,为社会救助提供了资金保障。希望每一个人都能关爱孤残儿童,用大家真诚的爱心去击退病痛的包围,让全社会的孤残儿童都能扬起生命的风帆,去撑起希望的明天。"

中国石化集团与"春蕾女童"

孟 乐 张丽峰

　　播洒爱心，收获希望。仅仅3年，受到中国石化资助的春蕾女童已遍布四川、甘肃、贵州和湖南4省的24个县，累计达2.4万名。她们像春寒料峭中的蓓蕾一样，在中国石化爱心的浇灌下娇艳绽放。

　　这件事要追溯到2003年底，中国石化集团公司决定帮助贫困地区失学的孩子，特别是女童重返校园。石化集团公司关心下一代工作委员会受命负责此项工作，他们与中国儿童少年基金会、中国关心下一代工作委员会的同志进行了多次磋商，并在调研分析的基础上很快取得了一致意见：将首批受资助的地区选择在国家级贫困县比较集中的四川、贵州和甘肃的23个县，帮助当地的1.7万名农村失、辍学女童重返校园。

　　这个项目实施时间从2004年9月到2007年7月，为期3年。

　　同时，商定此事委托中国儿基会主办、中国关心下一代委员会协办，中国石化集团公司关工委具体负责这项工作。

　　在采访中，中国儿童少年基金会春蕾办公室主任任纪建几次落泪，中国关心下一代工作委员会同志的几番讲述，受助地区妇联同志的几番感慨，都让记者为之深深感动，脑海中浮现出一幕幕动人的场景。

　　2005年8月，闵振环同志在兰州参加全国部分城市关心下一代工作研讨会后，与甘肃省关工委、省妇联的同志一起到甘肃天水市和秦安县，实地考察中国石化春蕾女童项目的落实情况，并看望了受助的春蕾女童。

　　其中一名叫李芳斌的女童，是甘肃省秦安县郭嘉镇中心小学的学生。今年10岁，家里4口人，爸爸、妈妈、姐姐和她。爸爸前几年外出打工时断了手指，现在身体不好，在家干农活；妈妈身体也不好。家里供姐妹俩上学十分艰难，姐姐上学时家中就负了不少债。

　　李芳斌正面临辍学时，中国石化资助了她。李芳斌上学后非常刻苦，期末统考语文考了 87 分，数学得了 96 分。

李芳斌见到中国石化的叔叔阿姨们，高兴地和他们拉着手，表示一定要好好学习，长大了也要帮助贫困家庭的孩子上学。李芳斌的父亲是个非常老实的农民，见到中国石化的领导来看望他们，嘴里不停地讲"谢谢你们，谢谢中国石化！"临走时，他拿出几个苹果，选了其中最大的一个要来访的同志带回北京去。

他说："我家穷，没什么好东西，听说你们要来，我想了很久。昨天从我家的苹果树上摘了几个大的苹果，这是个最大的，请您带回去，送给中国石化的领导同志，这是我的一点心意。"他的话讲得那么平静、那么纯朴，又那么深情，深深地感动了在场的人们。

2005 年初，吴协刚同志曾到甘肃榆中县和清水县实地了解春蕾项目的落实情况。

这次清水的老百姓听说闵振环主任到了秦安，因时间紧无法到清水了，那里的 200 名受助女童的母亲商量后，连夜赶做了 200 双鞋垫，还绣上了花纹，第二天一大早派代表将鞋垫送到天水，连同一面"春蕾献爱心、女童返校园"的锦旗一起交给闵振环主任，要他将鞋垫带回北京分送给中国石化、儿基会和中国关工委的同志们，锦旗送给中国石化。他们还给顾秀莲写了一封信，附上四双鞋垫，并嘱托闵主任交给她。

顾秀莲收到这份特殊的礼物后，随即写了一封回信，请甘肃省妇联、省关工委的同志交给清水县 200 名春蕾女童的母亲们。

她在信中说："我很珍爱这份礼物，鞋垫虽小，情意深厚，这表达了你们 200 名母亲的一片真情。你们这种纯朴的感情使我十分感动，谢谢你们！女童是贫困地区辍学、失学青少年中最弱势的一个群体，帮助她们解决就学问题，不仅对她们的一生，而且对改善农村妇女地位都将起到重要作用。让我们共同努力，继续把春蕾计划实施好，也希望我们所有的母亲把孩子哺育好、呵护好，为他们健康成长献出爱心，作出贡献。"

顾秀莲同志对中国石化春蕾计划的实施情况一直非常关心，先后作过多次批示，要求大家共同把这项工作搞好。

去年 8 月，顾秀莲到甘肃省考察工作期间，还特意与随同考察的莫文秀、闵振环以及省委、省政府、省人大、省关工委、省妇联的同志一起到甘肃清水县会见了受到中国石化资助的部分春蕾女童及家长。顾秀莲对陪同考察的同志们说：看到这些孩子的成长，我特别高兴。中国石化做了一件大好事，而且做得这样认真细致，我十分感谢。这些孩子在你们共同的帮助下，将会从根本上改变她们的命运，一定能培养成祖国的有用之才！

去年，国家对贫困地区的青少年接受义务教育阶段实行了"两免一补"政策，即免学杂费、书费，补助住校生部分生活费。"两免"经费由国家和各省共同支付，"一补"则由各县财政自行解决。

吴协刚同志与儿基会和中国关工委的同志研究后发现，少数贫困地区的县财政目前实现"一补"还有一定困难，有的地区支付"两费"也暂时难以全部实现。针对这种情况，经中国石化领导批准，中国石化春蕾项目在每年资助的资金总额不变的情况下，从两免一补已经解决的那部分地区春蕾女童的资金中拿出部分资金，设立了中国石化春蕾女童高中班，资助那些面临辍学的高中生。

这样，经过调整以后，中国石化春蕾计划整体受资助的人数从原先的1.7万扩大到2.4万，资助资金总额也有所增加。受助省份除原来四川、甘肃和贵州23个县以外，又增加了湖南省的桑植县。

在采访中记者还了解到，中国石化不仅以企业名义向贫困女童伸出援助之手，中国石化党组的领导同志每年还主动拿出部分工资资助河北等贫困地区的失、辍学学生，受到当地政府和百姓的交口称赞。

中国石化作为特大型国有企业，主动出资救助贫困失学女童，这种社会责任感可许可嘉！这不仅改变了女童的命运，推动了全民族教育素质的提高，还将对培养建设新农村的新型农民，改变妇女在农村中的地位产生重要而深远的意义。正像春蕾计划的含义一样，让那些失、辍学的孩子都能像春天含苞待放的蓓蕾一样，在未来盛开得更加美丽。

中国石化资助"春蕾计划"到2007年已进入第三个年头。落实情况如何？近日记者进行了专访。

3年来，虽然中国石化没有对外进行过宣传，然而由中国儿童少年基金会转给中国石化的从四面发来的感谢信说明了一切。据全国妇联传达室工作人员介绍，每天接到最多的就是寄给中国石化集团的感谢信。因为许多孩子不知道中国石化集团的地址，所以很多信都寄到了儿童基金会。

甘肃省榆中县清水驿小学春蕾班的41名同学中，有36名同学每人写了一封感谢信。

2005年春节期间，闵振环同志看了其中的271封信，摘要整理了一封题为《春蕾女童的心声》的材料，送给了集团公司关工委主任吴协刚。吴协刚认真看后将此件报送给中国石化党组。陈同海、周原、王基铭、张家仁、王作然等党组成员看后都作了批示，指出这是件非常有意义的事情，一定要继续把这件事做好。之后，吴协刚要集团公司关工委的同志将所有孩子们的来信转给集团公司关工委的老同志们分头认真阅读，大家看后都被孩子们的真诚所感动。

此外，许多家长也纷纷来信，表达他们的感激之情。甘肃省秦安县中山乡小学连蓉同学的父母连喜生和张应芬来信说，我们的女儿得到了中国石化的援助，目前在春蕾女童班学习，这就给了我们新的希望和对未来的无限憧憬，给了全家改变落后的希望。每当连蓉穿上你们给的深色校服，背上新书包上学时，我们的感激之情就油然而生，热心的人啊，我们怎样才能报答你们的援助之情?！"悠悠寸草心，报得三春晖"。我们只有教育孩子永远记住你们的帮助和期望，长大后成为有用的人，回报像你们一样的好人和整个社会。

甘肃省永登县胜驿镇两岔沟村校的老师还寄来了受资助四年级学生罗霞、袁玉霞等五位同学的成绩单，他们各门功课最高90分，最低70分，其中，罗霞五门功课成绩均在80分以上。

顾秀莲看了《春蕾女童的心声》的材料后，满含感情地批示："我看过很受教育，也很感动。感谢中国石化为孩子们办了一件大好事！我将要求基层妇联组织尽心尽力把孩子们的教育办好，感谢石化人的爱心！"

空姐爱洒儿童福利院

李荣英

距甘肃兰州市区30公里的兰州市儿童福利院，有一个长期以来一直受到东航甘肃分公司客舱服务部的乘务员们倾情关注的一个群体——孤残儿童。

每年的"六一"节前，无论航班生产任务有多繁忙，她们的脑海中都会闪现孩子们一双双期待的眼睛和一张张稚嫩的笑脸。自从1998年起至今年，她们一直都与这里的儿童们一起度过快乐的"六一"儿童节。

事情还得追溯到1998年。在一次航班上，有一位台湾旅客请求乘务员张倩帮个忙，因为行程安排紧张，他无法亲自赶到兰州儿童福利院，希望她能代替他将1000元捐款送到福利院，帮助和关怀一下那些可怜的孤残儿童们，完成他多年未了的一桩心愿。这位没有留下姓名的台湾旅客心愿让张倩感动了，也感动了乘务中队所有的人。原来，在我们的身边，还有这样一个群体需要我们去关注，去关怀。刚好快逢"六一"节了，乘务员们的心思想到了一块儿，"我们给福利院的孤残儿童们捐些钱吧"、"我们给他们买些玩具吧"。于是，你20，她30，我50，甚至100，买个小狗，买个文具盒，买些糖果。在1998年的"六一"节前，她们将台湾同胞的一份关爱，将乘务中队所有人员的关爱送到了这些孤残儿童的身边。

从此，东航甘肃分公司的乘务员们有了这样一个约定，每年"六一"前去慰问孤残儿童，献上她们的爱心。这份牵挂一牵就是10年，即使是在2003年"非典"肆虐的时期，她们的爱心仍然没有中断，义无反顾地将她们的爱心送到了同样受到"非典"威胁的孤残儿童们的身边。更值得一提的是在2005年下半年的保持共产党员先进性教育活动中，客舱服务部的全体党员们在一年内第二次赴兰州市儿童福利院慰问孤残儿童，真正体现了"党员受教育，孤残儿童得关爱"。

2007年，与往年不同的是，东航甘肃客舱服务部的乘务员们在空中和地面同时唱响了第十年爱心奉献歌。

5月29日上午9时,东方航空甘肃分公司客舱服务部乘务员一行20余人,身着漂亮的空中制服,携带着她们的涓涓关爱——4630元捐款及200余件衣物、玩具,连续第10年来到儿童福利院,赶赴她们与孤残儿童之间的一个约定,送上她们的慰问与祝福,陪伴他们度过短暂快乐的时光,一起迎接和庆祝他们自己的节日。

同时,在5月29日的兰州—西安—广州的航班上,该部的服务品牌乘务组"陇燕"示范组的姑娘们也在航班上开展了募捐活动。随着满族乘务员折岩一曲悠扬的小提琴曲,"陇燕"示范组的组员们向旅客发出了为兰州市孤残儿童们进行捐助的倡议。旅客们被甘肃分公司客舱服务部乘务员们十年的义举所感动,积极响应,纷纷慷慨解囊,踊跃捐助。最后,共计募捐2800元现金。陇燕示范组的姑娘们被旅客们感动了,她们满心感动地集体向机上旅客们鞠躬致谢!

爱心绵绵不绝。10年来,她们共累计捐款36600余元,衣物、文具、玩具千余件。钱不足够多,物也不足够丰富,可以说是"杯水车薪",但是,难得的却是她们那一份爱心,持之以恒的爱心。在播洒同情与关爱的同时,我们的乘务人员也收获着快乐,收获着成长。

2007年,在地面、在空中,所有的乘务员心中都有这样一个愿望:"愿世界永远充满爱,愿世间爱心永存"!

孙爱珍：扶弱助残急先锋

王 雨

"鞠躬尽瘁，扶弱助残"、"残疾人的娘家人"、"复明天使"等数十面锦旗，被残疾人敲锣打鼓地送来，感谢她对残疾人无微不至的关怀。

已到退休年龄，本应退居二线，但因工作出色，县上至今仍将她放在"一把手"的岗位。

残疾人亲热地叫她"孙阿姨""孙奶奶"，干部们赞誉她为"女强人"，是因为她倾注心血汗水，一心一意为残疾人真办事，办好事。

她就是被评为"全国残疾人工作先进个人"、"全省残疾人康复工作先进个人"和"全省优秀残联干部"，被定西市县多次评为"优秀残疾人工作者""优秀共产党党员"的临洮县残联理事长孙爱珍。

残疾人工作说起来简单，做起来难，做出成绩来更是难上加难。孙爱珍却说："只要付出了就不难。"2001年3月，当孙爱珍从省残联得知台湾曹氏基金会向全省捐赠轮椅的消息后，她盘算了一夜，第二天便开始到处筹集配套资金，整整一个多月时间，全县大大小小的企业、事业单位她都走遍了，硬是筹来了4万多元。当60名残疾人每人坐上一辆购来的轮椅时，她高兴得哭了。从此她信了一个理儿：只要努力，就没有办不成的事儿。2001年8月，香港"健康快车"停靠定西，她筛选确定了142名白内障患者，于20日凌晨4时带领患者和陪同人员，乘坐8辆大轿子车直奔定西地区医院。8时到达后，却听说全省的1000例名额已经快做完了。她急了，直接找到"健康快车"的列车长，列车长看到她渴望的眼神深深感动，决定"临洮来的142例全做！"孙爱珍又激动得哭了。2003年10月，由香港逸挥基金会发起的白内障复明"蓝天行动"在临洮县实施白内障复明手术，当时一共争取到80个手术名额，但来医院要做手术的有136人。孙爱珍连夜赶往兰州，从省上再度争取名额，她的行动感动了省残联理事长朱雪明，当即给临洮增加了50个名额。她带着好消息，于晚上11时赶回了临洮，患者们听到后高兴得都跳了起来。

孙爱珍常说："残疾人生活过得不好，我心不安。"2004年3月，她从报纸上获悉国家要实施农村贫困残疾人危房改造项目，她想："一定要把这个项目争取到手，为那些极度困难的残疾人办件实事。"在她的不懈奔波和争取下，先后争取到了危房改造项目70户，资金34万元，使得全县近百户贫困残疾人住进了新砖房。

孙爱珍还说："只要我在残疾人工作岗位干一天，我就要为残疾人谋一天的利益，办一天的实事。"孙爱珍是2000年就任县残联理事长的，尽管她年龄大，但她留给人们的印象是思想活、办法多，关注弱势群体、扶弱助残几乎成了她生活的全部。县上安排孙爱珍赴南方某地考察学习，学习结束后接着赴港、澳观光旅游，但她没有去，因为她放心不下正在全县开展的为残疾人募捐资金的活动。丈夫两年前在外地工作，回到家来常见不着她的面，因为"双休日"是孙爱珍为残疾人办事的"下乡日"。临洮县辛店镇下杜家村62岁的智残患者杜学红和智残患者妻子、4岁的儿子寄宿在邻居一间茅草房里，生活贫苦。孙爱珍数十次到老杜家，送椽送檩送木料，帮助老杜家搬进了4间宽敞明亮的大瓦房。和70岁老母、残疾儿子相依为命的挑阳镇闫吴家村残疾人闫根祥，也是孙爱珍的扶助对象。孙爱珍常常去他家，帮助修建起了漂亮的砖房，今年她又帮助种上了两亩茴蓓，养了羊，闫根祥家里的生活开始好起来了。孙爱珍在帮助衙下镇肢残患者赵江建新房子时，有一天，夜里梦到要为他家解决2吨水泥的事，怕忘了，赶紧爬起来记下此事，几天后就给他家送来了水泥。

在孙爱珍的倾心帮助下，部分残疾人走上了自立自强的路。新添镇女青年刘春娥在上学途中致残，安装假肢后，为了鼓励她开始新的生活，孙爱珍出资500元让她参加了美容美发学习培训班，如今她已办起了理发店，同时每天骑自行车往返城乡，锻炼骑车技术，2003年参加了全国残疾人自行车比赛，取得优异成绩。龙门镇孟小平2002年打工时从架材上摔下来，失去了右小腿。孙爱珍帮他安装了假肢，帮助他发展养殖业，协调为他捐赠了一台粉碎铡草机。仅去年一年，孟小平养殖收入就达到了1万多元，成为名副其实的"残疾能人"。肢残患者潘维和办起了和盛纸箱厂，吸收6名残疾人到厂里就业，经营一天天看好。泌阳综合机械厂厂长、肢残患者闫成贵，16岁背着背包走出家门，摸爬滚打，如今办起了工厂并吸收10名残疾人就业，产品产销两旺。他们说，这一切都离不开孙爱珍给他们的大力扶持。

法律援助给弱者带来希望

吴梦寒

近日，记者走进天水市法律援助中心，深刻感受到了法律援助给人们带来的希望、慰藉，以及大家对法律援助的殷切期望。

法律援助，给弱者以前行的力量

今年4月10日，天水市麦积区马咀村的农村姑娘张雪云，遭遇了巨大的家庭变故。这一天，在天公路天水境内发生了一起死亡29人，伤20人的特大交通事故。张雪云的父母、姐姐在这次交通事故中全部丧生。和睦的家庭一瞬间破碎了，18岁的张雪云伤心欲绝。她痛恨肇事者毁了她的家，却又不知该如何讨回公道，也不知道今后的生活将如何继续。

正当张雪云在殡仪馆里望着死去的亲人孤苦无助时，天水市司法局法律援助中心的4名律师来到殡仪馆，安抚死难者的家属，为他们提供法律咨询和帮助。经过咨询，张雪云决定和这次事故中的死者家属、伤者，一起向法律援助中心提出申请，希望通过法律的途径为死伤者讨一个说法。

天水市法律援助中心接到申请后，当天组成援助小组进行调查。4月18日，法律援助小组代死难者家属以及伤者，向天水市中级人民法院提起民事诉讼。由于事故受害者人数众多，索赔金数额巨大，为保证赔偿款能够迅速发到受害者家里，解他们的燃眉之急，法律援助小组向法院申请了财产保全措施和先于执行。

肇事车辆属于安徽省宿州市粮油运输公司的挂靠车辆，肇事司机已经死亡。为确保事故受害者能够得到赔付，法院立案后，立即派人前往安徽省宿州市查封了宿州市粮油公司的200多辆挂靠车辆。在各方努力下，5月4日，安徽省政府和宿州市政府与事故受害者达成庭前和解，同意给受害者以及家属支付

550万元的赔偿金。目前"4·10"事故的死难者家属都拿到了10万元的赔偿金。对伤者赔付工作还在进行中。社会的公平和正义，给予张雪云等弱势群体继续前行的力量。

法律援助，给贫者以公平的机会

法律援助的本意就是法律扶贫，是从法律角度给予贫弱者的社会保障，就是要让没钱的人能够得到司法救济。

甘谷县渭阳镇碾子巷的农民王彩凤，在天水市法律援助中心的帮助下，感受到了公正的力量。那是2004年的一天，王彩凤的儿子谢富平在地里干活时，和在地边挖沙的邻居谢忠林、谢鹏杰、谢鹏银父子三人发生争执，被三人打死。甘谷县法院以故意伤害罪判处谢家三人有期徒刑。这样的判决结果，令痛失爱子的王彩凤不服，表示要去北京上访，但家庭的贫困，让她连上诉打官司的钱也拿不出了。

天水市法律援助中心接到王彩凤的申请后，免费为她代理诉讼，指派律师两次赴甘谷调查，取得了大量确凿的证据。在大量的事实面前，天水市中级人民法院采纳了律师的意见，撤销了原判，以故意伤害罪判处谢鹏杰无期徒刑，剥夺政治权利终身，分别判处谢忠林、谢鹏银有期徒刑6年和4年。王彩凤的心里终于平静了，儿子虽然离去，但是正义不曾离开。

2005年，针对拖欠农民工工资的问题，天水市法律援助中心及时作出安排，以清理拖欠农民工工资为重点，尽力为农民工追讨劳动报酬。3月，秦安县法律援助中心指派两名律师，专程到白银等地，为秦安县郭嘉镇、王甫乡的153名农民工追回被拖欠的工资5.8万多元。目前，全市共为364名农民工追回拖欠工资款21.3万元。

法律援助给人们带来温暖的事例还有很多。天水市法律援助中心自从1998年11月成立以来，共办理各类法律援助案件3981件，为受援人挽回直接经济损失2211万元。2001年天水市法律援助中心被评为全国首届法律援助先进集体，受到司法部的表彰，2003年被市政法委评为先进单位。

法律援助，也需要援助

如今，一部分权益受损的贫弱者找到了法律援助这把"保护伞"，他们得到了法律的庇护。然而，更多的贫弱者在权益受到侵害时，却仍然欲诉无门。

其中的原因是多方面的，一个很重要的因素就是法律援助资源的紧缺。天水市法律援助中心闫新科主任说，现在法律援助的供需矛盾非常突出。天水市五县两区340多万人口，只有115名注册律师，88名基层法律志愿者，相当于每1.7万人才有1名律师。而这些法律专业人员，大多集中在天水市，农村几乎没有法律服务者。张川县40万人口，只有2名律师，清水县也只有2名律师。

虽然"应援尽援"是法律援助服务的一项原则，但按照法律援助的现状，法律援助达不到这个要求。很多需要帮助的人得不到帮助。法律援助作为一项公益事业，仍然在苦力支持，其中怎一个"难"字了得。

天水市司法局巩玉保局长说，法律援助资金的短缺，是造成这一问题的原因。因为法律援助是不收费的，律师对于受援者的帮助全部是义务，差旅费基本都是律师自己掏腰包。这主要靠律师的奉献精神。去年来，天水市政府已经将法律援助经费列入市财政预算，每年下拨一定经费，但这笔经费只能补贴部分律师的车马费，大部分费用仍然靠律师自己负担。

专家认为：作为法律援助的重要主体，律师在维护社会贫弱群体的合法权益方面负有法定的义务，但是法律援助，作为一个国家公民民主权利的具体化和制度化，更是政府的责任和义务。为使弱者能够得到保护，让正义能够得到伸张，这是社会致力追求的目标，也是一个法治社会的重要标志。因此援助法律援助，主要应靠政府财政的投入和保障，政府应为法律援助的实施，提供必要的人、财、物力保障。

孤儿泪 书记情

先朝阳 王 鄱 李晓君

这是世界上最深厚的一片黄土,深厚得像我们对那片土地的深情.这是沟壑纵横的庆阳山区,纵横的沟壑像一张饱经沧桑的老脸。岁月悠悠,这里演绎着多少悲欢离合。风风雨雨中,面对那片沉默的土地,我们耳闻目睹了一幕幕揪心的故事——

华池县王咀子乡的几个小山村里,生活着8个失去双亲的孤儿,他们的命运就像断了线的风筝,随着尘土漫卷的山风,在天空中飘浮着、摇摆着……

他们当中,有些人和年迈多病的奶奶相依为命,有些人靠年届七旬的爷爷抚养,而无亲无故者,只好到敬老院里和无依无靠的孤寡老人们一起生活。

8年前当妈妈病逝时,妹妹何琴琴还只是个不满1岁的婴儿。在她们还没有来得及长大成人时,父亲又因车祸而身亡了。就这样何蓉蓉姐妹俩最终沦为孤儿。

那一年,姐姐才8岁,妹妹还不到5岁。

姐姐何蓉蓉的脸看起来有些皱,今年正读五年级。可能是写大楷时太投入了,鼻子上还留着一抹墨痕。在她转身的时候,记者发现她的头上已经有了稀稀落落的白发。和同龄孩子相比,何蓉蓉眼睛里闪烁的目光要复杂得多。妹妹何琴琴的个头似乎比姐姐高,从她腊黄的脸色里,可以看出她严重的营养不良。在我们同蓉蓉交谈的时候,何琴琴就一直站在旁边,用手抠着自己的衣角。别人送给她穿的上衣倒是件新的,但却比姐姐的宽大了许多。

谈起抚养两个孙女的辛酸和艰难,60岁的奶奶李玉兰禁不住老泪纵横,痛哭失声。她说,自从儿媳死了以后,自己的丈夫多年来也一直卧床不起,她既要抚养两个孙女,又要侍候生命垂危的丈夫。

丈夫终于合上双眼后,在外打工的儿子因车祸丧生了。这一连串的打击差点使她倒下去,但是看着两个嗷嗷待哺的孙女,她硬是咬紧牙关站了起来。

"孩子多可怜呀,我不能就这样眼睁睁地看着她们挨冻受饿,荒废了学业。"

拖着瘦弱多病的躯体，李玉兰老人只好一个人挑起家庭的重担，耕地、锄草、打碾、喂牲畜、抚养孩子……

有一次，她拉着毛驴在山坡耱地时，受到惊吓的毛驴突然奋蹄狂奔，她死拽着缰绳不放，被毛驴拖着在山坡上跑来跑去，摔得满身烂泥，一条裤子也破成了一缕一缕的布条儿……

但即使伤了病了，李玉兰也没有卧床不起。白天，她得把两个孙女照看着送到学校，然后才开始屋里屋外地忙碌，等到孩子们放学回家，她又得做饭洗衣，累得腰都直不起来。晚上，她还得在灯下缝缝补补，陪着两个孩子学习。

幼弱的何蓉蓉姐妹也过早地懂得了生活的艰难。她们利用每天放学的时间，帮着奶奶抬水、烧火、喂牲口。寒假得帮着奶奶攒够半年的柴火，暑假大忙的时候，李玉兰全家只能靠老的、小的，把打碾下来的小麦用袋子一小圪瘩一小圪瘩地往回背。夏忙既是重活，也是紧活，白天干不完，就得一直干到晚上。蓉蓉还好，琴琴就不一定能挺得住，困极了，随便倒在哪个地方就睡着了。等到手里的活安顿下来，又得满山洼地呼唤着找孩子……

日复一日，年复一年，山上的地撂荒了，老太太头上的银丝也添满了；她们的日子过得一天更比一天困苦了，李玉兰老人的身体也一天更比一天地羸弱了。

在距刘家畔不远处的刘家庙村小学里，我们见到了和年届七旬的爷爷生活了5年多的孙静静、孙涛涛姐弟俩。

年仅12岁的孙静静秀美，脸庞显然已失去了同龄女孩的那股天真烂漫。她的衣着虽然浆洗缝补得干净整洁，但是那条裤子却足足短了两三寸。

孙静静9岁那年，父母因车祸永远的弃她而去了，留给她的除了伤残的弟弟和无尽的哀伤之外，更多的则是沉重的家庭负担。

爷爷已是风烛残年，家庭的重任就只好落在她那瘦弱而娇嫩的双肩上。每天放学回家后，挑水、做饭、洗衣、照顾弟弟以及侍候爷爷和88岁的老太爷，这一切，对她来说竟显得如此理所当然。

在孙家早年留下的大院里，除过墙垣的几处残缺和有些破损的窑洞所表现出的荒芜外，院落倒是打扫得干干净净，家具收拾得也很整洁，甚至让人很难看出这是一个支离破碎的家。

我们进入孙家的时候，孙静静88岁的太爷孙洪福正背对大门坐在院中一只马扎子（一种手工制作的小凳子）上，老人似乎连光线都分辨不清楚，那根弯曲的拐杖自始至终都没有从他干枯的手里松开过。他耳背得听不清一句话。我们找回正在地里忙活的爷爷孙远旗，进到他住的窑洞后，只见炕上的被褥乱七八糟地堆放着。一个干了一辈子农家粗活的男人，尤其是一个年事已高的老人，繁重的农活使他没有精力和心情把屋子收拾得整齐点。这些事情通常都是孙静静来做的。

或许并没有几个人知道孙静静是怎样熬过这5年时间的，但全村人却都知道她如今不但能亲手蒸出足够一家人吃几天的馒头，还能为劳累了一整天的爷爷亲手擀出一碗热气腾腾的细面条。

孙静静不但在家里成为一名称职的"家庭主妇"，在学校里也是一位品学兼优的好学生。天资聪颖的她似乎早就明白，今天自己有幸和村里的小伙伴们一同坐进教室，能睁着求知的双眼听老师讲课，这后面不知饱含着多少好心人的期待和祝愿。也许是她比同龄儿童更加懂得珍惜这宝贵的学习时光，上学期她以门门功课85分以上的好成绩赢得了全校师生们的赞扬。

在采访结束后，当记者带着沉重的心情和这位不幸的小姑娘挥手告别时，孙静静定定地站在山梁上，没有挥手，只是一动不动地盯着车子越走越远。

2001年3月20日，当康书记前往井字塬村调查工作时，了解到村里有两个失去了双亲的孤儿毛大虎和李小虎兄弟。令他深感吃惊的是，两个尚未成年的孤儿竟然栖身在上世纪70年代村里用作饲养场的一孔破窑里，家里几乎没有一件家具，土炕上堆放的一条破棉絮上，虱子用笤帚一扫一大堆。孩子们所吃的馒头已经长满绿毛。面对此情此景，随同检查的工作人员难过得哭出了声。

这两个孩子在村里已没有了任何亲属，除过左邻右舍偶尔接济一点水米柴面外，饿了，他们就啃一口发霉变味的冷馍；渴了，他们就爬在缸沿喝一口生水；困了，他们就蜷缩在破棉絮里睡觉。就连兄弟俩发生了什么矛盾吵嘴打架，也没有一个劝解的人……他们已经连续两年没有缴过一分钱的学费了，随时都面临着辍学的危险。

回到乡政府后的那天晚上，50多岁的康金彪躺在床上辗转反侧，那一夜他失眠了。

第二天天刚麻麻亮，康金彪立即派人将食堂的馒头送到两个孩子家里，并吩咐食堂，以后每周按时给孩子们送一次干粮。

2001年秋季开学时，康金彪把大虎、小虎转到乡中心小学，在乡敬老院腾出了一间房子，由乡上供他们上学。

刚搬来乡上时，任性惯了的大虎、小虎兄弟俩整天蓬头垢面，衣衫不整。他们不但不会料理生活，而且性情怪异，不服管教，并养成了小偷小摸的恶习。

为了照顾两个不幸的孩子，康书记每天抽出时间为两个孩子操劳。大虎初来时已经13岁了，多少还懂些人情世故，而小虎一刻也闲不住。不是翻了东家的墙，就是惹了西家的狗，闹得街坊邻居不得安宁。

有一天晚上，两个孤儿又为争夺电热毯的事打起架来，哭闹叫骂之声不绝于耳，吵得老人们睡不成觉。敬老院的工作人员多次找到乡政府要求将两个孩子领走。为此事，康金彪没少看人家脸色，也没少向人家陪不是。

到乡上后，伙食费、学费全由乡政府从救济款里直接给他们支付。有些热心人给他们捐来的钱，一到两个孩子手里，几天就花得一干二净。后来，康金彪就只好把大家捐的钱存起来，自己代管。这样一来，今天大虎说，康叔叔我要买洗衣粉；明天小虎又来说，康叔叔我要买支铅笔……钱拿走之后，康书记见面还得惦记着追问，东西买了没有，钱有没有胡乱花？康金彪就这样只能一边忙工作，一边既当"爹"又当"妈"。

讲这些时，康书记虽然表现出一脸的无奈，但他同时又兴奋地告诉我们，经过在乡上两年多时间的调教抚养，和初来时相比，大虎小虎的变化还是很大的。当初小虎满脸的牛皮癣，营养不良，习惯胡乱穿衣吃饭，给一件新衣服，穿不了几天就没个样子了。现在，兄弟俩都能够按时吃饭、睡觉，也不像当初那样惹是生非了。有时候小虎还会来乡政府帮忙搞搞卫生，干点勤杂活什么的。

我们能够感受到，康金彪书记此刻脸上所流露出来的那股自信和宽慰；我们似乎也能够洞察到，在他心里隐藏着无限的辛酸和艰难……

放学的时间到了。在王咀子乡敬老院，一位60来岁的老太太正在给大虎兄弟做晚饭。她告诉记者说，包括两个孩子，院里总共居住着7个抚养对象。

大虎兄弟放学回"家"了。他们的衣服穿得十分单薄，山区乍暖还寒的天气使他们冷得瑟瑟地耸着肩膀。大虎一直少言寡语。已经12岁的小虎仍然十分瘦小。他的头发干得泛着土黄，前额上有一撮头发纠结起来向上翘着。他很爱笑，问他一句话，没有说出口自个就先笑起来了。

小虎和做饭的老奶奶格外亲热，一进门就缠着她跑前跑后，不离左右。

小虎一阵风似地冲进了自己的屋子，我们也随后跟了进去。

这间不足10平方米的屋子里摆着一张大床，是用土炕墙再支上床板搭成的那种，另外一张小床是用砖新砌而成的。原来兄弟俩一起睡在大床上，后来小虎主动要求睡了新床。床上的棉絮没有折叠，里外全是白色，很像乡村卫生院里病床上放置的被子，又脏又乱。房间里还配有一张桌子两个凳子以方便他们学习。在床头的一个电视机包装箱里，存放着好心人为他们馈赠的衣物。

我们离开时，大虎仍然默默地站在屋檐下面的房台上，望着对面远远的南山，一副欲哭无泪的样子令人鼻子发酸。

在华池县王咀子乡，除过记者见到过的6个乡上救助的孤儿，还有井字塬村红土腰岘组的一对亲兄弟，他们也跟着60多岁的爷爷奶奶，艰难地生活了多年。

记者在采访过程中了解到，他们目前都分别受到了庆阳市和华池县各级领导和群众不同程度的帮助。据该乡党委书记康金彪粗略估算，目前捐给这些孤儿的现金已经超过了6000元。

而乡上资助的专项救济资金也多达8000多元。

其中，有几位孩子还被华池县的几位领导干部分别进行着长期救助。

对于我们每一个人来说，能为这些孤儿们付出一丝关爱和温暖，也许只是举手之劳。但是我们所做的这些和孩子们目前所面临的遭遇来比，和孩子们渴望幸福生活的那种迫切心情来比，和他们今后还将面临的坎坷而漫长的人生来比，也还只是杯水车薪，所以大家的心里都挺堵得慌。

走进大山深处，感受最深的是孤儿渴望求助的眼泪；离开大山深处，擦拭不干的是自己的眼泪。

5月8日，省委书记宋照肃在看了本报刊载的长篇报道《大山深处孤儿泪》后，心情久久不能平静。在他对有关地区和部门负责人所作的批示中写道："共产党人心中最重要的是什么？是百姓的疾苦，人民的利益，""要尽快拿出一个办法，让大山深处孤儿泪永远从我们陇原大地上抹掉。"《甘肃日报》2003年5月7日第5版刊登的《大山深处孤儿泪》，记述了生活在庆阳市小山村里8位孤儿的真实生活。突如其来的悲剧，让失去双亲的孩子们过早地挑起了生活的重负，贫穷与苦涩，使他们弱小的心灵和瘦弱的肩膀承载着太多的无奈，在政府和亲人的帮扶中，他们正在努力摆脱命运的辛酸与艰难。

这些孩子们的生活状况，深深牵动着宋照肃的心。他随即对庆阳市委市政府、省民政厅和省教育厅的主要负责同志作出批示，全文如下："看了这篇报道，心情久久不能平静。我们建国50多年了，山区还有这样困难的家庭、这样困难的孩子，深感惭愧。也真诚地感谢像康金彪这样的同志和众多为这样的家庭、这样的孩子伸出过帮助之手的同志。

共产党人心中最重要的是什么？是百姓的疾苦，人民的利益。这是我们最根本的宗旨。希望你们认真研究一下，怎样解决好这样家庭、这样孩子的问题，让他们真正过上幸福生活。要尽快拿出一个办法，让大山深处孤儿泪永远从我们陇原大地上抹掉。

这里，我也真诚感谢先朝阳、王鄱两位记者，他们的深情报道将会像一条鞭子，不断鞭策我们奋发工作。"

伸出手，就能点亮一盏灯

秦 娜

19岁的吴小燕是一位盲女，这些天来她和很多人一样都在关注着残奥会。开幕式是她最喜欢的，当杨海涛的歌声响彻鸟巢的那一刻，她也被感动了，可很多人并不知道她也是杨海涛的同门师妹。

在吴小燕的家中有一个大箱子，里面装着的全是小燕的各种获奖证书，随便翻看一下，有全国盲人录音录影比赛美声唱法组三等奖，还有兰州市教育局系统"牢记八荣八耻、争做文明师生"演讲比赛一等奖……

不幸中的幸运

其实在十几年前，《甘肃日报》就对吴小燕做过报道，只是那时故事有一个悲伤的开始：1989年冬天的一个晚上，庆阳市西峰饮食服务公司的职工陈玉娥正在上班，窗外飘着大雪。一位怀抱婴儿的中年男子进屋点了碗面，顺手把孩子放在炕上，面下好了，中年男人却没了踪影，哪儿也找不到。只有婴儿还躺在炕上，她的小肚兜里放着张纸条，上面写着：小燕生于十一月初四，望收养人当亲生子女对待。陈玉娥和丈夫决定收养这个弃婴，并给孩子起了个小名"雪雪"。可是慢慢地他们发现这个孩子眼神有问题，去医院检查，结果却是先天性视神经萎缩，医生说没有治愈的可能。陈玉娥下定决心要把小燕抚养成一个对社会有用的人。6岁前小燕在家人的呵护下快乐地成长，到了上学的年龄，陈玉娥多次找到兰州市盲聋哑学校，最后学校因为小燕的特殊身世，破例允许小燕入学，并同意陈玉娥陪读。陈玉娥就这样"扔"下丈夫和3个孩子来到了兰州。如今提到那段陪读的日子，陈玉娥的眼泪总是不由自主地流下来。也许是这段经历，使得小燕也比同龄孩子更成熟懂事，在她的性格里有股子倔劲，也正是因为长在这么一个温暖的家庭里，小燕有着残疾人少有的阳光开朗，她喜欢读书，喜欢和别人聊天，结交朋友。

这么多年，人们似乎都淡忘了吴小燕最初的不幸，取而代之的是现在的幸福，吴小燕说："我觉得我这一路走来，真是有好多人的帮助，没有他们，也没有今天的我。"而陈玉娥常说："我就是对小燕再好，也不能教她唱歌，让她站在舞台上，这些我不能给的有好心人在给予她，我们做父母的只有感谢。"

有一种情感割舍不下

熟悉吴小燕的人都知道她有两个妈妈，一个是抚养她长大的陈玉娥，一个就是教她声乐的王妈妈，这位王妈妈就是原甘肃省歌舞剧院国家一级演员王玲，她也是杨海涛的声乐老师。

虽说是盲人，可是吴小燕身上的"盲态"并不严重，聊天时她总是坐得很端正，背挺得很直，站姿看上去也透着几分优雅，原来这全是"王妈妈"的功劳。2002年王玲开始教小燕时，小燕还处于变声期，谁也不知道这个爱唱歌的孩子今后会怎样。在小燕眼里王妈妈是个严厉的老师，为了矫正小燕的盲态，王玲给小燕规定了"专有位置"，她指着门边的一个墙角告诉记者。她说要做就做好，舞台上注重姿态美，也是对自己和别人的尊重。在王玲几年的指导下，当小燕可以站在舞台上演出时，周围的人惊讶于小燕的歌声，谁也没想到小燕能唱得那么好，小燕的歌唱也从一张白纸到一摞摞沉甸甸的荣誉证书。

王玲告诉记者，当初决定教小燕唱歌也是源自感动，当她听到陈玉娥的事迹后，就产生了教小燕唱歌的念头，她想帮忙分担一份母亲的责任，她对陈玉娥说："大姐，你放心，我帮你抚养这个孩子。"王玲说希望通过教小燕唱歌让她的生活空间更大一些，活得更快乐。

王玲培养了许多残疾人歌手，而与她们结缘是在1997年兰州市残联举办的庆祝香港回归的一台晚会上，那些残疾人演员对音乐的感悟和执著给从事多年声乐教育的王玲带来了很大的震撼，她决心去帮助这些喜欢音乐的残疾人，让他们实现音乐的梦想，让他们的精神世界更明亮，从此便一发不可收拾，一干就是10来年。在王玲的话语中找不出什么豪迈冲天的词语，她常说："我个人的力量很有限，所以我只能对残疾人个体有所帮助，和他们接触多了，慢慢有了感情，一份割舍不下的感情，一种朋友之情。"

王玲给小燕上课从来都分文不取，不仅如此，她还经常把女儿的衣服送给小燕，家里的旧家具也送给小燕家，每次出差都要给小燕带纪念品……多少年来，王玲都是义务教这些残疾学生，王玲说："残疾人本来就是一个最困难的群体，我的良心不允许我再向他们收学费。"

与残疾人接触多了，王玲有了很多感受，她说："其实并不是我在帮助他们，而是在互相帮助，他们也开启了我的心智，让我学会了关爱他人，看着他们成长，就像是自己的艺术生命得到了延续，我很享受这个过程，这种快乐是别人不能体会的。"9月6日在鸟巢看着杨海涛的演出，王玲说那一刻她觉得非常骄傲自豪，随后杨海涛等学生朋友给王玲发来了30多条短信，现在她还存着，心里倍感温暖。

要为残疾人提供一个舞台

李少惠也是吴小燕常挂在嘴边的，作为甘肃省残联宣传文体处处长、残联艺术团团长，每次出去演出，她对残疾人的照顾都是无微不至，送水打饭，事无巨细，谁要有什么头疼脑热的她第一时间就把他们送到医院。

李少惠说平时和残疾人在一起，通过仔细观察发现残疾人之间的那种关爱是有些健全人都不能比的，身处这样一个环境里怎能不深受感动呢。李少惠说的更多的是"我们能为他们做些什么"，她说残联每年组织的各种活动，都在丰富残疾人的生活、鼓励残疾人的层面上起到了很大作用。

今年小燕已经顺利从中专毕业了，她现在正在一家盲人按摩诊所实习，她说她要把按摩学好，有了一技之长，以后就能自立了，可以为家里减轻负担。小燕说："歌唱永远都是我的一个梦，我会用心继续唱下去。"从吴小燕陶醉的神情中我们知道了故事有一个快乐的经过，吴小燕心中的那盏灯已经亮起来了。

一个残疾女孩的求学路

徐玉金

2007年12月2日上午,在环县县城的一个烂房子里,见到了拄着双拐的残疾女孩苏莉和她的母亲。苏莉有一双大大的眼睛,一头黑黑的短发,脸色略带一些苍白,约有一米五六的个头,拄着一副木制的双拐。她是环县职专电脑设计专业三班学生,今年18岁了。

1990年11月的一天,苏莉出生在环县天池乡苏北岔村的一个农民家庭。起初,她与正常的孩子是一样的,父母亲把一切的希望都寄托在她的身上,可长到六七个月的时候,别的孩子都可以爬了,而她却不会爬。父母亲跑遍了附近的几个医院,还是未治好。父母亲仍不甘心,又抱上她到县里、市里的医院去看病。医院检查的结果是一致的,她被确诊患有脊髓灰质炎(又名小儿麻痹后遗症)。

1998年9月,她和正常的孩子一起进入了天池乡苏北岔小学。母亲每天早上拉着毛驴把她送去,下午把她接回来。可是有谁知道,对她来说又是多么难熬的日子啊!她行走不便倒也罢了,大小便不能自控是最大的难题。她经常因大小便不能自控而弄湿弄脏裤子,夏天腺气难闻,冬天冻得难受。别的孩子都不愿意理她,她心里好难受啊!她记得最清楚的一次,母亲对她说:"外面的雪下得那么厚,天又那么冷,明天你就不去学校了,你的衣服已经都换完了,怎么去上学呢?"第二天,她早早起来穿上单裤,准备去上学。母亲见了哭着脱下自己的棉衣,给她穿上,然后送她向学校走去。瘦小的身材怎能撑得起大人的衣服?她穿得像个企鹅一般。走进教室时,同学们哄堂大笑,她强忍没让自己的眼泪流下来,依然挪动着双拐到自己的座位上……就这样,月复一月,年复一年地上完了六年小学。

2004年9月,为了让她上初中,母亲王赵琴在合道乡街道附近的一个旧庄院里,租了一孔烂窑洞,边打短工边照顾她。最难忘的是上初三时,她们班的教室搬到了三楼,她上下楼梯就成了大问题。有一次,她下楼去上厕所,一步未站稳,拐子挂空,一直从二楼滚到一楼,头被楼台阶上撞了一个大血泡,泪水和鼻血流了一地,还有一个下雪天,地上特别滑。她去上厕所,一不小心,掉进便池,被夹在里面。当她被好心的同学拉出便池时,浑身已被屎尿浸透。等同学们都陆续回到教室后,她才一个人偷偷地回到自己的住处,和她的母亲抱头痛哭起来。回忆此事,苏莉说:"当时感觉万念俱灰,觉得自己活在这个世界上,没有一点价值,自己完全是一个废物,一个多余的人。活在这个世界上,只能给家人添乱。"在她的眼里,眼前的这个世界一片漆黑。她自己觉得她的生活里,没有阳光,只有阴雨,活着还有什么意思呢?于是她挂着双拐,走出土窑……她的母亲发现她不在时,苏莉已经走出很远了。她母亲急切的呼唤声,使她如梦初醒。她心中默念道:"我要干什么?我要去哪里?我就这样一下子了却了一生,怎能对得住含辛茹苦、日日夜夜支持和伺候自己的好妈妈呢?……"她坚信自己也应该拥有一个灿烂的明天。

在初中的三年里,她享受到了国家的"两免一补"政策,顺利地完成了学业。因她学习刻苦,身残志坚,得到了老师和同学们的一致好评,曾多次被学校评为"优秀团员"。

去年8月,苏莉上了环县职业中专电脑设计专业班,因为这个专业班是专门面向环县籍特困生的,免收学费,还向学生每年发放生活补贴费用1500元。苏莉说,她不能光靠父母亲,要走自理、自立之路。因为她不能行走,所以只能学习电脑设计这个专业。学成以后,还可以自谋职业。

苏莉母亲说,去年8月她和女儿到环县职专以后,在学校附近租住了一间房子,专门照顾自己的女儿。因为家境贫寒,加之近年来天气十年九旱,地里又无收成,粮食也不够吃,她每天早上要到蔬菜市场捡拾一些被卖菜人丢弃的烂菜叶子和菜根等。捡回后清洗干净,供她们几个人食用。同时她还捡拾一些柴火和破鞋及塑料制品等供她们几个人烧炕之用。她还时常得到附近一些邻居的热切帮助。在她房子隔壁租住的一位在环县一小地毯厂当临时工的妇女,一次给她了七八件旧衣。这家送些蔬菜,那家送些大米,热心人的帮助,让她们渡过了生活难关。刚入学不久,苏莉的班主任罗浩了解其家庭情况后,率先捐款50元后,然后在班里发动学生为苏莉同学捐款,同学们纷纷解囊,共捐款160多元,解了她们母女的燃眉之急。学校领导知道情况后,专门购置了一台轮椅赠送给了苏莉供她上学使用,并号召全校同学向苏莉同学学习,学习她那身残志坚、刻苦学习和自强自立的精神。

苏莉流着泪对笔者说:"我多么渴望有一天能够站立起来,像正常人一样自由地行走,和那些同龄的女孩子们一起奔跑、嬉戏,去追求和实现属于自己梦想……"

人最可贵的精神品质,莫过于自强自立。18年来,在一个残疾女孩苏莉年轻生命里却饱含着常人难以想象的磨难和艰辛……她用自己的实际行动践行着志向高远、自强不息的中华传统美德,勇敢地面对灿烂而坎坷的人生,并坚强地向前走着。在她的日记本里,笔者发现了一行端端正正的自勉语:"我要坚强,不要哭泣!"

"援助单亲特困母亲"在行动

袁 鹏

日前,在甘肃省妇联举行的"援助单亲特困母亲安居房现场观摩会"上,兰州和临夏的部分单亲特困母亲喜迁"母亲安居房"。记者看到,这些单亲贫困母亲的脸上绽放出了久违的笑容。

杨素珍是兰州市皋兰县黑石乡白崖村四社村民,丈夫早年病故,留下两个年幼的孩子,还有年迈的婆婆。丈夫去世后,家里的重担就落到了身有残疾的杨素珍一个人的肩膀上。因为家里没有劳动力,这个家庭几乎没有任何额外的经济收入,生活来源主要靠政府的救济和亲戚们的资助。更要命的是,坐落在山上的三间房子因为年久失修,已经到了摇摇欲坠的地步,随时都有倒塌的危险。在省妇联"援助单亲特困母亲安居房"行动中,杨素珍一家被列为首批援助对象。7月初的一天,杨素珍一家终于告别了山上的破屋子,住进了在山下村子里建好的崭新"母亲安居房"。7月16日,当甘肃省妇联主席崔玉琴亲自把生活用品送到杨素珍的手中并向她祝贺迁新居时,这位母亲激动得说不出话来。

随后几天在兰州、临夏等地举行的由全省14个市州妇联主席们参加的"援助单亲特困母亲安居房现场观摩会"现场,涌现出一幕幕同样令人激动的场面。

在临夏回族自治州的采访中记者了解到,全州有单亲母亲11871人,其中单亲特困母亲6154人,因病、伤残、丧失劳动能力的9109人,无房户380人。临夏州妇联在援助活动中,省、州、县三级妇联的负责人深入到农户家,实地看点,确定援助对象,设计修建图纸,通过组织发动各族群众,加班加点,亲帮亲、邻帮邻,仅用一个月的时间就高质量完成了修建任务,使6户单亲特困母亲如期搬进了崭新的安居房。在"母亲安居房"实施地临夏县,援助活动得到了地方党委、政府的大力支持,临夏县委、政府专门成立项目领导小组,在省妇联为每户投资2万元修建两室一厅一厕一厨的基础上,为每户配套1.355

万元，用于修建沼气池、圈舍改造、围墙、大门，并扶持品种羊5只。

在临夏举行的观摩会现场，前来观摩的村民们为妇联进行的"援助母亲安居房"活动纷纷鼓掌叫好！搬进新居的一位回族老阿妈激动地说："我不会说话，但我知道，妇联的人都是好人！"

据了解，自5月份以来，甘肃省妇联开始在全省开展"关爱女性·共促和谐——援助单亲特困母亲行动"。这个大型援助行动针对单亲特困母亲家庭急需解决的住房、子女上学、疾病救治、饮水等突出困难，开展援建母亲安居房、帮助子女完成学业、救治疾病、捐建水窖四大行动，即援建每套建筑面积不少于70平方米安居房一套；对每个单亲特困母亲家庭的高中或中专生救助3年；对患有重大疾病的单亲特困母亲或家庭成员援助2000~3000元；对吃水困难的单亲特困母亲家庭帮助修建一眼水窖。

这个活动开展以来，甘肃省妇联通过各种方式积极进行资金募集活动，到目前为止，省妇联已募集到资金100多万元。6月，省妇联将第一批募集到的资金下拨到兰州、临夏的试点县，进行了第一批为单亲特困母亲援建安居房的行动，7月，首批"母亲安居房"顺利竣工。

在日前举行的全省14个市州妇联主席们参加的"援助单亲特困母亲安居房现场观摩会"上，甘肃省妇联主席崔玉琴表示："开现场观摩会的目的就在于让来参会的代表们共同交流、启迪思路、开阔视野，从而让这个活动在全省能够顺利展开，通过活动的开展，让更多的单亲特困母亲能够安居！观摩结束后，援助单亲特困母亲行动将在全省全面展开。"

另据了解，在甘肃省农村，现有单亲母亲家庭10万余户，其中4万余户生活特别困难。这些单亲特困母亲是该省贫困人口中的特殊群体，她们大多上有老下有小，有40%的家庭子女上学非常困难，有一半以上的单亲特困母亲或家人身患疾病，有30%的家庭无房或居住在危房中。她们默默承受着巨大的生活压力，用无私的奉献守护着家庭。

马来西亚华商的水窖情结

乐艳艳

"母亲水窖是妇联为我们办的一件实事。"甘肃省白银市平川区李沟村村民、两个孩子的母亲宋照霞说。

"母亲水窖虽然是妇联负责实施的,但大家更应该感谢像完美公司胡瑞连总裁这样的热心人和捐赠者。"甘肃省妇联副主席管春梅说。

而完美(中国)日用品有限公司总裁、马来西亚华人企业家胡瑞连却说:"我们捐赠母亲水窖,并不是想让那里的人们记住完美,而是希望社会上有更多的人关注这项事业,帮助那里的人们解决缺水问题,使他们生活得好一些。"

缺水,牵动华人善心

胡瑞连,祖籍浙江,作为出生在马来西亚的第二代华人,他小时候对中国的印象只是从父亲的讲述中获得的。每次帮父亲给老家寄钱,胡瑞连都想知道中国究竟是什么样子,直到1993年第一次回来探亲,他才真切体会到父亲话语中"回到祖国"的含义。

前不久,笔者匆匆结束甘肃的采访回到北京,见到了来京与德国生意伙伴签订协议、共同捐赠新的母亲水窖的胡瑞连先生。话题就从第一次捐赠活动开始。2001年,作为完美公司的总裁,胡瑞连同公司董事长古润金先生一起到北京为全国妇联发起的"大地之爱·母亲水窖"捐款50万元。

那天晚上10点多钟,他们回到酒店后接到全国妇联莫文秀副主席打来的电话,邀请他们看一部纪录片,两位老总便应邀前往。纪录片不长,说的是中国西部甘肃等地的缺水问题,两位从小生活在雨水充沛的马来西亚的企业家,看完片子后眼角都有些发潮,他们从未想到中国还有如此缺水的地方。他们当即决定将捐赠额度增加到150万元人民币。从此,胡瑞连就与母亲水窖结下了不解之缘。此后的6年里，他除了组织公司员工、代理商捐赠之外，还到处向亲朋好友、商业伙伴介绍母亲水窖。胡瑞连对贫困地区的感情，连同他的公益理念打动了很多人。他把新加坡、马来西亚的朋友带来了，把法国、德国的合作伙伴带来了，把清华大学总裁班的同学也带来了，朋友们纷纷解囊，捐赠水窖。

回访，又添一份责任

胡瑞连倡议，做公益要回访，要持续不断地关注接受捐赠的地方，这也是捐赠者增强责任心的有效行动。因为他每次回访母亲水窖，内心都会被当地妇联和老百姓所深深打动，从而再次获得一种精神力量。

他记得第一次到甘肃回访母亲水窖，一下飞机，甘肃省妇联的工作人员就把他们所记录的母亲水窖实施过程中每个环节的档案全部拿出来给他看，当地老百姓更是热情地欢迎他的到来。当他看到母亲水窖给当地老百姓的生活真正带来实惠和变化的时候，泪水终于忍不住流了下来。此后，胡瑞连每年都要数次回访母亲水窖。

2006年，胡瑞连带着太太到甘肃进行回访，在品尝了从母亲水窖里打上来的"甜水"之后，胡夫人当即就决定把自己的私房钱拿出来捐赠给母亲水窖。关于西部母亲水窖的电视片在凤凰卫视播出之后，胡瑞连的孩子们立即给他发来短信说："我们为爸爸感到骄傲！"这让胡瑞连感到欣慰，同时，他计划今年暑假带自己的孩子到甘肃回访新的母亲水窖。

胡瑞连认为，要从小树立从事公益的观念，就是将人心中最善良的那一部分开发出来加以培育，使从事公益活动成为一种自觉行动。一代一代地做，社会就一定和谐。胡瑞连说，作为马来西亚第二代华人，他从小熟读"人之初，性本善"，深受中华传统文化影响。后来在华侨华商资助的独立中学上学，由于成绩优秀一直是奖学金、助学金的受益者，所以回报社会是从小时候就培养起来的观念。

6年间，胡瑞连为母亲水窖做了许多脚踏实地的工作，仅甘肃一省，完美公司落实捐建母亲水窖2096眼，解决了13096人的饮水问题。一批以捐赠企业命名的村庄也正在落实建窖。随着完美公司业务规模的扩大，胡瑞连表示将投入更多的资金给西部缺水地区建设母亲水窖。难怪甘肃省妇联副主席管春梅说："胡先生简直就是母亲水窖的义务宣传员和形象大使，他的责任心和善心一样让人尊敬！"

采访结束时，胡瑞连说："中国的发展全球瞩目，各国商人逐利而来。我想我们与别的外资企业所不同的，可能就在于对我们来说，有一种情感是渗透在血液里的，我们身上中国人的情结太重了！"

水，改了西部容颜

尹艳红

生活在继续，水窖的故事也在继续。时隔一年，我第二次随中国妇女发展基金会陇上行，看到了艰难，也看到了变化。就像今天飞扬着的生活，"母亲水窖"项目也呈现出新的容颜。

8月7日，兰州下起了蒙蒙细雨。驱车东行一小时，我们到达了兰州的"东大门"榆中县。在定远乡董家村方家楞干社，一进村口就看到了一个硕大的集雨场，去年的这个地方还是一个垃圾坑，这个深2米多、集雨场面450平方米、蓄水200个立方的集雨窖建成后，成了社里的标志物和人们的定心丸，无论大事小事社里人都会聚集在这里，不仅因为它是社里唯一一块平整的地方，还因为这里聚着他们的宝贝水源。而开闸放水的日子更是全社人的节日，看着哗哗的流水淌进地里，人们从心里喜欢。

60岁的冯英华大妈，热情地拉着记者的手到她家看看。一进门，哎呀！一个多么干净利落紧凑的小院落：4棵苹果树上已结了青的、红的果子，月季、牡丹、小辣椒依次种在院子的花池里，屋顶、院落的集雨面达120个平方，房檐的集雨道出口，雕着虎头，既实用又好看。榆中县是国务院"三西"建设重点扶持的贫困县之一，该村人均年收入六七百元，但他们对生活的热爱从细微处点点滴滴地溢出来。

现在，方家楞干社217户人家，户户都有一口20立方米的母亲水窖。这种整村推进的原则，也正符合了国家扶贫开发的整体思路。冯大妈说，以前每天要走10几里山路去驮水，她和儿媳妇一去就是半天。现在好了，水窖修在自家门前，再不用驮水了，儿子、媳妇可以腾出手来去城里打工。现在社里出去打工的人越来越多，这样可以让家里有点零花钱。县里给每家的水窖配上水泵，大妈的老伴李大爷热情地拿出皮管子给记者演示从窖里压水。水泵的方向可以自由调节，向右转，水就哗哗地流向他的1亩半洋芋地，向左转就流进他家的院里。大爷和大妈跑前跑后地忙着，欣喜溢于言表，有了水窖的老人，就像是得到了糖果的孩子。

在肖玉兰大妈的院里，记者甚至还看见了一台老式的单桶洗衣机，那是她在兰州打工的儿子花30元买来的。肖大妈的院子里也种着金桔、蟹爪莲等花草，红艳艳的指甲花开着，透着喜气。

她家水窖的入口处用一个红色的塑料瓶盖盖着，拧开一看，是一个王致和腐乳的瓶子去掉瓶底嵌在口上，可以把杂草滤在外面，干净卫生了许多。

就是这么一眼小小的水窖，虽然它的定位是"拾遗补缺"，但它却给西部缺水的百姓送去了实实在在的帮助。

有了水的日子开始过得细致，有滋有味。而好日子的开头，不正是从细致开始的吗？

有水的田地变"宽"了

如果说这种生活上的帮助是建"母亲水窖"项目的初衷的话，那么在永靖县杨塔乡我们看到了这种帮助在更深意义上的延伸。

在徐湾村山庄社村头，29岁的吴显学正在他家近40平方米的暖棚圈舍里给一头猪和4只羊上料，今年4月份建起的这个暖棚已经是他家走出贫困、走向富裕的一个起点。他打算再买3只小尾寒羊，以他家的实力，500-600元一只的小尾寒羊他也只买得起3只，但是他说不怕，小尾寒羊个大、繁殖快、价钱高，只要好好养，有了致富的路子，不愁。

有了水，解决了温饱，他们已经开始思量起养畜业了。虽然离发家致富还有遥远的路程，但让日子过得更好些似乎并不是奢望了。

乡党委书记周小明告诉记者，全乡现在有450眼"母亲水窖"，水泥集雨场15300平方米，解决了2000多人的吃水用水问题。7个村中已经有4个村修了暖棚圈舍130座，400头猪、1300只羊已进棚。一个棚的造价是1600元，县、乡配800元材料，群众自筹800元，当时建棚时，7个村的支书都来和他"吵"，都想先建棚。他说在他任职期间，他要建1000个暖棚。

走在坡地上，只见一片片的胡麻已黄澄澄的，优质牧草苜蓿也已经长起来，每亩地里套种的110株花椒绿生生的，全乡这样的经济作物达3300亩。

站在坡头上往下看，一片片的鱼鳞坑已经挖好，可以蓄水种树了；修好的水平台上，10万株山杏、刺槐将为坡地固住根基，穿上绿衣；在山庄和赵山两个退耕还林点，规模已达 500 亩。

同样，这种变化也发生在榆中县定远乡董家湾村。他们及时调整了农业产业结构，粮经比例由去年的 4∶6 增加调整到现在的 3∶7，蔬菜种植面积由去年的 150 亩增加到现在的 400 亩，地膜粮种植由原来的 200 亩发展到 400 亩，同时还增加了各种经济作物的种植比重，部分农户在房前屋后栽种果树、蔬菜，发展庭院经济，生存条件得到了改善。以冯大妈家为例，她家 4 分地的地膜玉米由于点了水，已是果实累累，大妈说可收 500 斤玉米，相当于一个人一年的口粮。

社里还打算在每户人家里建一个日光温室，发展奶牛养殖及反季节蔬菜种植，不仅让人们有零花钱，还要让这块脆弱的土地巩固住脱贫成果，因为连续两年的干旱就有可能使他们再返贫。

有了水的田地似乎变得宽了，变得厚实了。的确，有了水，人们的心气高了，生产也有了后劲，可持续发展的资源变大了。

"送水就是给我们送福"

认识"母亲水窖"缘于两年前的那个记录片：

在漳县崎岖的山路上，驮水的队伍沉重而缓慢地走着，它像一块石头压在人的心里；

上学的娃娃没水洗脸，妈妈只能含一口水喷在他们的小脸蛋；

连续三年考上大学的孩子没钱成行，四五十岁的西北汉子内疚地捂着脸哽咽失声；

小姑娘和妈妈第一次到县城洗澡，看着龙头的水喷射而出吓得哇哇大哭，说"这样糟蹋水，老天爷该不给咱下雨了"；

80 岁的老大娘，只有在她出嫁时洗一次澡，而第二次洗澡则是她出殡的那一天……

就是有这样一些人，她们缺着水、盼着水。这次去永靖县松树湾村，看见 74 岁的杨平喜大娘提着一个小桶坐在坡上，小桶大约装六七斤水，是她一天要用的，她年龄大了，也只提得起这么多。村里没有修水窖，为了这一桶水，她从早晨一直排到中午。我们给了她一瓶矿泉水，她小心地抿了一小口，浑浊的老泪顺着皱纹流下来："这水真好喝，清绿绿的，你们给我送福来了啊。"

67 岁的张菊月老大娘，没有直接对着瓶口喝，而是把水小心地倒在手心，吸到嘴里，她说："这水清的、俊的，这瓶子值钱呀，你们还拿上。"

就是这么朴实的大娘，她们也许从来没有见过金子，但这清的、俊的水，在她们心中就像金子一样珍贵。

兰州市妇联王丽丽副主席讲了这样一件事。市妇联的一位同志到街上修鞋，和摊主说要下乡去，请他快点修好。摊主问到哪里，她说去榆中县修"母亲水窖"。摊主一听，说："榆中是我的老家，你们给我们修水窖，我不要你们的钱，这鞋白修。我们欢迎水窖啊！"

就在我们离开方家楞干社的那天中午，天下起了雨，山路泥泞。透过车窗，我们突然发现很多人拿着铁锹在铲土垫路，为了不让车打滑，他们跟着车一路跑一路垫，雨顺着头往下淌……

对于爱心来说，真诚就是最好的请柬。

后记：

母亲水窖项目实施近两年了，到2001年底，已完成集雨水窖54050眼，小型供水工程731处，遍布以西部为主的15个省区市的159个县，受益人口达38.47万人，工程优良率达98%。老百姓说："水窖是妇联送给我们的一个儿子。"

笔者前后随中国妇女发展基金会两次去甘肃采访，有人问过我：你都去过了怎么还去？我觉得除了那里秀美的山川吸引我，那里淳朴、善良但却贫困缺水的老乡更让我难忘，每去一次都有一次心灵的震撼。

在我们离开永靖县那天，两个多月没有下雨的杨塔乡下起了细雨，雨点打在地上，打在车窗上，远山近土笼罩在一片水雾中，刹时变得生动多姿起来。尽管我们下山的路面已有塌方，但车内还是响起了一片欢呼声。我相信这是一种由衷的欢呼，因为在永靖的两天，我们就已尝到了没水的滋味，踩过了一脚下去就盖过脚面的干土，我们在内心深处已经有一根导线，一头连着干涸，另一头连着甘露，连着大娘她们盼望的清的、俊的生活。

有一首歌这样唱道：那年我从这里走过，从此以后魂绕梦牵；也许你不懂得这种爱恋，因为你没有去那里好好看看……

跨越亲情的爱

牛小栋

孤儿老嗒被路耀章父亲收养，在路耀章家，这位残疾人已经度过了50个春秋。路耀章夫妇像对待自己的老人一样对待这位天生不幸的人。

今年6月份，老嗒唯一的眼睛患上了白内障，他生活无法自理，大小便常弄在床褥，路耀章夫妇每天主要的工作就是伺奉这位老人。他们这样一直持续了4个月。机会来了，健康快车抵达甘肃通渭，路耀章和村里的人在泥泞的路上背着他行走6里山路。在县城，路耀章克服多种困难，历时6天，这位不幸的人又重新获得了光明。

这是中国西部一个再也普通不过的人家了，一个破旧的四合院，几间土房，一眼水窖，一头毛驴，一辆锈迹斑斑的三轮车……和许多人家一样，这里发生的事情再也平常不过了，做饭、洗碗、播种、收获、看病、吃药……这样的事情每年都重复着，全家人的生活平淡无奇。就是在这样一个非常普通的家庭里，却传递了一段鲜为人知的爱心接力，这一传递就长达50年。

在通渭县陇山乡川口村，这家的主人叫路耀章，今年42岁。他说，从他能记事起，他家里就有这样一个人，不会说话，只会发出"嗒嘶、嗒嘶"的声音，所以村里人称他为嗒嘶，现在老了，人们就叫他老嗒。

据村里的人回忆，老嗒是个孤儿，1958年前后被路耀章的父亲收留。当时老嗒二十几岁，又聋又哑、只有一只眼睛。在生产队推磨，在每家轮流吃饭，老嗒饭量很大，要三四碗才能吃饱，当时人们的生活很是困难，许多人家不愿意为老嗒管饭，于是当队长的路耀章的父亲就将这个苦命的人接到自己的家里，从此，老嗒就成了这个家庭的一员。

1960年，饥荒像瘟疫一样在这个地方蔓延。路家全家人和老嗒一起挖野菜、剥树皮，历经各种磨难，总算都活了下来。

时间一晃到了1981年，包产到户后，路耀章的父亲一次由于意外，撒手人寰。老塔在路家能否继续生活下去是摆在路家面前的一个难题。家中没有了顶梁柱，几个孩子尚小，生活陷入了困境。路耀章的母亲此时支撑着这个大家庭，面对家里的变故，她没有选择遗弃，而是继续将老塔留在家里。

路耀章的母亲把老塔像自己的兄妹一样对待，常教育孩子要同情关心像老塔一样的人。1986年是路耀章的母亲最心烦的一年，因为儿子要结婚了。作为老人，最揪心的一件事便是儿媳以后能否和可怜的老塔相处。困难人家要找个媳妇实属不易，路家本来条件不好，何况家里又有这样一个人，她处在两难的境地。这位老塔却真是个命大人，刚娶来的新媳妇很快地融入到了这个特殊的家庭中，承担了包括老塔在内的全家人的家务活。

老塔虽然聋哑，年轻时身体尚好，只要有饭吃、有衣穿，也很好伺候，不需要人更多的操心，一家人其乐融融。在邻居眼里，这个家和其他人家没有什么两样。

人常说，天有不测风云，人有旦夕祸福。2007年6月份，一向健康的老塔突然走路不稳了，老是摔跤，起初家人以为是腿脚上有毛病了，但过了几天，老塔竟然大小便都没了地方，这下子全家人都慌了，想老塔恐怕不行了。

村里的医生进行了初步的诊断，老塔得了严重的白内障。他完全失明了，眼前的世界在老塔面前消失了，他不知道白天和黑夜，找不见厕所，生活不能自理了。

全家人为老塔忙了起来，繁重的农活只能由路耀章一人来干。路耀章的妻子苟彩香只能在家里照料老塔。

"一定要让老塔重见光明。"路耀章下了决心，全家商议，再困难也要把老塔领到县城的医院检查。

第一次到县城为老塔看病特别的顺利，因为村里的农路刚刚修好，车也能通到家门口，这也是老塔平生第一次进县城，在县医院，老塔被诊断为老年性白内障，但由于老塔只有一只眼睛，县医院没有技术实力做这样高难度的手术，建议到省城去做此手术。

农村人到省城做手术，这可是想都不敢想的事。一打听下来，手术费用加上其他的费用要在10000元以上。对于路耀章来说，这可是个天文数字。他做了长远打算，准备在药材、洋芋收获出售了之后再进行手术。这期间，正是农村妇女到新疆拾棉花的季节，苟彩香不能像往年一样外出了，她只能全力以赴地照料老塔。

正当路耀章一家为老塔准备做手术上下忙碌时，一个意外的惊喜传到了路耀章家,"爱心永恒启明行动"手术车抵达通渭,要为白内障患者免费做复明手术,老嗒可赶上了好政策。

给一个七十多岁的聋哑又失明的残疾人做手术,过程是艰辛的。今年国庆期间,长时间的降雨使这个村新修的道路变成了泥浆,车根本无法通行,要送老嗒去县城,只有将老嗒背到6里以外的沙路上。于是,路耀章就请了村里的两个邻居,三人用了1个多小时轮流将老嗒背到乘车点。

老嗒以前从来没有出过门,没有坐过车,何况在失明时。在出租三轮车上,老嗒肢体僵硬,总是蹲在车上,头经常碰在车顶上,10分钟路程经常要走半个小时。路耀章将老嗒抱在他的怀中,生怕碰着。

在县城,最令路耀章心烦的一件事是怎样使老嗒配合手术,对于一个失去光明又聋又哑的人来说,让他配合医生进行术前检查简直太难了。看到排得很长的人群,路耀章心里发了慌。采尿样可真正难坏了路耀章,他怎么暗示都不能采到尿样,最后他借了一个水壶,经过一个多小时的试验,将水从老嗒的身上浇下,终于成功采集到尿样。老嗒一走楼梯,腿就发抖,路耀章只能将老人从楼梯上背上背下。路耀章带领老嗒做手术的事感动了县残联工作人员及做手术的医生,他们将老嗒的手术安排在第一例。

手术出奇的成功,将人工晶体植入老嗒的眼球时,光亮出现了。这位七十多岁的老人欣喜若狂,用简单的手势表达了对大夫的感激。

路耀章这才松了一口气,这个与自己父母多年为伴、与自己共同生活的老人再一次回到了光明的世界中。

来趟县城不容易啊,在路耀章的带领下,老嗒平生第一次吃到了牛肉面,参观了楼房,见了柏油马路。

一个冬日的下午,我们在路耀章家见到了老嗒。老嗒穿着一身干净的中山装,戴着一顶灰色的鸭舌帽,精神矍铄。他正在家中扫院,看到我们到来,他表现得很是激动,用手势欢迎了我们,他苍老的脸上表现了一种满足,他的比划大约持续了几分钟。路耀章说,这是老嗒在向你们讲述他上县城做手术的经过。

路耀章的日子过得紧巴巴的,家里的房子大多已是危房,今年由于老嗒患病,他们都没有外出打工,路耀章的妻子苟彩香虽刚过40,但家庭生活的重担使得她过早地衰老了。她说他们全家都几乎没有穿过新衣服,都是县城里的亲戚送的。

她侍奉老嗒的动作简单而娴熟,洗衣、做饭、填炕、倒便盆……

一次，和路耀章全家共进晚餐。晚餐简单而实惠，煮洋芋和酸菜，这是当地人的家常便饭。老塔也在一起，因为家里以前从没有来过给他照相的客人，今天他显得很是兴奋。老塔拿了一个洋芋，咬了一口，就给了苟彩香，她也没有嫌弃，接过洋芋就吃了。我们感到诧异，苟彩香说，老塔牙齿不好，生冷的不能吃，我经常吃他的碗底(剩饭)。

在大家的闲聊之中，路耀章一直不说话，他好像在考虑着一件事。他说："老塔现在眼睛好了，我们都高兴，他毕竟是70多岁的人了，今年要计划给老塔买寿木，父亲由于当时的条件，只买了个柳木的，我一定要给老塔买个松木的。"

"老塔和你们非亲非故，伺候这么多年了，你们图个什么啊?"在这个场合，这样问话显得过于功利，我后悔我提出了这么个苍白的问题。

"庄稼人能图个啥啊！这个人总得有人管。"苟彩香平静地回答了我。

是啊，这一管，就管了50年。

"幸福工程"为贫困母亲点亮心灯

胡 兰 张永华

为帮助贫困地区的贫困母亲及家庭改变生活现状，2007年5月中旬，由甘肃省妇联发起的救助贫困母亲行动在全省开展。这项名为"幸福工程"的救助活动，使一个个贫困而顽强的母亲因此感受到来自政府和社会的温暖，重新树立起生活的信心。

哈俊英，是榆中县金崖镇的一个普通农村妇女。她是一位两个孩子的母亲，也是两个残疾小叔子的嫂子。她家是村里的特困户，家庭年收入仅为1200元。从她嫁过来的那天起，婆家就没有一处像样的住房。1992年哈俊英的丈夫去世了，家中只剩下36岁的哈俊英和两个尚未成年的孩子以及两个残疾的小叔子，丈夫没有给她留下任何财产，只有两孔破窑洞。然而，善良的哈俊英为了孩子和小叔子没有再改嫁，守着这残破的家顽强度日。大弟弟白彩长既聋哑还患有精神病，但在不发作时可以帮她干一点力所能及的家务活；而43岁的二弟弟白连长，根本无法从事劳动。生活的重担基本上都落在哈俊英一个人身上。2006年，省妇联为她家修建了一眼水窖，这次又为她盖起新房，哈俊英百感交集，说："我做梦也没想到会给我盖房子，我谢谢你们了……"

皋兰县黑石川乡白崖村四社村民杨素珍也是一位单亲母亲，家中现有3口人。丈夫去世后，她艰辛地给婆婆养老送终，并把两个孩子抚养长大，为供他们上学，她借遍了亲朋好友。如今，19岁的女儿已从省卫校毕业，现在永靖县一家医院打工，月收入400元，其中200元寄给了在兰州市读书的弟弟作生活费，200元留作母女俩的生活费。2006年8月的一次意外，杨素珍又将腿摔断了，为了不给孩子们增加负担，她一直没有去医院治疗，直到最近女儿打工的这家医院欠费为她做了手术。杨素珍流着眼泪告诉我们，她做梦也希望有一幢自己的新房子。如今她建房的梦想已付诸实施，成为现实。

  第一次走进临夏县榆林乡联合村上合社仲长寿花的家，我们为她的贫困而震惊：家中4间房屋破烂不堪，围墙倒塌，已经78岁的她多年来一直与智障的儿子和两个孙子一起生活。儿媳妇因不堪贫困重负，已离家出走。这位年迈病的母亲希望在有限的日子里改变一下自己的窘境。6月23日，我们又来到了仲长寿花的家。作为被救助的对象，仲长寿花家已有了极大的改变：新房已盖起来了，松木大梁散发着淡淡的木香，人们正忙着工程的最后收尾工作。

  为救助更多的特困母亲，临夏州妇联把救助"疾病中的贫困母亲"工作作为一个项目来抓，多方奔走，积极争取，用真情感动了一个又一个善良的人，共募集到资金15.8万元，设立了"临夏州救助疾病中的贫困母亲"专项资金，直接救助8县市重症疾病母亲50名，发放救助金3万元。为了让更多的疾病母亲能看病、看得起病、看好病，州妇联又积极探索与农村新型合作医疗的结合点，对实施农村新型合作医疗的永靖县、康乐县、和政县、临夏县、临夏市5个县市、12个村的5080名疾病母亲发放了"救助疾病母亲"参合扶助卡，发放扶助金8万元。

  和政县三合镇周刘家一社农民蒋彩萍，丈夫去世多年，她独自拉扯两个孩子，日子过得很苦。她说："妇联把关爱送到了我们这些难心人身上，过去有病我们一致挺着，现在拿着这个（参合扶助卡）我就放心了……"；临夏市枹罕镇后扬村农民张盼萍说："今年初在临夏市民族医院生一小孩，住院5天，花费582元，凭妇联发的参合扶助卡报销了300元，自己交了282元。真没想到会报这么多，这张卡太有用了……"；永靖县上古村农民王贵珍2006年7月份，在妇联的帮助下，参加了农村新型合作医疗，2007年初因患胰腺炎、肾炎，曾在永靖四局医院、兰州等地住院，两次共花费5000元，已报销了1500元，在兰州住院的医药费正在报销之中。她说："以前可不敢住院，一住就是上千元，太贵了。现在咱们庄稼人也跟干部一样，住院也可以报销了……"

走进兰州市儿童福利院

冯建平

"野百合"也有春天

在我们幸福的生活里，在铺满阳光的土地上，有多少人注意到一个黯淡痛苦的角落？那里，没有了健康儿童活泼的身影、响亮的歌声和天真的幻想，没有年轻母亲幸福的炫耀、欣慰的笑容和充满深情的摇篮曲；而只有智障、身残儿童的病态、孤僻和被冷落被遗忘的悲哀。

这些可怜的小生命，有的是弃婴，有的是孤儿，尽管他们的模样和其他生活在父母身边的儿童一样稚气可爱，但是，他们心灵的门窗却长年关闭着，从他们混沌、迷蒙的目光里，看不到一星智慧的火花。

1987年，在联合国儿童基金会的援助下，经省、市政府批准成立了"兰州残疾儿童康复中心"，即兰州市儿童福利院，两块牌子，一套机构。该院的全体领导及员工们，凭着一种神圣的责任感和一副火热心肠，与国分忧，为社会造福，用他们的心温暖着这些折翼的小天使，使在院的婴幼儿们感受到了家庭的温暖。

"叔叔好！"这句最普通的问候，此刻听来却犹如天籁之音。2007年5月29日下午，当记者在福利院领导的陪同下，参观生活食宿区时，走到记者眼前的，竟是十几岁的英姿勃勃的少年，稍黑的皮肤，高大的个头。他叫永登，因为他是十多年前被人从永登县捡来的，现在他是兰州市城建学校的学生。他刚被送来时，不到4岁，双唇腭裂，中间一个明显的肉蛋蛋。保育员给他喂的奶水都难以下咽，可怜他饿得直哭，保育员也心急如焚。为了保住这条小生命，保育员先把奶水含在嘴里，然后和小永登嘴对嘴，巧妙地把奶水送入他的口中。就这样，保育员用这种方式给他喂了整整一年奶。

走进婴幼儿宿舍，记者看到整齐摆放的一张张儿童床边，保育员正忙忙碌碌碌地给孩子们换尿片，孩子们在保育员的精心照料下，幸福地趟在褴褓里。

在院子里，正碰上厨师给孩子送饭，雪白的小花卷热气腾腾，色鲜味浓的碎面片，让记者忍不住拿勺子舀起来，凑上去闻了闻，真香啊！

院长满家位在这里"掌门"已经6个年头了。他从兰州市孤残儿童养、治、教的实际出发，首先在全院推行了"爱心工程"建设活动，倡导实施生活家庭化、工作一体化、管理开放化和发展社会化的"四化"服务思想，切实维护了孤残儿童养、治、教等基本生存权益、医疗康复权益和受教育权益。历年来，他直接协调争取各类资金400多万元，规划和组织完成了兰州市儿童福利院生活用水打井工程；修建了400平方米大型儿童娱乐园；实施了近30000平方米的基本建设和美化绿化工程；彻底更换了儿童床铺及床上用品，基本达到国家民政部颁布的《儿童社会福利机构基本规范》的标准要求；建成有20多台电脑的多媒体教室和4000多册图书的儿童图书阅览室。全院有20多名孤儿接受了大学、职业技术等各种层次的学习教育，儿童入学率达到100%；近100名残疾孤儿得到了手术医疗康复；建成了拥有10多名专业引导人员、设施完备、课程设置齐全的甘肃省首家引导式康复教育区，使这个院孤残儿童的养护、康复、医疗和教育实现了一体化发展。在此基础上，该院积极推行孤残儿童家庭寄养工作，占全院儿童35%的97人次儿童进入社会家庭寄养，实现了孤残养育的社会化和家庭化。

更令人欣喜的是，在"六一"儿童节即将来临之际，社会各界伸出援助之手，为孩子们献爱心。省民政厅给兰州市儿童福利院发来了慰问信，并送来了1万元的慰问金；靖远路工商所送来了价值4400元的清油、蛋糕、奶粉等食用品；兰州市民政局机关党总支组织机关全体党员，举行了"助孤残、献爱心"活动，机关50多名党员捐款3000余元，用这些钱购买了儿童读物和食品送给孤残儿童。据满家位说，更令他们感动的是，中国东方航空公司甘肃分公司客舱服务部十年如一日为孩子献爱心：在每年"六一"儿童节到来之际，都派代表给孩子们送来物品、衣服、现金等。2007年"六一"前夕，是由客舱服务部经理助理马辉代表大家买了小食品，并送上了募捐的4630元钱。

记者不由再发感慨，让我们都来关心弱苗的成长吧！为他培一锨土，施一兜肥，掬一捧水，洒一片阳光。让这些不幸的小生命，都能长成不弯的绿树，吐露出生命的芳香。

奉送特困母亲一片爱

胥廷辉

前不久，由省妇联倡导的"救助特困母亲"活动，将一笔笔救助款送到了她们手里，被真情和关爱所温暖的特困母亲，个个流下了激动的眼泪！

特困母亲处境艰难

生活在平凉市崆峒区南台村76号的陈秀梅，今年已经71岁了。

3年前，她的老伴以及女儿、女婿都不幸去逝了，留下4岁的外孙女马瑞无人抚养。尽管自己年事已高，身体虚弱，行动不便，但年幼的外孙女还需要她的照顾。她俩只好相依为命，每月仅靠70元的社区低保艰难度日。

2003年，小马瑞到了入学的年龄。为了能让外孙女同其他孩子一样进入课堂，陈秀梅东求西借，终于凑够了学费。遭遇不幸的小马瑞，如愿以偿地到崆峒区上寺台小学读书。孩子一入学，祖孙俩的生活就更拮据了。一年多来，多亏上寺台小学的老师和同学帮助，给小马瑞买学习用品，送吃送穿。当这次活动的组织者带着慰问品到她家时，陈秀梅这颗孤独无助的心一下子好像有了依靠，禁不住热泪盈眶，一直重复着："感谢你们！感谢你们！我们祖孙俩永远忘不了你们！"为了解除她家的燃眉之急，活动组织者当场把500元现金送到她手里。

家住陇南市武都区城关镇钟楼滩社的陈爱秀，几年前丈夫因救落水儿童牺牲了，家里4口人的生活都指望着她，现在全家仅靠她卖菜维持生活。西关社今年已经72岁的马玉莲，一直生活在女儿家，现在女儿和女婿也已先她离开人世，家里人均月收入仅十几元，几年来，她只有靠低保和拾垃圾供养两个孙子生活、上学。教场社的关云霞夫妻俩都下了岗，而丈夫还长年有病。为了给丈夫治病和供孩子上学，她家已债台高筑，生活十分困难。

甘南州合作市卡加曼乡的当瑞生活更是难上加难，她自己腿部有残疾，还要照顾年幼的儿子，家里没有任何收入，只有靠亲戚的长期救助。还有合作市砖瓦厂家属院的温牡丹，是纯女户，她的丈夫长期重病在家，大女儿又是残疾人，目前二女儿还要上学，家里所有的负担只有压在她一个人肩上。

永昌县城墙巷的宋开菊今年已50岁了，是单亲家庭。女儿考上了大学，这对于一个体弱多病，又没有什么职业的家庭主妇来说，真是左右为难，因为她平时仅靠看厕所的一点收入和领取低保来维持家里的生活，这些学费又到哪里去凑呢……

救助，让她们度过难关

按照原计划，这次活动要在全省救助100名特困母亲。然而，随着活动的不断进展，社会各界积极响应，踊跃捐款，仅省福利彩票发行管理中心就资助了5万元，定西市不仅筹措了6000元现金，一些个体经营户还自发地送去了布料等生活用品。临夏州也筹措到了5000元现金。众人拾柴火焰高。这样，特困母亲救助对象就进一步扩大，仅甘南州就突破原有名额，救助了32名特困母亲，张掖市也多方努力救助了16名特困母亲，靖远县的妇联干部干脆自己掏钱，以实际行动帮助了5名急需救助的特困母亲。目前，这次活动的救助对象已达到160名。

庆阳市合水县固城乡的贫困母亲杨彩琴在接过救助款时，失声痛哭："我女儿才是小学二年级的学生，可前年不幸患上了小儿肾病综合症。我们夫妇俩都是农民，实在没钱给孩子看病。我们到处求人、下跪……今天，你们的救助活动让我看到了希望，如果将来女儿的病能治好，以后一定让她为社会多作贡献。"武山县洛门镇董庄村的贫困母亲何新妹还识点字。近日，她给省妇联写了一封感谢信。在歪歪扭扭的字里行间，无不渗透着这位母亲的艰辛和坚韧："几年前，我在小学当教师的丈夫不幸因病去世，他把两位年迈的老人、年幼的孩子和为他看病时所欠的2万元债务一并留给了我。这让我本来就很紧张的家境变得非常贫困，但为了这个家庭，我还是咬紧牙关，供孩子考上了大学。可昂贵的学费让我直不起腰来。在我最困难的时候，你们把温暖送到了我家。我知道，这时的500元比平时的5000元还管用。我一定要让孩子珍惜学习机会，以便学成后回报社会，不辜负大家对我们这个家庭的关心和厚爱……"

关爱，让她们树立生活的信心

这次救助行动的资金是有限的，然而，对于这些遭受不幸的贫困母亲来说，精神的安慰是更为重要的。

在天水市秦安县云山乡云山村，当活动组织者将慰问品和1000元现金，送到至今还生活在窑洞中的贫困母亲刘彩琴手中时，她感到非常意外，禁不住拉着客人的手说："根本没有想到在边远的山村，我这样一个常遭到别人白眼的村妇，得到了你们的关心，说明社会还没有忘记我们这样的家庭。"生活在贫困线上的刘彩琴一家，没有任何经济收入，她的一个儿子还考上了大学，一个儿子又因贫困辍学。这次活动的救助金虽然不多，但对于生活非常艰辛的刘彩琴来说，无疑是雪中送炭。

庆阳市特意将受助母亲召集到妇联办公室，举行了现场发放仪式。有关领导还和她们坐在一起，嘘寒问暖，气氛相当热烈。合水县西华池镇贫困母亲赵莲粉感激地说："丈夫离家出走已经七八年没有回来，我本人又下了岗，还带着两个上学的孩子，经济的拮据有时让我在人前抬不起头，我曾对生活失去了信心，可你们的这次活动又让我重新燃起了生活的希望。"2005年"三八"前，全省妇联系统又帮助了100名特困母亲。这次活动的有关组织者仍在呼吁，甘肃省的特困母亲还有很多很多，她们急需我们的关心和温暖。

金昌市社会福利院纪实

王晓英　李近远

在金昌市城区背面的第 25 小区，有座崭新的院落，临街是一栋幼儿抚育综合楼，设有对外开放的二类幼儿园和孤残儿童收养院两部分；院内芳草茵茵，鲜花盛开，休闲的亭台点缀其中，游乐设施上孩子们在欢快地玩耍；后院的一栋新楼是 2004 年 5 月 1 日刚开园的老年公寓，房间宽敞舒适，自费代养着一些老年人。这里就是全省福利院中设施最好的金昌市社会福利院。人们不仅赞叹这里优美的环境、完善的生活设施，还要夸赞为老有所养、幼有所育辛勤工作的福利院工作人员。特别是接触到生活在这里的孩子们和他们的"妈妈"后，你就会深深地感受到，这里充满着浓浓的爱，这种爱，超越了亲情，是一种无比珍贵的人间真情。

"妈妈！妈妈！"随着几声欢快的呼喊，几个孩子从房间里跄跄着跑了出来，扑进了马英祥的怀抱中。马英祥笑眯眯地把孩子们搂在怀里，在他们的头上抚摩着。实际上，34 岁的马英祥是个小伙子，他是福利院的副院长，是该院为数不多的男性之一。抱住他的几个孩子，都有不同程度的脑部残疾，但是一见到他，都叫得格外亲切。在福利院，孩子们不论对院长还是老师，男的还是女的，都习惯称做"妈妈"。马英祥已给孩子们当了 6 年的"妈妈"。由于他出色的工作，2003 年荣获全国福利系统"维护妇女儿童权益先进个人"的称号，他是省内唯一获此殊荣的"男妈妈"。

开放办院赢得社会支持

福利院的贾志玉院长介绍说，金昌市福利院是 1988 年 3 月建院的，当时条件很差，利用的是原来的一个苗圃，仅有几间平房，因地势低，一下大雨，水就全聚在院里。刚建院时以收养孤寡老人为主，随着社会发展，转为收养孤残儿童，建院至今已收养198人。

近5年来，在民政部门和社会各界的帮助下，加上国际慈善组织的捐助及福利院自筹资金，经过不懈地努力，福利院旧颜换新貌，固定资产达到700多万元。在院的收养儿童现有72人，其中1/3是残疾儿童。为了赢得社会各界对福利事业的支持，福利院的领导到金昌的各学校和单位做工作，搞宣传，与18所中小学签订了手拉手共建单位的协议，与部队和企业建立了长期协作关系，近5年中已累计收到20多万元的捐款捐物。一名叫李强的个体户主动要求资助2名孤儿上学，并承诺要帮助他们完成大学学业。

在改变环境设施建设的同时，福利院改变以往封闭办院的方式，引入开放式办院的思路，1997年办起了全省第一家福利幼儿园。其后，他们想方设法改变教学环境，狠抓内部管理，又面向社会招考幼儿教师，优化教职工队伍，提高了幼儿园的办学质量和社会知名度，生源有了很大提高。2002年，该院所办的启蒙幼儿园被市教委晋升为二类幼儿园。以前福利院的孩子们和外界不接触，看到牛羊都十分稀罕，长大后性格多很孤僻，融入社会的能力比较差，智力发育也受到影响。现在让收养的孤残儿童与社会儿童一起学习，一起外出游戏，让他们了解生活常识，学会与更多的孩子交往，增强了他们融入社会的能力。实行"开放式管理"后，不但对福利院的孩子们智力发育有益，而且将福利院的运作，有效地置于社会监督下，有利于社会各界理解和支持福利院工作，与此同时服务、医疗、康复、餐饮、教育质量也不断提高。现在全院有20名幼儿教师和30名保育员，对外招收的幼儿有300多名。

福利院达到入园年龄的孤残儿童，也和社会儿童坐在同一间教室里唱歌、识字，一起做游戏，一起吃饭。金璐，是一个患有先天性青光眼的女童。我们见到她时，她正坐在教室里，和其他孩子一起唱歌。在其他孩子七嘴八舌的鼓励下，她说了几个英语单词，博得孩子们一片掌声。金璐听到掌声后，羞涩地笑了起来，这笑容，和健全孩子完全一般模样。

保育妈妈情暖孤儿心

二楼是收养儿童保育区，分大班小班和残疾儿童保育室。每间保育室和宿舍，都有单独的卫生间，装备了洗衣机、热牛奶的电饭锅等。在小班，每个房间里有7到10个婴幼儿，都睡在自己的小床里，保育员在房内来回"巡逻"，一听到哪个孩子发出哭闹声，就赶紧走过去，看看是不是尿湿了要换尿布了；

是不是饿了要吃奶了,她们把孩子抱起来拍着哄着,直到孩子安静下来。这里的保育员,多数是下岗女工,她们有做妈妈的经验,也有爱心和耐心,后又经过了一定的专业技能培训。虽然她们每月只能拿到残联补助的300元工资,可多数保育员都毫无怨言地留在这个岗位上,她们说,孩子们太可爱了,一旦干上这个工作,就不想干其他工作了。

王延萍原在金昌市五交化公司工作,2000年下岗后来到福利院。刚来时很不习惯,她自己的孩子都是婆婆带大的,现在每天要管护七八个幼儿,小的出生仅有几天,大的不过1岁,一下做几个孩子的"妈妈"可真不容易,一把屎一把尿,那气味都受不了。干了一段时间,和孩子们培养起了感情,每天一上班,看到孩子们挥着小手,迎接自己的笑脸,多苦多累她也心甘情愿,4年多安心在福利院工作。原来她不会做衣服,来到这里,要常把社会捐来的衣物,给孩子们改制合身,她学会了缝纫,给孩子们缝制过50多套衣服,她还精心为婴儿缝制了很多柔软的尿布。用她的话说,只要对这些孩子有"三心"即:爱心、善心和耐心,就能做个好妈妈,献出一份爱心,其乐无穷。有一年的"六一"儿童节,她带大班的孩子去公园玩,看到孩子们天真活泼,她为孩子们买凉帽,买雪糕一下花了280多元。

他过年过节也常把孩子领回家,让他们感受"家"的温暖。一些孩子大了,被社会上的好心人收养,王延萍会和孩子难舍难分,落下眼泪。

张润芝是残疾班的保育员,是一名随军家属。她照顾着6名弱智和瘫痪儿童,所花的心血更大。对这些儿童的照顾要求更为细致,特别要操心观察,不能让尿布捂了他们的屁股,要时刻操心他们吃得正常不正常,穿得薄厚如何,表情对不对,是不是感冒发热,有没有拉肚子。既要当好保育员,还得学会一些医疗常识和幼儿教育知识。对这些弱智儿童,她一遍遍地教他们发音、教他们迈步。她说,"妈妈"是个伟大的称呼,我要对得起这些孩子们。

及早治疗恢复残儿健康

金昌福利院在残儿康复治疗方面也作了许多有益的工作。他们对院内所有收养的儿童进行了体检,对13名残疾儿童制定了相应的康复治疗计划。有2名肢残儿童入院时没有站立和行走能力,福利院医疗康复部与金昌市二院儿科专家共同制定了康复训练方案,每天坚持3小时的康复训练,经过五六年的努力,这2名儿童不仅能够独立行走,而且能跑能跳。智疾儿童金梅入院时,到4岁还不会说话。在保育员和老师的耐心帮助下，与社会幼儿同吃同住同学习，现在12岁的金梅，语言表达能力与正常儿童已相差不大。福利院还对一些患有脑瘫、弱智、小儿麻痹、唇腭裂、青光眼等疾病的儿童制定了康复治疗规划，上报有关部门审批后，在网上招募国内外救助人员，对孩子开展康复治疗。现已对一名儿童做了唇腭裂修复手术。

通过国家有关部门的帮助，2004年首次与国际组织合作，对一名两性儿童做了变性手术，成功地还其男儿之身。今后3年内，还计划对4至8名脑瘫或肢体残疾儿童进行手术治疗，对一名青光眼儿童进行角膜移植治疗。

福利院收养的儿童，都是因为各种各样的原因被亲生父母遗弃的，他们一出生便受到了不公正的待遇，被父母放弃了养育和疼爱，没有正常孩子所享有的家庭温暖。他们的父母应当受到良心的谴责和社会舆论的指责。无论如何，孩子是无辜的，他们应该享受和其他孩子一样的快乐和幸福。在金昌福利院，这些收养儿童得到了老师、保育员以及社会各界的关爱，他们享受到了一份浓浓的人间真情。

主编点评：

社会总会有弱小者，自然界也有弱小者，这是自然的法则，造化的不公。但是，动物中的大多数实行的是丛林法则，是弱肉强食，所谓"大鱼吃小鱼，小鱼吃虾米"，最终是物竞天择，适者生存，优胜劣汰。虽然有研究认为动物界也有互帮互助、尊老爱幼的道德，但是，只有人才是对于没有血缘关系的他人，具有深切同情心的族类。

人类社会文明演进的最动人成果之一，是人类能够互相照顾，不但互相照顾，而且能够保护弱者，扶助弱者，让弱者同样在社会中拥有自己应有的权利，让弱者也拥有自己的幸福和天地。

弱者不是由于他们自身的错误。先天的残疾。后天的疾病，不可预知的天灾人祸，难以把握的市场竞争等，都会使一个人成为弱者。在风险社会中，每个人随时都可能沦为弱小者、失败者。救助弱者体现的是社会的文明和进步。因此，救助他人也就是救助自己，帮助弱者也就是帮助自己。今天我们救助别人，当我们哪天遇到不幸，需要救助的时候，我们才能问心无愧地接受他人的援手。

公益奉献

慈善总会 播撒爱心

张国定　张庆信　牛庆国

2003年10月28日，秋高气爽的时节，秋风却突然凛冽起来，人们已经明显感受到了冬天的气息。此时，甘肃省慈善总会组织的向民乐、山丹地震灾区援助救灾物资的捐赠仪式在兰州隆重举行。

3天前，地处祁连山麓的甘肃省民乐、山丹两县交界的沿山地区，发生了一场6.1级的地震，突然降临的灾害，使这个比较贫穷的地方遭受了一场空前的劫难。

175个村的4.6万多户村民受灾，大量房屋被毁，灾民们瑟缩在旷野里，忍受着寒冷和饥饿。得知灾情后，甘肃省慈善总会立即决定向灾区捐赠价值85万元人民币的牛绒衫2000件、棉被1000床。

同时，在社会上发起了轰轰烈烈的慈善捐助活动。

捐赠仪式上，甘肃省天庆房地产公司首先捐赠价值25万元的3000件军棉大衣。一家带头，大伙儿跟上，一个又一个企业和社会团体纷纷慷慨解囊捐款捐物，奉献出了一颗颗扶危济困的拳拳爱心。原省人大常委会副主任、省慈善总会会长饶凤鏖在热烈的掌声中，郑重地向每一个捐赠单位颁发了荣誉证书。捐赠物资汇集在一处立即发往灾区，给正在饥寒中的灾民送去了一份温暖，送去了一份真情。

由于甘肃省自然灾害频繁，每年都给灾区群众生产、生活带来严重损失。省慈善总会把赈灾救济作为长期的慈善项目。每当省内一些地方遇到自然灾害，就立即行动，把储备的救灾物资及时送到灾区，还积极动员机关、企事业单位、企业家、慈善家和社会各界人士定向捐钱捐物，帮助灾区群众共渡难关。

2000年5月31日傍晚，一场特大暴洪袭击了宕昌县的26个乡镇，数万亩良田变成了荒滩，数以千计的民宅、学校、机关、企事业单位的房屋被夷为平地，许多农户维持生存的粮食被冲走，面临着饥饿的威胁。

甘肃省慈善总会根据灾区的急需，筹集善款，购买了50吨面粉，委派两名副会长及时送到了缺粮的灾民家里。

除了遭受自然灾害需要救助外，每年还有相当一部分农村和城镇特殊困难群体需要社会救助。于是，省慈善总会把开展经常性的社会救助活动作为重要任务，不仅逢年过节要较大规模地走访、慰问孤、老、残、幼、特困户、下岗职工等弱势群体，还不定期地对一些特殊困难群体给予及时救助，帮助他们渡过难关。仅2003年和2004年元旦、春节期间，用于救助农村特困户和城镇下岗职工的善款就达100万元。先后还为40多个社会福利院、农村敬老院、老年活动中心购置价值100多万元的设备和生活用品，将社会捐助的400多台件电脑、电视机等学习、生活用品转赠给了部分贫困乡村学校、医院和贫困农户。这些经常性的社会救助活动，量大面广，救急救难，缓解了特困群众的特殊困难。

2000年7月30日，火辣辣的阳光灼烤着贫瘠的山区，东乡族自治县一个叫仓房的小山村的村民们，一大早就聚集在村口，等候圆了他们几代人"吃水梦"的"挖井人"。上午11时，省慈善总会饶凤鬻会长陪同来自台湾佛教慈济慈善事业基金会的7名代表，风尘仆仆地来到仓房村。顿时，鼓号齐鸣，掌声雷动，乡亲们扶老携幼拥上前，欢迎为他们解渴的亲人们。

1998年，省慈善总会就对东乡族自治县干旱山区人畜饮水困难开始关注。

饶凤鬻会长上任不久，就多方联系，牵线搭桥，从1999年以来，先后有台湾佛教慈济慈善事业基金会、英国国际咨询与资源企业、世界宣明会、兰州西固通达房地产公司等国内外慈善机构和热心慈善事业的企业，在东乡县实施"慈善济雨水工程"，先后投资442万元，修建水窖4971眼，解决了这里近5000户、2万多人和1万多头大牲畜的饮水困难。台湾佛教慈济慈善事业基金会共投资60万元，在仓房等4个干旱山村修建集雨"慈济窖"628眼，从根本上解决了这4个山村人畜的饮水困难。

这天，仓房村村民们兴高采烈地把台湾来的亲人们迎进村里，请他们验收"慈济窖"。客人们来到东乡族村民马外里木家的小院里，马外里木脸上洋溢着灿烂的笑容，特意从水窖提上来一桶清凉的窖水，用碗盛上，请客人们品尝。台湾客人们接过水碗，一人喝一口，仿佛那水里放了糖似的，一个个脸上露出了甜蜜的笑容。

马外里木，这位40来岁的东乡族汉子感慨地对客人们说："从我的爷爷、我的父亲到我这一代，吃水都靠几十里外山泉里的一点泉水，每天晚上10时多，我们赶着牲口、背着水桶去找水，凌晨两三点钟才能回来。因为人多、泉水少，有时候等半夜连一桶水都盛不满，我们吃尽了缺水的苦头。现在家家户户有了'慈济窖',再也不受那份罪了。"省慈善总会还把帮助解决贫困地区农村人畜饮水困难作为首选的慈善项目,共募集慈善款2000多万元,集中在通渭、会宁、东乡、积石山等20多个干旱县缺水的贫困农村修建"慈善集雨水窖"2.6万多眼,硬化集流场180多万平方米,同时在有条件的地区打机井2眼,建蓄水池8个,解决了12万多人、2.3万头(匹)大牲畜的饮水困难,产生了良好的社会效益和经济效益。

有了清洁的窖水,干旱贫困地区农民的生活发生了巨大的变化,疾病减少,身体素质明显提高,精神面貌大大改观,居住环境和村社面貌焕然一新。积石山县五山庙是一个非常干旱的小山村,人畜饮水奇缺,村民马福林家孩子上学,妻子有病,家里找水、挑水的事离不开他,影响他出去打工挣钱,日子过得非常艰难。"慈善集雨水工程"为马福林家捐助一口雨水集流水泥窖,他再也不用为找水、挑水发愁了,可以放心地出门打工,争取早日摆脱贫困。同村的小学生马小燕,父亲出外打工,母亲有病,弟妹幼小,家里找水、挑水的重担全落在她的肩上,每天为了一担水要奔波、守候大半夜,使她不能安心读书,随时都可能辍学。慈善集雨水窖让她卸下了沉重的担子,可以安安心心上学读书了。受益群众高兴地称颂慈善水窖是"功德窖"、"幸福窖",东乡等地受益群众还在村口竖起"慈善集雨水工程"纪念碑,让子孙后代永远不忘捐助人。

有位回族歌手用"花儿"表达了对慈善工程的感激之情:"前些年,大自然有了变化了,山沟沟里的泉水(哈)干涸了;庄农人有了灾难了,为寻水抢水(者)把腿跑断了;如今啊,日思梦想的事已经实现,善心滴水汇成了甘泉;尕妹妹挑水再不犯难,只是拉一下电源开关。如今的生活(哟)比蜜甜,我老汉(呀)年轻了十年。""微笑列车"撒欢歌微笑,是脸上荡漾的春风,是涌动的阳光和盛开的花朵。"微笑列车",爱心驱动,满载慈善,一路将甜蜜和温馨、欢乐和幸福撒向人间,驱散忧愁的阴云,温暖贫困的人家,抚慰悲苦的心灵。

1998年,在美籍华人、CA国际公司董事长兼首席执行官王嘉廉的资助下,美国启动了免费培训医生,免费实施唇腭裂手术的"微笑列车"。美国前总统乔治·布什说:"我觉得'微笑列车'是一个非常好的创意。全世界有许许多多儿童因患有唇腭裂而感到羞辱和孤独,'微笑列车'将向他们伸出援助之手。"王嘉廉说:"世界上好像很少有什么投资能取得这么大的回报。只需250美元,一个孩子就能有一张全新的笑脸,就能开始新的生活。"1999年5月,一个阳光灿烂的日子,由中华慈善总会立项、甘肃省慈善总会负责实施的为贫困地区唇腭裂患儿免费手术矫治的"微笑列车",首次来到陇东,为老区的唇腭裂患儿带来了福音。一个个患儿陆续走进平凉地区医院，接受矫治手术。当这些天真无邪的孩子面带微笑从医院出来，家人一个个激动地流下了喜悦的泪水，一位70多岁的老农，在自己患唇腭裂的孙子顺利实施了手术矫治后，止不住热泪盈眶，高兴地见人就说："慈善组织好，不但免费做手术，还管吃管喝。如果不是慈善事业，我孙娃到老也是个'豁豁'。"唇腭裂，在甘肃民间俗称"豁豁"，是一种比较常见的先天畸形，对患者的语音、呼吸等都有不利影响，特别是严重影响患儿心理的健康发展。我省部分农村群众因为生活还很贫困，无力承担患儿矫治手术的费用，许多唇腭裂患者"今年望着明年补，'小豁豁'变成'大豁豁'。"有的患者为此付出了沉重的代价，失去了一辈子的幸福；有的患儿甚至为此引发了许多人间悲剧。

"微笑列车"作为一个非赢利性的国际性慈善机构，其宗旨是在全球范围内消除唇腭裂。中华慈善总会和"微笑列车"达成协议，由"微笑列车"出资，甘肃省慈善总会具体实施，为我省唇腭裂患者免费进行手术矫治，同时培训医务人员，开展相关的科研活动。甘肃省慈善总会积极配合"微笑列车"，投入533万元，为2563名贫困地区的唇腭裂患者实施了免费矫治手术，成功率达到100%，使这些患者免除了生理缺陷带来的苦恼和困难，过上了正常人的生活。正宁县14岁的患儿马彩霞，先天性双侧全唇裂，多次哀求母亲为她去医院手术治疗。可是家徒四壁，连基本生活都不能保障，怎么能承担起高昂的医疗费用？母女俩经常抱头痛哭，悲叹命运的不幸。随着年龄的增长，马彩霞的自尊心受到了严重伤害，变得越来越沉默了，性格也孤僻了，对生活失去了信心。"微笑列车"来到了她的家乡，马彩霞接受了免费手术矫治，灿烂的笑容重新回到了小姑娘天真稚嫩的小脸上。

有许多唇腭裂患儿，因为家里太贫穷，没有能力为他们进行手术矫治，从小就被父母遗弃了，几乎注定了一生的悲剧命运。

1996年出生的男婴李小伟，是一个唇腭裂患儿，出生不到两个月，就被狠心的父母遗弃在通渭县民政局门前，后来被一个李姓农民收养。这个农民唯一的儿子病亡，为儿子治病欠了一屁股债，现在收养了一个"豁豁"儿子，最担心的是没有条件为他做手术矫治，让他一辈子没有个出头之日。

1999年6月，小伟幸运地接受了"微笑列车"提供的免费手术矫治，一年后手术痕迹完全消失，成了一个可爱、漂亮的孩子。

1991年出生的唇腭裂患儿董小河命运更加悲惨，出生不到10天就被父母遗弃在定西县一家医院门诊部过道的长椅上，一连7天，靠好心的医护人员和病人们喂养,才幸免一死。后来被一位董姓贫苦农民收养。

1996年5月,"微笑列车"在定西地区医院为董小河实施了免费手术矫治,使他彻底摆脱了唇腭裂带来的厄运,成为一个懂事、漂亮、健康的男孩子。

2001年3月,中美两国在北京举办"微笑列车"唇腭裂手术国际学术会议,董小河幸运地作为甘肃代表应邀参加会议,在北京受到正在中国访问的美国总统布什的接见。

在配合"微笑列车"开展唇腭裂免费手术矫治的同时,省慈善总会把医疗救助作为固定慈善项目,经常为贫困地区患者提供免费医疗服务。与北京中科天立公司合作,先后为23个县的61个医院、基层优抚单位、福利事业单位捐助价值1486多万元的医疗设备169台件;邀请韩国光州第一慈善会、美国视博恩公司并与省医疗学会合作,组织医疗队在通渭、东乡、庆阳、天水等贫困县开展大型慈善义诊,为3000多名患者免费发放药品,为乡村卫生院捐赠医疗器械,价值共36万元。

在肺结核高发区的东乡县投入90多万元,开展肺结核病的预防和治疗;向榆中、永登县部分乡村卫生院和兰州市的4个敬老院捐赠了近30万元的医药、保健用品;在定西、天水两地为242名小儿脑瘫患者开展了医疗康复救治。这些医疗救助,使甘肃省贫困地区近10万人受益。

2000年秋季,正宁县五顷塬回族乡西头村落成一所希望小学,以崭新的面貌迎接新学年的开始,迎接新世纪的到来。校园正中是一幢瓷砖贴面的乳白色教学楼,鲜艳的五星红旗在楼顶上高高飘扬。楼前竖着一通墨玉制作的石碑,上面隽刻着"乐育英才"4个苍劲有力的大字。在秋阳的照耀下,这所希望小学充满生机,充满活力,给人以蓬勃向上的感觉。

正宁县五顷塬乡西头村地处子午岭西麓林沿地带沟壑区。由于受自然条件的限制,长期以来经济发展缓慢。最近几年,毗邻乡村不少小学相继建起了教学楼。因为该村经济贫困,只能望楼兴叹。

他们多么希望本村也能建起教学楼,让孩子们告别那破烂不堪、窄小潮湿的校舍。

这个情况通过有关方面被香港教育基金会的创办人范止安先生知道后,范先生一次投资20万元人民币,建起了一幢两层单面教学楼。在他的带动下,该村群众有钱的出钱,有力的出力,在外工作的干部职工纷纷慷慨解囊,筹资14万多元,拆除旧校舍,新建18间瓦房,作为会议室、图书室等。

官亭村是皋兰县最边远、最偏僻的贫困山村,水、电、路不通,修建于上个世纪60年代的官亭小学,因年久失修,地基裂缝,成了危房,严重威胁着师生们的生命安全。省慈善总会了解到这一情况后，决定将甘肃金融租赁公司捐赠的18万元用于官亭小学的新建。仅两个月的时间，一座占地3亩、建筑面积265平方米、设计新颖的教学楼拔地而起，60多名师生欢天喜地地搬进了宽敞明亮的新学堂。

甘肃省慈善总会成立以来，把助学助教作为从根本上帮助贫困地区农民脱贫致富的长远工程，列入慈善救助重点，先后投入善款800多万元，在贫困山区修建慈善希望小学28所，在会宁、通渭、积石山等县建立烛光图书室40个，为东乡师范等3所学校建起了远程教育设施，向东乡县龙泉中心学校、张掖聋哑学校等10多所学校捐赠了50多台VCD、音响设备和上万张光盘。同时，奖励乡村优秀教师1000多人，为26所山区学校的660名教师发放了价值33万元的新服装，推荐152名山区教师荣获中华慈善总会的"烛光奖"，救助贫困大中专学生和失辍学儿童2000多名。

由于甘肃省是一个经济欠发达地区，需要救助的对象多、慈善资金来源有限，本省募集的善款、善物还远远不能满足社会救助的需要。省慈善总会坚持在省内开发慈善资源的同时，积极与国际和国内其他地区的慈善机构加强联系，主动介绍我省困难地区情况，开展各种慈善合作，从最初单一的慈善抗旱集雨水工程项目，拓展到助教助学、助孤助残、医疗救治、生态环境等多个领域，与世界宣明会、美国视博视恩公司、"微笑列车"、台湾佛教慈济基金会等海内外10多个慈善组织建立了长期合作关系。截至2003年底，海内外慈善机构在我省援助慈善资金已达3000多万元，完成了一批卓有成效的慈善援助项目。

多年来，通过甘肃省慈善总会的牵线搭桥和协作，国际世界宣明会、台湾佛教慈济慈善事业基金会、美国阳光投资银行基金会等慈善机构在我省干旱贫困地区修建抗旱集雨水窖7500多眼，新建蓄水池8个，打机井3眼，解决了8000多户近4万多人、1.1万多头（匹）大牲畜的饮水困难。开展助教助学、科技扶贫等慈善活动，修建乡村小学21所，救助孤儿、失辍学儿童、贫困大中专学生500多名，种植地膜玉米、脱毒洋芋、温棚蔬菜等高产高效农作物1万多亩，并进行小流域综合治理，利用荒山荒坡种植生态效益和经济效益林果树60余万株，修建乡村公路2条16公里。

韩国大所国际贸易公司等慈善机构，在甘肃省开展大型慈善义诊、肺结核病防治等医疗救助活动，使上万名贫困群众直接受益。

慈善，是一项功德无量的事业。一件件实实在在的慈善救助项目，一例例感人至深的事迹，像一滴滴春雨滋润着干渴的土地，像一阵阵春风为遭遇各种困难和不幸的人们送来了温暖。

五老汉募捐助学记

郭万杰

在皋兰县西岔镇山字墩村,有5位老人,其中4位是山字墩学校退休教师,一位是原山字墩村村委会主任,5人中年龄最小的64岁,最大的75岁。从今年9月22日开始,5位老人先后到新疆、兰州、皋兰县城向山字墩校友募捐,用于解决山字墩学校的办学困难,一时传为佳话。

在山字墩村,记者见到了参与募捐活动的几位老人。中等个头的张勇全今年64岁,是个爱说爱笑、性格活泼的老人。个子高高瘦瘦、年龄70岁的老人叫周厚荣,原是村委会主任,在群众中享有很高的威望。精神矍铄的姚朝贵老师教龄最长,可谓桃李满园,在山字墩校友中有很强的号召力。李能维从上世纪50年代就开始担任校长职务。谢忠荣也是一位热心教育、喜欢公益的人。张勇全笑笑对记者说,队伍虽然只有5人,却相当有分量。

山字墩学校于1938年由知名人士颜占太创办,至今已有60多年的历史,可谓陇上名校,为国家和当地培养出了不少人才。然而,时过境迁,山字墩学校近年来因经费不足而困难重重。教育经费不足,公办老师只有走的心,没有留的心,纷纷调离;学校大门设置不合理,有的群众在校区里面打场晒粮、打窖贮物,损害校容校貌不说,还影响正常教学。困难娃娃辍学的问题也让老师们十分头疼。面对这一局面,山字墩人再也坐不住了。

张勇全老师和夫人退休前都在山字墩学校教书,如今住在村头一处宽敞的住宅里。他的儿子是一位经营砖厂的老板,是村里数一数二的富裕户。谈起往事,张老师十分激动:"我上学时已经十来岁了,上学前连裤子都没得穿。解放了,我能穿起衣服了,也背起了书包进了学校。我买不起笔和本子,是姚朝贵老师接济我钱,让我有笔和本子用。我从学校毕业后,成为一名光荣的人民教师。我张勇全能从全村最穷的人变成全村最富的人,一得感谢共产党,二得感谢母校对我的哺育之恩!"今年教师节,学校邀请老师共度佳节,大家围桌而坐，一边吃瓜子，一边共话当年。

谈着谈着，心直口快的张勇全老师忽然激动地站起来，他手里抓了一把瓜子，在大家眼前晃了晃说："诸位，今天是教师的节日，是喜庆的日子。学校本来是想拿出更多的钱，让我们高兴一下，可是学校没有钱，只买了些瓜子，连好些的水果糖都买不起。我们这些教了一辈子书的人，现在还拿着学校的退休工资，能眼看着学校困难不管吗？"张勇全话音刚落，会议室里响起了长时间的掌声。就是在这次会议上，由张勇全、周厚荣、姚朝贵、李能维、谢忠荣5位老人发起，成立了山字墩关心下一代协会和山字墩学校校友联谊会。他们决定由自己带头，掀起一个关心教育、支持教育的热潮。

说干就干。要改变学校面貌，首要的问题是筹钱。大家不约而同地想到了募捐。解放以来，山字墩村先后有500多人出外工作，这些人都是在山字墩学校接受了启蒙教育。他们对母校有很深的感情，不会眼睁着母校的困难无动于衷。十万八万不算多，五十一百不算少，关键是一份爱心。张勇全是募捐活动的积极倡导者，为了给大家做出表率，他动员儿子率先为学校捐了10万块砖，折合人民币1万多元。

8月16日，中秋节刚过，5个高龄老汉便踏上了西去新疆的征程。为了不给学校增加负担，他们不要学校出一兵一卒、一分一厘。为了节约，老人们买了硬席票。

这是一趟特殊的行程。由于大家年龄普遍较大，所以事先都带上了较厚的衣服，并准备了晕车药、感冒药等。送行的家属有些不放心，千叮咛，万嘱咐。张老师的爱人附在老头子耳边悄悄说，都是些老汉，就你年龄小些，路上可得多操些心，千万不能出个啥事。列车上，拥挤不堪，过道也挤满了人，为了让老汉们喝上水，张勇全只好从人缝里插进腿，一趟一趟地"运水"。晚上，两个老汉睡觉，其余3个老汉睁圆双眼，负责保卫工作。他们本来起程时带了厚衣服，可是过乌鞘岭时，由于气温骤降，几个人还是感冒了。张勇全只好把自己的厚衣服脱下来，让年龄最大的姚朝贵老师穿上。即使这样，5个老汉仍然充满了乐观向上的情绪，并吟诗作赋，抒发豪情："常言七十古来稀，西出阳关有豪气；佳节临近人拥挤，节约铜板坐硬席；深秋寒气来袭击，五人相对打喷嚏；老牛自知夕阳短，竭尽全力为教育。"这趟新疆之行，取得的成果是丰硕的。他们先在嘉峪关下车，找到了嘉峪关消防队队长颜慎鲁，募得第一笔款项1000元。

接着又在新疆找到了武警某部师政委刘立祥、乌鲁木齐市房地产开发局局长姚和江。看到恩师千里迢迢为教育募捐,他们既吃惊,又感动。刘立祥说,你们都是高龄老人,家里不缺吃不缺喝,却不顾道路遥远,为教育奔波,真让人感动。你们先回去,我们马上拿出捐助方案!在乌鲁木齐停留的两天里,5位老人受到刘立祥和姚和江的盛情接待。刘立祥和姚和江把他们吃住安排得无微不至,白天工作忙,晚上专门陪他们聊天。

临行,又亲自把他们送上了回程的列车。

回到兰州后,5位老汉又马不停蹄,兵分两路,奔赴兰州和皋兰县。他们晚上住在简陋的旅店里,白天打听着寻人。高楼大厦让老汉们激动,也让他们望楼兴叹。楼高的地方,他们就让岁数大的人在楼下等着,其余的人上楼。

省建四公司副经理马庭仁激动地说,修大门用的钢筋、水泥我全包了,还有人力我也出,一定把学校建漂亮些。在校友贾怀德家里,他们受到夫妇俩的盛情接待,在省委幼儿园工作的贾怀德夫人,热情地答应捐助幼儿园淘汰下来的桌椅、手风琴等教具。丈夫不甘落后地说,我是这个学校出来的学生,更应该为学校出力,我出1000元捐助款。

这样,短短的时间里,你一千,我五百,大家纷纷伸出援助之手,已经捐出价值5万多元的现金和物资。

记者再次见到张勇全时,他正在兰州忙着募捐,他笑呵呵地对记者说:"我们就是要通过募捐这件事,达到为教育办实事,在全村形成关心教育的好风尚。等捐款结束后,我们就着手修建校门,建立贫困儿童扶助基金,让上不起学的儿童也有受教育的机会。"

煤城"老来乐"，义演架心桥

张蔚波　石巨福

在煤城华亭县城乡，这两年来，活跃着这样一支义务文艺演出团体：他们身穿红上衣、白裤子，自带干粮和茶水，奔波在乡镇村社、田间地头和厂矿班组，用歌声、舞蹈、板书、器乐表演、小品相声等文艺形式，歌颂新时代、褒贬世间事、唱响人生曲、宏扬主旋律，为群众奉上了一道道精神大餐，在党和政府与群众之间架起了一座座连心桥。这就是由华亭县离退休老干部组成的"夕阳红·心连心"艺术团。

退而不休，一腔痴情献余热

生活中，很多离退休老人形成了一个大体相似的生活模式，"养花遛鸟抱孙子，下棋打牌搓麻将"。然而，华亭的一批老干部却改变了这一现象。

这是2007年的事。"保持共产党员先进性教育活动"在全国广泛展开。华亭县委组织部为有效地在离退休干部党员中开展这一活动，丰富老年人的生活，便联合县老干局等单位向全县离退休干部发出倡议，恢复多年前曾存在过的"夕阳红"艺术团，并更名为"华亭县夕阳红·心连心"艺术团，推荐今年58岁的社保局退休干部杨东成为团长。这支艺术团共有80多名成员，平均年龄62岁，22人是共产党员。在组团之初他们就设立了合唱队、舞蹈队、健身队、秦腔自乐队、器乐队、编剧组和后勤组。还制定了《章程》，从艺术团的性质、任务、组织领导、活动内容等方面进行了明确界定，并引入军事化管理，实行民主治团，一迈步就踏上了有机构、有任务、有目标、有制度的规范化路子。

一群老干部、老职工，曾经为当地发展奉献了青春年华，现如今离退休了不去享福休息，还"提着煤油灯唱皮影戏"，图的是什么？艺术团成员、城区离休支部副书记李兴初几句朴实的话道出了大伙的共同心声："我们虽然年老体弱，但离岗不离党、退休不退志是我们的心愿，活一天就要为和谐社会建设发一分光、献一分热。"这样，他们就开始了下乡转村搞义演，用各种群众喜闻乐见的艺术形式，开展送科技、送文化、送温暖活动。

苦练技艺，赢得各界齐喝彩

今年5月，在砚北煤矿，一曲《咱们工人有力量》，让刚从井下出来的矿工们忘记了疲劳；8月，在马峡镇双明村，一部小品《争婆婆》让正和婆婆闹矛盾、闹分家的村民王会琴流下了感动的眼泪，不等看完节目就张罗着要去接回离家出走的婆婆；10月，在县城人民广场，一场舞蹈《吉祥谣》尽显老干部的晚年生活风采，那股精神劲、欢快劲，迎来台下如潮的掌声……

这些场面都是"夕阳红·心连心"艺术团演出的缩影，华亭的城乡群众一次次地被艺术团老干部们饱满的精气神所打动，被他们精彩生动的文艺表演所吸引，为老年人老有所为、老有可乐的人生取向所折服。艺术团成立不到两年，他们的足迹已踏遍全县10个乡镇和30多个企业，举行了80多场义务演出，成为当地群众津津乐道的事。

人们在为艺术团的演出所陶醉时，却并不知这些"演员"们"练功"的辛苦。

为提高节目质量，艺术团的老干部是下了苦功的，没有足够的场地，他们就经常顶风冒霜在室外排练舞蹈和合唱；没有合适的剧本，他们就群策群力、集思广益，自己动手编剧目；遇到节假日有任务，白天时间不够，他们就挑灯夜战加班练，从来没有叫苦喊累的。

梅花香自苦寒来。由于华亭"夕阳红·心连心"艺术团成绩突出，去年底被平凉市委、市政府授予"全市科技、文化、卫生'三下乡'先进集体"；2008年9月，他们代表平凉市参加了全省老干部庆祝长征胜利70周年文艺汇演，得到了省上的表扬；10月，艺术团演员王红梅获得甘肃大戏台秦腔分决赛擂主，王希萍获得分决赛周冠军。

结对帮扶，架起党群连心桥

初冬时节，寒风扑面，砚峡乡东沟村村部却是火热一片。村民们围在一起，观看新成立的村文艺队第一场演出，看着"自家人"的精彩表演，大伙拍红了手掌，也鼓热了心情。

东沟村人知道，他们能有自己的文艺队，还全靠华亭县"夕阳红·心连心"艺术团的扶持和指导。艺术团在各地演出时，联络到了一大批乡土艺术家，他们觉得这些人才资源不应该闲置。于是，艺术团积极鼓动有才艺的团员与50名乡村文艺骨干结成了帮扶对子，共同学习技艺，同台演出，互帮互学，搞艺术帮带活动。接着，艺术团又倡导乡村文艺骨干就近组团，相继成立了马峡镇双明、神峪乡吉家河、砚峡乡东沟等15个村文艺队，将乡土文化艺术的种子撒满了全县各个角落。同时，艺术团成员还和20多户贫困户结成了"扶贫"对子，义务为农户提供资金、信息、技术帮扶。团长杨东成说："文化上的帮扶也是重要的帮扶。以前经济帮扶比较多，现在建设和谐社会，文化帮扶更为显得重要。"

"只讲奉献，不求索取"是华亭县"夕阳红·心连心"艺术团的品格，所以他们每次下乡演出都是自想办法，借用车辆，义务演出。为不增加地方负担，他们从不要求舞台布置，而是就地开场；不搞摊派，演员在农户家中吃便饭。艺术团成员还和20多户贫困户结成了"扶贫"对子，义务为农户提供资金、信息、技术帮扶。神峪乡吉家河的群众说："艺术团不仅帮我们富'口袋'，更帮我们富'脑袋'。从他们身上我们感受到了党和政府的关怀。"

正是因为有技艺精湛、纪律严明、无私奉献的团队精神，才使"夕阳红·心连心"艺术团在唱响华亭的同时，他们的精神也震撼了煤城，受到全县干部群众的一致喜爱和称赞。

宁夏英雄，陇原骄子

庞 武 郭自强 陈 泳

"把生的希望留给他人，把死的危险留给自己，危难时刻显身手，火海煅铸忠诚骨。"２００６年11月8日，由中央电视台主办的"中国骄傲走进宁夏寻找英雄活动"颁奖晚会上，评委会的一番评语，再次让人们想起了15年前那一场灭火战斗，那个奋不顾身冲进火海救出一对夫妇的勇士———原宁夏银川市消防支队三中队退伍战士、现甘肃省岷县卫生局办公室主任刘鸿。

刘鸿，1989年3月应征入伍，在武警银川消防三中队服役，1991年12月复员。作为一名消防战士，刘鸿在部队训练刻苦，两年间参加了大大小小的灭火战斗200多次，每一次虽然都是与火魔的生死较量，但对消防官兵来说是最平常不过的事情。因此，他没有把那一次灭火救人的事向别人说过。就在2006年8月28日下午，《中国骄傲·宁夏英雄》评选工作小组收到银川市第三建筑公司侯先生写来的一封信，请求帮助寻找15年前从火海中救出他们夫妇二人的两名消防战士。从此，一段感人故事走出尘封的闸门，刘鸿平凡而可敬的英雄事迹在宁夏、甘肃两地广为传颂。

15年后，刘鸿不再是那个风华正茂的18岁小伙子了，但高大魁梧的外表下依然豪情万丈。在明亮整洁的办公室里，刘鸿那平缓语调中带着激动，再次把我们带到了那些可亲可爱的战友身边，还有那一场对他来说平常得再不能平常的灭火战斗之中。

1991冬天的一个中午，临近复员的刘鸿心情就像当天的沙尘暴天气一样，非常复杂。临近午餐时，突然听见警铃拉响。他和战友们立即着装、出发，直奔建筑三公司家属楼火灾现场。

不到5分钟，消防车赶到了现场，通过了解查看，起火的人家在三楼，大火是厨房里使用不当的汽油炉引发的。当时火势很猛，浓烟滚滚，房屋里和楼道处全部被烟气笼罩。受伤者几人？在哪个方位？现场根本看不清，只有倒在地上的汽油炉喷出"扑哧扑哧"的火苗声依稀可辨。情况非常危险，怎么办？为了不发生意外，消防队员按照普通楼房灭火扑救方法拿出一支开花水枪扑救，同时一号指挥员夏吾丹加强对地上汽油炉的冷却和灭火，严防汽油炉因高温发生爆炸，造成更大损失。刘鸿和一号员顶着大火的炙烤和浓烟的熏呛，奋力扑救大火。

就在火势基本控制的时候，忽然听到有人大喊："里面有人！"。话音未落，刘鸿立即用对讲机通知驾驶员加大水压，并让一号员调大枪口喷水面。在水枪的掩护下，刘鸿不假思索冲进了火海。冒着滚滚浓烟，忍受熊熊烈火，刘鸿奋不顾身，和一位救火的群众将烧伤的妇女艰难地背了出来，并迅速将伤员小心翼翼地抬上了消防车。

受伤妇女全身皮肤烤焦，不断呻吟着，情况十分危险。消防车拉响警笛，将她送往自治区医院。在路上，刘鸿打听到本市只有银川医学院附属医院才设有烧伤科。可是，附属医院离中队辖区30多公里，不经请示批准擅自带执勤战备车辆远离部队是违纪的呀！怎么办？对讲机在自己手上，但信号不好，没法请示中队领导。回去？会贻误救人的最佳时机！

一种强烈的责任感涌上刘鸿的心头，"一定要将伤员紧急送往附属医院治疗。"他果断命令驾驶员："直接开往附属医院，一切由我负责！"在去医院的路上，刘鸿凭借自己的经验，不断和伤员说话，一直鼓舞伤员，防止伤员发生心力衰竭而死亡。但赶到医院，医生们都去吃饭了，刘鸿急得在走廊里大喊。医生闻讯赶来后，刘鸿急忙把烧得面目全非的妇女很小心地抱上病床接受治疗，随后又帮助医生将刚刚送来的男主人抬到了病床上。看到两名伤者及时得到救治，刘鸿才同战友返回了部队。

这次灭火战斗结束后的10多天，刘鸿一直牵挂着受伤夫妇的病情，想起夫妇俩奄奄一息的情形，他心里有一种说不出的担心。他反复回想起在火中将伤者背出家属楼时，一个背着书包约摸七八岁的小姑娘走过来，看到他背着的人时先是一愣，紧接着惊恐地发出一声凄厉的尖叫："妈——！"那一声幼稚而又无助的哀鸣，一直在撕扯着刘鸿的心。在接到复员命令后，刘鸿急忙抽时间到医院看望了烧伤的夫妇俩。他问道："大姐，你还认识我吗？"被烧伤的那位妇女喃喃地说："认识，你就是带个大帽子，一直和我说话的那个，你叫什么名字？""我叫刘鸿，过几天要复员回家了，来看看你们。""我也姓刘，你能做我的弟弟吗？""能！"

复员回去后，刘鸿对夫妇俩还是放心不下，曾多次通过信件鼓励他们鼓起生活的勇气，战胜病魔。一年多以后，夫妇俩康复出院了，刘鸿在家乡岷县参加了工作，他们之间的联系也随之减少，直至杳无音讯。但是，一种不是亲人胜似亲人的感情还紧紧地连着他们。

15年过去了，火灾留给侯先生夫妻的是终身残疾，家里一直很困难，但是救出他们的那位恩人，却一直让他们难以忘怀。侯先生夫妻给《中国骄傲·宁夏英雄》评选工作小组信中写道："15年！我的恩人你在哪里？"

查找救人英雄的下落

《中国骄傲·宁夏英雄》评选工作组先后调阅了当年火灾救援记录，走访了一些知情人士，了解到刘鸿是甘肃岷县人，是他与战友一起，在烈火中救出了侯先生夫妇。

此后，这个编号为004号的候选人——刘鸿的寻找工作进展并不顺利。原来，救火后不久，刘鸿就复员返回原乡了。刘鸿又名刘亚斌，同事们也这么称呼他，加之评选工作组又误将刘鸿写成了"刘宏"。后经工作组人员认真调查核实，多次与岷县县委宣传部、县民政局、县武装部、县卫生局等单位联系，最终找到了英雄。社会各界在互联网上了解到刘鸿15年前的英雄事迹，为之深深感动，纷纷为他投票。11月2日，经过广泛投票和《中国骄傲·寻找宁夏英雄》评选组委会辛勤工作，10名《中国骄傲·宁夏英雄》如期选出，刘鸿榜上有名。至此，经过甘宁两省区多部门携手努力，宁夏侯先生一桩15年未了的心愿得到实现。

11月4日，刘鸿前去参加颁奖活动，正巧赶上侯先生女儿的婚礼。当年那个满脸惊恐的小姑娘，现在长大成人了，并有了一份好的工作。刘鸿应邀助兴，被新人双方家属敬称为"娘家人"。婚礼上，新娘和新郎敬酒时真诚地叫他一声："舅舅！"当时，掌声四起，一股浓浓的人间真情让刘鸿分外感动。

11月8日晚，在武警宁夏总队礼堂举行的《中国骄傲·宁夏英雄》颁奖晚会上，人们见到了这位15年前的英雄——高大魁梧的身材，炯炯有神的双眸，圆圆的脸上泛起微笑，显露出军人特有的刚毅。面对主持人的话筒，刘鸿说："15年前的一名消防战士，一场平凡的战斗，但人民给了我这么高的荣誉，感谢部队没有忘记我这个老兵，让我回到了第二故乡，回到了我以前的战友身边。"

孙生铎和他的"农民俱乐部"

巩晓静　郭　勇　朱旭升

10年前,在西峰区后官寨乡李庄村,有位退休的乡村教师办了一场"农民家庭运动会",在社会上引起了不小的轰动。10年后,又是他自费办起了乡村文化室,方便了乡亲们读书看报。这位老人的名字叫作孙生铎。

在西峰区后官寨乡李庄村委会院内,我们见到了孙生铎老人,以及他的李庄村文化室。说是文化活动室,更像一个阅览室。两个桌子拼成的长条桌上整整齐齐地摆放着半新不旧的图书和杂志,桌子的四周坐满了前来看书的学生,与一般阅览室不同的是,这里除学生之外,还聚集了许多四乡八村的农民,他们有的认真地翻阅着当天的报纸,有的乐呵呵地围在一块下象棋,有的在打扑克,就是这样一处简陋的文化活动室却被当地农民亲切地称为"农民俱乐部"。

文化事业的热心人

年逾古稀的孙生铎老人一辈子爱热闹,半生从教,热爱文化生活。10年前他作为基层通讯员,经常行走在我们中间。他是个勤奋的人,利用业余时间采写新闻稿件、拍摄新闻照片,先后在报纸杂志上发表过500多篇消息、通讯及短篇小说,还有80多幅新闻图片见诸报端。

孙生铎还热衷于报刊发行。多年来,他调到哪所学校任教就主动承担学校的义务报刊发行,他不但给师生们义务送报,还主动代送乡邻的报刊。他在后官寨乡帅堡小学任教8年,组织30多名小学生组成义务报刊发送组,曾使该村户均达到一份报刊。他义务送报入户的义举博得了乡邻们的称赞,先后被当时的庆阳地区邮电局等单位奖励过多次。1997年,退休后的孙生铎看到群众文化生活单调,特别是冬闲时节村里打麻将赌博、打架斗殴的事时有发生,毅然拿出3300元退休金,组织了一场别开生面的"农民家庭运动会",开设了排球、乒乓球、象棋、拔河等竞赛项目，吸引了 300 多名群众踊跃参与。从 1998 年春节开始，他连续 3 年组织村上的 9 名老艺人，办起了"李庄村社火队"，吸引了上百人积极参与，他们自编、自演传统及现代节目 30 多个，春节期间除在西峰城乡演出外，还应邀到庆阳、华池等地演出 40 多场。1999 年 9 月，地区体委授予他"全民健身带头人"称号。

办一个老年文化室

他一直有一个夙愿，就是想在李庄村办一个老年文化室。

2005 年冬天来临的时候，孙生铎决心把自己的夙愿变为现实，而全家人都用自己的方式给他以支持。老伴李凤梅全力支持他，文化室需要家里什么东西，她就赶快去准备，两个儿子也帮忙给文化室找了几十本书，还把自己的一些柜子给了文化室，时不时地给父亲一些钱，女儿则住在娘家，专门当起了孙生铎的助手。更让孙生铎感动的是李庄村村委会为他提供了五间平房，后官寨乡政府送给了他一些桌椅。他把自己珍藏了半辈子，价值 4000 多元的图书都拿到了文化室，有 400 多册。而且还自筹资金 1000 多元为文化室订阅了 2006 年《参考消息》、《法制报》、《半月谈》等十余种报纸杂志。简单的文化室就办起来了。

平常每天光顾文化室的有 50 多人次，逢村上农历初三、初九的集日和双休日时人更多。在这个文化室里，所有的图书都能免费阅读，年老的人还能戴上孙老师专门为他们准备的老花镜，年轻人还可以无偿使用孙老师准备的纸和笔，随时抄录些有用的东西，更有意思的是，文化室窗户上的一块小黑板记录着当天的重大新闻和天气预报。孙生铎说："我一天哪怕一顿饭不吃都行，新闻不看不行，养成了这个习惯，我就想把这些东西让大家都知道，就在黑板上以一句话新闻的形式写出来，通俗易懂，一目了然。村里有些人看电视、读报纸不懂的地方，一看这个就明白了。"

文化室的书村民也可以拿回家去看，象征性地交一些押金，是为了让把书保护好，书归还了就退钱。

在办文化室之余，孙生铎还肩负着一项重要的使命，为李庄村村民无偿送报送信，既方便了邮局工作人员，又方便了李庄村的村民。

孙生铎办这个文化室最初的想法是为村上老年人办的，结果十里八乡的村民都来这里读书看报，学生、年轻人、村里的妇女都来看了。村上的年轻人现在打麻将的少了，妇女们聚在一起，东一堆西一堆说长道短的风气也有了好转。

村里有两口子，结婚十几年了，孩子也十几岁了，为一些鸡毛蒜皮的小事竟闹到了要离婚的地步。文化室办起来以后，两口子都过来找法律书籍看，看了几天后，两口子再也不提离婚的事了，一问才知道，通过看书，他们发现这离婚还有很多苦处，何况他们也没有到非离不可的地步。两口子再见孙生铎时真是千恩万谢的，两人已冰释前嫌、和好如初了。

75岁的村民孙述相几乎每天都来这里看书，对村上的这一变化颇有感触。他说："孙生铎带头办起了这个文化室，在我75岁的老头来看很稀罕，每天年轻人来这里下棋、看书，青年学生12点后还往里面挤，你拿这个看看，他拿那个看看，人看着都眼热。"

农家乐园

到孙生铎这儿来看书的人有一个共同的心声，那就是孙生铎确实给群众办了一些好事。但还有一些人不理解孙生铎为什么这样做，说什么风凉话的都有，更多的人还是对孙生铎这种"穷了自己的口袋，富了别人的脑袋"的精神所感动。

由于乡村教学条件差，很多学校都没有正规的阅览室，孙生铎办起的文化室无疑给当地中小学生提供了方便。李庄小学就在文化室隔壁，这里成了孩子们的天堂，他们利用中午、下午及周末的休息时间，来这里读书、学习，以弥补他们课外知识的缺陷。离家远的学生中午不回去，就在这里看书吃饭，冬天这里炉火烧得很旺，水和茶叶也准备着，孙老师会把馍馍在炉子上烤热，等着学生们来吃。

以文化室为依托，举办一些活动，这是孙生铎早就想干的一件事。年前，他就举办了春联大赛。最近，他组织了一次优秀读者评选活动，自己花了200多元钱购买了奖品和证书，在常借书的80多人中评出了前6名，分别给予10元至60元不等的奖金，还颁发了荣誉证书，这又一次在村上引起了轰动。说起这些事来，孙老师真是滔滔不绝，目前，他正在征集香包刺绣、剪纸等作品，到端午节时，准备搞香包展，还要评奖。中秋节准备搞烹饪比赛、书画展等等。在妻子的建议下，他还准备组建李庄村老年艺术队，让农家妇女也来锻炼身体，现在已经有八九名妇女报名参加了。最近市、区宣传部门和新华书店为文化室捐了几千册图书，加上乒乓球室也建成了，使这里真正成了"农民俱乐部"。

网络救助：志愿者在行动

秦 娜

12月5日是国际志愿者日，孟秀琴似乎有些遗忘，因为这段日子她一直忙碌着，每周她都要抽时间去看望临洮街社区的两位孤寡老人，还有安宁区一名残疾人赵虎的近况也是她最牵心的事，为了帮助赵虎，孟秀琴已经跑了不下10趟了……孟秀琴是水厂的一名职工，今年5月在"网络生活"上网时，她看到了招募志愿者的消息，于是积极报名参加，渐渐的，她就成了西固片的负责人。他们把自己的志愿者团队叫作"水滴爱心志愿团队"，每个志愿者就好像一滴水，要汇聚更多的志愿者，水滴虽微小，但只要持之以恒就能水滴石穿，这也正是志愿者的精神。志愿者在一起的时间长了，大家都亲切地称孟秀琴为"孟姐"。

从8月开始，水滴志愿者团队的志愿者们对74岁的低保户田奶奶和患有抑郁症的周奶奶两位孤寡老人进行帮助，每周末孟姐都要协调有时间的志愿者到两位老人家陪老人聊天，帮老人整理家务。经过几个月的帮扶，志愿者和两位老人建立了深厚的感情，周奶奶的病情也有所好转。孟姐说上个星期工作忙忘了去看望周奶奶，直到周日下午才过去，周奶奶一见他们去特别高兴，说："我从昨天早上起来就在等你们来，到今天早上你们还没来，我以为你们以后都不会来了呢！"孟姐说听到这些话，她被深深地触动了，孤寡老人感受到了志愿者的温暖。中秋节那天，志愿者把社区的老人们组织起来，进行了联谊会，看着老人们的笑容，孟姐说那一刻觉得做什么都值得。

现在的水滴志愿者团队有自己的论坛、博客和QQ群，论坛上贴着些活动情况和照片，引来很多网友浏览，有的跟帖表示支持，志愿者还在网上发起了义卖活动，这些义卖的钱款都用来做志愿者基金。孟姐说通过网络，很多人开始认识和了解水滴志愿者团队，有些志愿者也是通过网络这种形式加入进来的。孟姐感受到了网络的力量，她说网络为志愿者们提供了很好的救助他人的平台，它可以把更多的愿意奉献爱心的人集合在一起，这样由1个人变成10个人，再由10个人变成成百上千个人，但是毕竟网络又是虚拟的，人们对网络的信任度比较低，所以更应该把事情做好。孟姐说刚开始网络中的人聚到一起，彼此都很陌生，配合也不适应，通过多次的开会了解之后，现在大家都有了默契，都能感觉到一种向心力。每次活动前都要有准备会议，并及时把会议记录贴在网上，之后还要总结活动情况，如涉及财物，志愿者会做出详细的清单，贴出来由大家监督，这些细致透明的做法也使一些缺乏信任，对志愿者团队持有观望态度的人们逐渐接受并走进了他们的团队。

"要保证网络捐助的可靠性，渠道也很重要"孟姐说，现在水滴志愿者团队都在尽量从身边的事做起，这样才能影响身边的人，另外在寻找救助对象时也尽可能通过正规渠道，比如街道、社区及相关部门，还有后期的调研，这样才能保证志愿者的爱心是献给最需要的人。志愿者"牛哥"现在还记得8月份团队的第一次定西扶贫活动———给定西柏林小学捐赠1000余件衣服，崎岖的山路、简陋的校舍、质朴的学生和年长的6名教师给志愿者带来了震撼，团队随即把柏林小学确定为定点帮扶学校，计划每半年去一次学校，给孩子们送去学习用品，组织互动教学活动。参加了这次活动的志愿者对自己正在做的公益事业更有信心了。网名叫一飞的网友说："每到年末单位都会组织捐赠，这时候我也挺矛盾的，并不是我不愿意献爱心，而是我捐了钱，可是我不知道我捐的钱去了哪里，是不是到了最需要帮助的人手上，所以比起这种集体性捐赠，我更愿意参加这种小型的捐赠，起码我有机会看到捐赠对象的情况，这样更能激励我把好事做下去"。

采访的时候，孟姐接到了一些捐赠的电话，他们准备在12月8日第二次前往定西柏林小学，她还要去忙着四处收集捐赠物。孟姐说不管以后怎么样，她都要坚持做下去，让更多的人加入志愿者团队，让尽可能多的人感受到温暖，她有这个信心。

"你读书屋"开张了

王朝霞

一方陋室,成为心灵栖息的家园;一间书屋,成为各种思想交汇的殿堂。在临夏市,有我省第一家公益性免费书屋,她历经十年的发展,从一棵幼苗长成参天大树。从一个十几平方米的小书屋发展为百余平方米的大书室;从几个创办者倡议发起,成为大家共同管理的公共图书馆;从单纯为读者免费提供借阅,变成国内外著名学者和普通读者交流的学术厅。

近日,记者来到这所颇有名气的书屋,书屋位于新西路一幢二层小楼中。不巧,书屋暂停开放,原来,书屋迁移这里已4年时间了,屋顶漏水,墙壁灰暗,正在粉刷装修。志愿者马梦飞告诉记者:"再过几天,书屋将以崭新的面貌迎接读者了。"1994年11月,临夏市一位名叫马青的大夫,与几位满怀热情的青年,决心通过自己的努力,为当地群众提供一个免费阅览的场所。他们有的从生活费里挤出十几元钱,有的拿出自家所有的藏书,有的搬来家里的写字台当桌子……新西路老华寺旁的一间简陋书屋———"你读书屋"诞生了,它的免费阅读、免费外借赢得了许多读书爱好者纷至沓来。

创办者坚持"读者办书屋、书屋为读者"的原则,吸引了许多读者像创办者一样,志愿为书屋捐款捐书,共同管理书屋。如今,已有80多名志愿者,他们中有教师、公务员、个体户等,每人每月拿出几十元至上百元钱,支付书屋的购书、房租、水电费等日常开支,其中每年购置新书费用达1.2万元。志愿者中具有大专以上学历的义务辅导员,担当起采购书籍的任务,他们购置的新书品位高、视野广、时代感强,为读者提供了健康的精神食粮。两位高中毕业、中专毕业的志愿者担当专职管理员,尽管每月仅有300多元的报酬,但他们尽职尽责为读者提供借阅服务。

在多方支持下,"你读书屋"的书籍滚雪球般增加,从当初的500多册图书扩大到1万余册书籍、10余种报纸、39种杂志。图书包括哲学经典名著、伊斯兰文化、语言文学等10大类，其中一些民族、宗教方面的资料性书籍，为本地独有，成为当地大中专院校教师学生和研究单位学者的抢手货。书屋提供给读者的场所逐年扩大，五迁地址，扩大到现今120平方米。

读者覆盖全市及周边地县，平均每天光顾书屋的达三四十人。

为了开拓读者的视野，提高他们的文化素质，书屋不定期邀请国内外知名学者、专家教授作有关专题演讲。中央民族大学李佩伦教授、林松教授，台湾著名学者张中复博士、河北大学蒋敬教授、日本吉泽诚一郎博士等来此作演讲，有的还捐赠自己的专著，或介绍自己的学术成果。

几大本留言册上还留下了他们对书屋的赞语。

有李佩伦教授的"每一部书都是走向绿野深处的起点"；有英译《古兰经》专家林松教授的"你读书屋伊格莱（伊格莱为'你读'的英译汉字），深参细悟心扉开"。临夏州原文联副主席、书法家宛廷聚还挥毫留下墨宝："你读我读撷几缕知识阳光，分文不取开一片智慧净土。"

书屋每个周末举办读书会，由志愿者和普通读者介绍读书的心得体会。每个月举行一次专题讲座，请省内外及临夏州的专家学者讲座，他们还给读者指导看哪些新书，推荐一些涉及临夏市经济文化及民族发展的书籍，让读者不仅"一心只读圣贤书"，还要"两耳听闻窗外事"，共同来关心临夏市社会经济的发展。

曾笃财的几个故事

李永武

对母亲，他是好儿子；对学生，他是好老师；对国家，他是担得起责任的灵魂工程师。他，就是荣获"感动甘肃·2006十大陇人骄子"称号的皋兰县西岔镇团庄小学教师曾笃财。

许多人看到了这样一幕：在甘肃电视台"感动甘肃·2006十大陇人骄子"颁奖晚会上，主持人将曾笃财双目失明的母亲领上台来，为小曾颁发获奖证书，已是泪流满面的小曾面对母亲双膝跪地，用这种最崇高的礼节向自己的母亲表示敬意。顿时，全场观众为之动容，热泪盈眶者比比皆是，许多人被这一幕深深震撼，曾笃财再一次感动了甘肃，感动了陇人。

"百善孝为先"，这不仅适用于遥远的古代，在科技发达的现代社会同样需要这种文明的传承与发展，曾笃财用自己的实际行动印证了这一古训。如今，曾笃财的感人事迹已传遍了陇原大地，那个背着妈妈教书的好老师、好儿子形象更是深入人心，在我们着力构建社会主义和谐社会的今天，他的这种精神激励着我们每一个人。1月9日上午，在和暖的阳光照耀下，记者再次来到团庄小学，见到了那个同样充满了阳光气息的大男孩。在采访中，记者了解到了几个鲜为人知的小故事，通过这几个故事，一个更加可敬、更加真实的小曾形象呈现在我们面前。

两块蛋糕的故事：让每个母亲快乐幸福

孔子曰：夫孝，德之本也，教之所由生也。曾笃财深知其中的道理，为此，他多次召开主题班会，采取多种形式向孩子们传播"孝"文化，力求使孝敬父母的理念渗透到每个孩子的心中。几天前，曾笃财在六年级学生中开展了一次"献给母亲两块蛋糕"的活动，他自己掏钱给每个孩子买了一块蛋糕，让同学们将蛋糕献给自己的母亲，等他们工作后，再用自己挣的第一份工资为母亲买第二块蛋糕。令小曾始料不及的是，小小的蛋糕竟然让许多母亲甜上心头。六年级同学徐永军告诉记者，当天中午回家后，他马上把蛋糕塞到了母亲手里，可母亲舍不得吃，非要让他吃，后来在他的一再坚持下，母亲才一口口慢慢品尝了那块蛋糕。"我的孩子长大了！"母亲摸着他的头含泪说出了这句话。这件事让小曾更加坚定了将这种感恩活动开展下去的决心，"让自己的母亲一生快乐幸福是每个子女的责任"，小曾如是说。

15只碗的故事：努力拼搏才能收获成功

在教学中，曾笃财改革激励方式，用一种崭新的形式鼓励学生好学上进。他常用特殊的奖品激励学生：一只碗，一双红筷子，一套尺子，再根据学生的表现写上鼓励性的评语放在碗里，把它们奖给学生。他对学生说"家长们都望子成龙、望女成凤，都希望你们能鱼跃龙门、鹰击长空，将来拥有自己的事业。曾老师今天奖励你们一双红筷子、一只瓷饭碗，就是希望你们能用自己的双手，通过自己的努力、自己的拼搏为自己找一个铁饭碗甚至金饭碗，能摆脱父辈们面朝黄土背朝天的泥饭碗。在合适的岗位上实现自己的理想。一套尺子，是希望你们在拼搏的过程中有自己做人的标准。

"有自己做事的原则，有自己待人接物的尺度，懂得与人为善"。六年级的家长知道后非常高兴，常常以此教导孩子"不好好学习，就不配拥有曾老师奖的瓷饭碗。"一位学生在本子上用生动的语言写下了："曾老师，我奶奶天天把饭盛在你奖的碗中，红筷子唯独我有，看到你的奖品，我想到了教学中的你，想起了生活中的你，时刻想着刻苦学习，自强不息。长大后，我要做一个像你一样的好人。"截至目前，小曾已经给15个孩子奖励了饭碗，孩子们都把能得到曾老师奖励的碗作为最自豪的事。

120元捐款的故事：送人玫瑰手留余香

曾笃财不光照顾自己的母亲，而且也是村里尊老爱幼的模范人物。他常说："老吾老以及人之老，幼吾幼以及人之幼。"哪家的老人生病，曾笃财都会去看望问候，哪家的孩子淘气不听话，他也会帮助教育劝化。在路旁看见残疾人行乞，他会毫不犹豫的倾囊相助。当看到学生因家境贫困无法交学费时，工资不多的他依然慷慨解囊，补足了学费。所以团庄村的人们经常说："曾老师有一颗仁者之心、博爱之心、帮人之心、助人之心，这种心底实在是纯洁无私、千金难求啊。"当得知会宁县的花季少女周晓娟身患骨癌却因家境贫寒而无法治疗时，他毅然以母亲的名义为她捐赠了120元钱，当时他是皋兰县第一个捐助者，而他自己一个月的工资也仅有几百元。一位记者得知此事后感叹地说："120元，真是勒紧裤带救生命。"前两天，电视台的一位记者告诉小曾，在社会各界的大力帮助下，周晓娟已经痊愈了。这个消息令小曾备感欣慰，他说，在别人看来我也许是个傻子，但我觉得：我活出了一个年轻人应有的价值，我坚信"只要人人都献出一点爱，世界将变成美好的人间"。

从这些点点滴滴的小事中，我们明白了一个道理，高尚的道德品格是在潜移默化中逐步形成的，是从身边琐事中得到完善的。正是坚持了这种优秀的传统美德，使我们民族的血脉得以千年延续。在当今社会主义核心价值体系中，曾笃财用自己的感悟，理性平和地在传统与现实的碰撞中，编织了一条爱的艺术的精神纽带。

把公益事业进行到底

张 健 讲述   海 涛 采访记录

1989年,我毕业于外地的一所警校,幸运地成为一名警察。1998年,我辞去了令人羡慕的警察工作,步入商海,做起建材生意。一天,在商海中拼杀多年的一位朋友来找我,说他被合作伙伴骗了,造成500万元的损失,到公安局报案,公安部门说这是经济纠纷,应到法院起诉,到法院起诉后,由于对方的地址无法确定,法院的传票无法送达,因朋友举证不能,案件的审理陷入了僵局。在无可奈何的情况下,朋友找到我说:"你当过警察,能不能给我帮个忙,将对方的详细情况提供给法院,帮我挽回经济损失。"

接到朋友的求助后,好意难却,我虽然当过警察,但现在不是,不能开展调查对方的工作,但是我可以出主意,让朋友知道如何得知对方的详细资料。我将如何能够找到对方的方法告诉给朋友后,朋友说他很忙,没有时间和精力去调查对方,希望我能帮助他调查对方的详细情况。

经过调查后发现,朋友要找的人是白银人,在兰州开有一个公司,由于经营不善,负债累累,为了逃避债务,已离开了兰州,去向不明。经多方调查,终于从知情人那里得到了对方的手机号码,这个号码是杭州的,但对方始终不说他在哪里,经过进一步的核实,发现对方不在杭州而在四川,对方承认他与我的朋友的债务关系,就是没有钱,无法还清朋友的债务。

在确定对方在四川后,我和朋友一起前往四川,将对方逮了个正着,为朋友挽回了部分经济损失。从此在朋友中间我的名声大振,许多朋友的朋友都来找我帮忙。

提供方法免费咨询

无论是刑事案件还是民事案件,过错方隐匿真相、逃逸财产的事经常发生,给

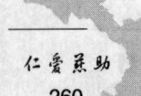

对方造成了无法弥补的损失。为了减少损失，当事人想方设法要得到对方的真实情况，甚至个人隐私（比如离婚案件），但是当事人的精力和时间有限，不能将对方的资料全部掌握，于是他们就想找一个人，将自己的事全权委托给这个人，搜集自己所需的资料，为将来打官司做好准备。另外，如何辨别对方所提供的证据真伪，是打赢官司的关键，如果不是专业人士很难辨别证据的真伪，通过我的指点，一般人就可辨别证据的真伪了。

这次成功后，慕名而来的人络绎不绝，有时我忙得分不开什么是主业，什么是副业，朋友建议我开一个咨询公司，专门帮别人出谋划策，咨询法律法规，并为需要掌握对方真实资料的人提供方法和技巧。我接受了朋友的建议，成立了专门的咨询公司，有时前来咨询的人多达几十人，反而影响了我的生意。由于建材市场波动较大，风险较大，我就干脆关闭了建材公司，专门从事咨询这一行的工作。

经过了解，需要打官司的人大部分不懂法，许多人为了打赢官司，才到书店查找相关的法律条文，时间一天天过去了，要找的法律条文没有找全，只好将自己认为有用的法律书全买下，但需要打官司的人真正能用得上的法律条文就是那么几条，想复印书店是不允许的，等到官司打完之后，谁都不会再去看这些法律书籍。了解到这个信息后，我就将自己的法律书籍搬到办公室，先后花了4000多元购买了最新的常用民事、刑事、经济、合同等方面的法律工具书，提供给前来咨询的人免费翻阅。为了方便咨询者，我还将相关的法律条文扫描打印后免费提供给他们，给当事人提供一个法律依据，同时建立了一个交流平台，这件事引起了大家的一致好评。

我不是律师，但对法律粗懂一些。前来咨询的人大多是朋友或者朋友的朋友。不是朋友就是妇女，来时哭哭啼啼，咨询完就回去了，我跟一个急需帮助的人收费，无异于落井下石，太不人道，因此咨询从不收费。

我是为弱势群体服务的，给他们提供相关的法律依据，并推荐相关的律师，但不是中介机构。一般的案件当事人咨询我，我可以应付，非常专业的问题就得有律师来回答。为了更好地开展业务，和几家律师事务所协商后，我们有了一个松散的联合体，有好几家律师事务所是我们的会员单位，当了解到当事人需要聘请律师时，我们会根据当事人的需求推荐擅长这类案件的最好律师。

在办公室谈案件，当事人非常拘谨，有些话不能当着大家的面畅谈，去外边餐厅、酒吧费用又高，为了解决这个问题，我将办公室进行改造，装修成和酒店一样的包厢，为双方交流创造了一个良好的环境，让当事人畅所欲言。

会员单位的律师离我们公司很近，如遇到需要请律师的案件，我就电话通知律师，接到电话后，律师步行几分钟就可以到达我们公司，这样就省去了律师打车的费用，当事人和律师在包厢中交谈，我们为他们免费提供茶水、啤酒，也可以喝饮料、咖啡之类的，这些饮料和咖啡，我们只是收个成本费。

弱势群体公益服务

提起我的工作，许多人就会想到私家侦探，但我不是，我只是为需要帮助的弱势群体提供一个通过合法的渠道找到当事人没有能力找到的证据，协助当事人履行法院的判决，提供公益咨询，但绝不做违法的事。通过调查、走访、分析、判断，为当事人提供有力的证据。

2008年春节期间，一位当事人来找我，说她儿子离家出走，去向不明，到公安机关报案，公安机关说，孩子是自己离家出走的，不是绑架之类的刑事案件，公安机关只能帮他们寻找，但不能成立专案组来调查此事。孩子的母亲在万般无奈的情况下，找到一家私人侦探，希望能将儿子找来，可是十多天的时间过去了，仍然杳无音讯。孩子的母亲通过朋友找到我，希望我能帮他找到孩子。在短短的春节期间，我接到了三起孩子离家出走的事，我忙得连和家人团聚的时间都没有。

孩子离家出走前没有任何迹象，什么原因让他离家出走是找到孩子的关键。从孩子的母亲口中得知，为了让孩子学习，家中为他配了一台电脑，得到这个重要线索后，我立即找了一名精通网络的人士，打开电脑发现孩子有上网聊天的习惯，出走的原因很可能是和网友见面。

当了解了这些后，我就决定加入孩子的聊天空间，和孩子聊了起来，通过网络技术发现孩子就在离兰州不远的西宁市，确定孩子在西宁某网吧上网时，我们从兰州出发，经过三小时的颠簸来到西宁，孩子还没有下线就找着了。这件事本来是没有希望的，但我注意了一个细节，从这个细节入手，问题很快就得到解决，孩子找到后，我感觉十分快乐，同时也有一种成就感。

唤醒公民的法制意识

免费咨询虽然无利可图，但我要坚持做下去，目的是唤醒公民的法制意识，让更多的人拿起法律武器来维护自己的合法权利，我会将咨询这件事一如既往做下去，同时，我将做一件更有意义的事——人力资源风险控制。人才实施招聘制以来，人力资源风险无处不在，由于虚假的成分较多，因此会出现一些纠纷，有的是用人单位盲目夸大规模,没有考虑到自身的经济实力,无力支付人员工资,造成人才浪费;有的是应聘者隐瞒自身的恶习,携款逃跑的事时有发生,给公司造成了损失。

人力资源是用人单位和求职者的共同资源,目前,用人单位不了解人才,人才不了解用人单位的现象比较常见,如何将用人单位的详细资料让人才了解,同时,用人单位能够全面了解人才,这对双方至关重要,了解了双方的详细情况才能降低风险。

我打算成立一家调查公司,为双方提供对方的真实情况,这样就可相互了解对方,降低用人单位和应聘者的风险。

毛主席曾说过:"一个人做一件好事并不难,难的是一辈子坚持做好事。"无论有多大的困难,有条件要上,没有条件创造条件也要上,我要将公益事业长期做下去。

主编点评:

公益事业,就是大家的事业。历史上,修桥铺路,赈灾助学等,都被认为是公益事业。因为这等事是对所有人有好处的,是属于大家的事。既然是大家的事,一般总是有钱的出钱,有力的出力,把大家的事情办好。在历史上,公益事业基本上就是老百姓自己的事业,政府是很少为公益事业投入人力物力,大家的事情大家办,众人拾柴火焰高。现代社会,公益事业的兴办,本来也可以依靠公共财政。大家将税收交给国家,国家兴办一些公益事业,方便人们,造福人们。但是,当公共财政的财力有限的时候,来自民间的捐助,就非常必要,民间自愿的公益事业是最好的补充,不可或缺。

古代人对公益事业的概念,比起现在来,要小一些。古代主要就是兴办义学,建立义仓,修建桥梁道路,维护公共设施等等。而今天,环境保护、社区义工、法律援助、志愿者服务等等,都成为公益事业的内容,而且这个范围还在不断扩大。

今天的公益奉献队伍中,与古代相比,还多了志愿者的身影。无论在抗震救灾、环境保护,还是网络救助、奥运服务,甚至博物馆讲解员中,都可以看到不要报酬、义务参与的各色志愿者。志愿者的参与改写和充实了公益事业的内涵。他们让灿烂的人生在服务社会、造福人类的事业中升华和闪光。

感恩图报

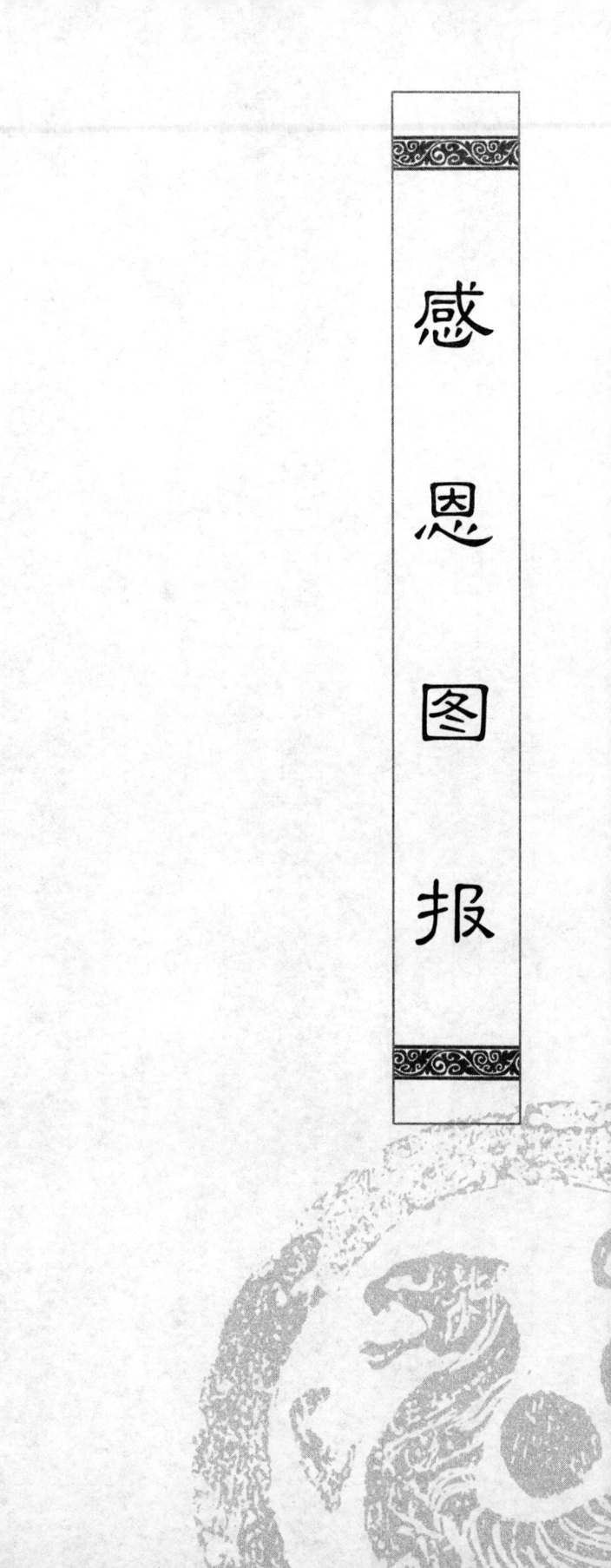

慈恩圖記

甘肃女童和英国首相的故事

张 目

2004年6月23日，冒着蒙蒙细雨，英国驻华大使韩魁发爵士及其夫人作为"信使"，带着英国首相托尼·布莱尔给马金花等四个小姑娘的信来到甘肃临夏回族自治州东乡县乔鲁小学，将信亲手交给该校三年级学生马金花。同时，首相还带来一幅亲笔签名的首相夫妇的合影，送给马金花作为纪念。在送信仪式上，韩大使表示，英国政府珍视与中国的合作关系，首相布莱尔去年访华时，非常高兴能在北京见到来自甘肃的女童、教师和孩子家长，他把那次见面视作访华行程中最宝贵的经历。大使转达了首相的问候，希望马金花好好学习。马金花拿出自己亲手绣的花手绢，上面写着："谢谢布莱尔叔叔。"马金花说："我想感谢很多人，老师、校长、中英项目办公室和英国国际发展部的叔叔阿姨们。我一定会好好读书，长大后上师范大学，成为一名教师。"

一年前布莱尔首相访华时，在北京接见了来自甘肃的四个小姑娘：马金花、康兰兰、马玉芬和马金芳。她们是作为英国国际发展部援助的西部教育发展项目"中英甘肃基础教育项目"（GBEP）受益女童的代表，去北京参加这次接见活动的。回来后，四个女孩分别给首相写了一封信。

康兰兰在信中说："以前我总是羡慕那些有人爱护，有人宠爱的孩子，因为我从小失去父母，没有感受到自己应该得到的关心和爱护，使得我从小对自己的生活失去信心。总是觉得自己是世界上最命苦最可怜的孩子。而且别人也这么说我。经过您的接见以后，有很多孩子却转过来羡慕我，我感受到了社会温暖和爱的存在。从一个最痛苦的孩子变成现在一个最幸福的孩子。我决不会辜负你们对我的期望，我会用丰富的知识来充实自己。将来做一名合格的小学教师。"

马金花——这个面临失学但得到项目的资助，并在10岁时终于走进学校的小姑娘在给首相的信中谈到自己接受项目资助以及在项目实施过程中，学校产生的变化:"我家有六个人,我们家很困难,吃的大多是洋芋。我有一个爷爷和奶奶,她们家也困难。我和爸爸这一次去了北京,庄子里的人们羡慕我们。我们回来以后,许多同学和大人们问我,北京好不好?北京有什么?庄子里的人们拿着我的照片,到自己的家里给家人看。北京的房子都是楼房,我们的庄子里都是土房,没有一座楼房,也没有好吃的东西。也没有车。我们的庄子里的人们都拉着牛到山上种庄稼,我们的庄子里的人们和我们都这样过生活。庄子里还有很多的女娃娃,没有上学,他们没有钱,我是唐老师叫我到学校的,学习了一年还给我钱。

"现在的学校比以前的学校,真是太漂亮了。在我们的庄子上,最好看,最好玩的地方,就是学校。同学们在学校里可以学知识,可以玩铁环,玩篮球,玩乒乓球,玩跳绳,还玩许多老师们教给我们的游戏。我们的学校里有120个人,跟我一样的姑娘有37个人,老师们说,如果不救助,这些姑娘肯定不上学。夏天我们在太阳灶打水喝,冬天我们在火炉上打水喝。老师们也对我们很好。"

首相看到这些信后非常感动,很快回了信:

亲爱的马金花、马金芳、康兰兰、马玉芬同学:

很高兴接到你们的来信并深表感谢!

去年7月你们来到英国国际发展部驻华代表处,使我和我夫人有幸同中国贫穷地区的孩子们有了最直接的接触。我们了解到你们在为获得良好教育及过上富裕生活的努力中所面临的困境。同时你们坚韧不拔的精神及乐观的态度深深地打动了我们。

我们很高兴通过英国政府的帮助你们能够继续学业。从你们的来信中我了解到你们学习非常刻苦,我夫人和我为此感到十分欣慰。我们忠心地希望通过你们的努力及英国政府的帮助,你们可以梦想成真。我夫人还记得你和你的朋友们长大后想当教师和警察,愿你们能够实现自己的理想。

祝前程似锦!

祝好运!

诚挚的
托尼·布莱尔
2004年6月1日

马金花、康兰兰、马玉芬和马金芳都是普普通通的小姑娘,她们分别来自甘肃临夏回族自治州条件最艰苦的4个县:马金花,12岁,东乡族;马金芳,13岁,保安族;马玉芬,13岁,回族;康兰兰,17岁,汉族。她们在面临失学时,得到中英甘肃基础教育项目(GBEP)的资助,重返校园。

GBEP是一项针对贫困地区基础教育的实验性项目,从1999年开始实施,由英国政府国际发展部(DFID)提供资助。项目的宗旨是提高少数民族地区的入学率,减少教育体制中的不公平现象。项目主要在甘肃省临夏回族自治州最为贫困的4个县实施,包括康乐、和政、积石山和东乡。项目管理由甘肃省教育厅负责,英国剑桥教育咨询公司(CEC)通过一支包括国内和国际专家组成的专家队伍提供技术支持。

作为一项综合性试验,项目涵盖了教师培训、校长培训、教育财政改革、学校发展计划、督导、社会发展等十几个相对独立却又相互支持的部分,项目活动尤其关注最贫穷边远、处境最不利地区的学生和老师,例如女童、少数民族和残疾儿童。在项目的助学金发放中,每年约有13000名学生得到助学金,从2002年开始,新的助学金全部给少数民族女童,因为她们都处于最弱势的地位。项目实施到2002年时,四个县平均入学率提高了4%,其中女童入学率提高了20%。在所有入学率提高的学校中,提高最多的是教学点和村小。

与大使夫妇一同访问甘肃的还有英国国际发展部亚太局局长丁寒,英国国际发展部中国办公室主任戴维等官员,他们此行还参观了康乐县马家嘴小学、东乡县米家小学,对于中英甘肃基础教育项目的成果作出了很高的评价。

贫困女学生和她资助的百名孤儿

李雪萍

惠霞，一位甘肃庆阳市镇原县惠沟村的女孩，初一时得了一种全身疼痛的病，严重时曾一度瘫痪在炕上。然而，这个倔犟的女孩却凭着一股坚韧的毅力，硬是躺在炕上完成了中学学业，甚至每门学科的成绩都是班上的第一。就这样，经过不懈的努力，惠霞于 2004 年以 589 分的优异成绩考入西北师范大学。

日前，因为一部被省委组织部列为"迎接十七大党员教育电视片"展播节目的电视专题片——《霞光灿烂》，让惠霞又一次成为大家关注的焦点。

大学三年来，惠霞用奖学金和通过课余打工挣来的钱及联系社会各界献爱心，共资助了 100 名孤儿……电视片《霞光灿烂》就是根据惠霞的事迹拍摄的。

"如果没有好心人的帮助，我不可能实现自己的大学梦，现在自己上大学有点能力，我应该感恩好心人，感恩社会。"对于自己的行为，惠霞用了感恩这一个词。

病魔突袭少女暂别校园

1998 年 3 月，惠霞以优异的成绩考入镇原县小岘中学。在班上，她的学习成绩一直是第一。然而，命运有时很会捉弄人。当年 3 月 12 日，惠霞和同学高高兴兴地扛着铁锹、背着树苗去植树时，剧烈疼痛突然从她的腿部传遍全身，仅十几分钟，惠霞就无法站立了。从此，父亲带着开水背着馍馍陪她踏上了求医的路途，然而多家医院都诊断不出具体病因。在老师和同学的惋惜声中，惠霞不得不办了休学手续，离开校园在家养病。

"对于一个 15 岁的花季少女来说，这不啻于晴天霹雳。"惠霞说，那些日子,她躺在自家窑洞的土炕上泪流满面,曾经编织的梦想一遍遍从脑海中掠过,她不甘心就此倒下,她太想重新站立起来,太想回到学校学习。

"短短的几个月里,家里已经一贫如洗。甘肃的医院跑遍了,依然没查出病因。9个月后,父亲又借钱带我去了西安,西安的医院同样没有查出结果,但通过大量服药后我能慢慢下地走路了。休学一年之后,我返回到朝思暮想的校园。"

"为了能赶上功课,我经常半夜起来忍痛看书,学校的老师有时也抽空为我补课。在那样特殊的条件下,学习成绩非但没有落下,反而进步很快,依然保持了班上的第一名。"惠霞笑着说。

后来她的病情加重,需要进一步治疗,但她家已债台高筑,再也无力支付高昂的药费了。此后,惠霞又一次去西安检查病情,诊断结果出来了,她竟然患了骨质疏松、椎间盘突出、风湿和腰脊劳损四种疾病。

一封书信引发爱心传递

就在惠霞及家里人一筹莫展的时候,一位老师建议,让她把自己的情况写成材料,投寄到一家杂志社去,希望能得到社会的援助。惠霞记得,在那封信里,她把自己身受病魔折磨的痛苦和渴求知识的希冀全写了进去。那些天,她趴在老家的土炕上透过窑洞的窗户数着满天的星星,希望就像放飞的千纸鹤一样挂在了遥远的天际。然而,就是这样一封信,却引发了一连串的爱心传递。

也许是她的不幸和坚强感动了社会上很多充满爱心的人们。从2001年11月中旬开始,陆续有人给她写信、汇款、寄来药品,她感受到了一种从未有过的温暖。

"让我特别感动的是有几位民工把钱夹在信里一并寄来,有100元的,也有200元的,但那份情义让我终生难忘。"惠霞说。

这样的资助持续了一年之久。说起这么多好心人对她的大力救助时,她特别提到广东的陈先生。"陈先生自得知我的病情起,就一直没有中断对我的资助。2001年,陈先生每学期给我寄200元,2002年增加到每学期500元,2003年,陈先生一次寄来2000元。有了这些资助,高昂的医药费就基本上得到了解决。遗憾的是,至今我都没见过这位大恩人,就连他的一点点情况都不知道。"惠霞深感内疚。

感恩社会　发起助孤行动

"滴水之恩，当涌泉相报，这句话已刻在了我的心里。我最无助的时候，是一些好心人给了我活下去的勇气，并资助我顺利地走进大学。只要我有一点能力，我都要去回报好心人，回报社会。"走进大学校园，惠霞便萌发了资助孤儿的想法。

于是，惠霞通过114查到了镇原县教育局的电话，请求提供全县孤儿的情况，教育局很快给她寄来了全县小学到初中216名孤儿的资料，惠霞从中选择了100名作为她的关注对象。为能让更多的爱心人士加入到资助的行列中来，2005年5月，惠霞与西北师大附小的李兰萍老师取得了联系，李老师同意她班上的学生与孤儿们结成帮扶对子，动员班上的同学捐献了许多衣物和学习用品，惠霞通过整理和分类，把物品打成100个包，暑假的时候，惠霞把衣物和学习用品带到了镇原县，在教育局的帮助下把物品一一分发给了100个孤儿。

惠霞资助孤儿的故事慢慢在同学中传开了。同宿舍的梁诗慧首先知道了惠霞的资助行动，受她的影响，主动资助了一名孤儿。后来，同班的耿绮阳，外班级的赵琳、马彦伟等5位同学也加入了进来。5位同学做出一个决定，每人资助一个孤儿，每学期分别给各自资助的孤儿100元现金外加一套衣服。

"做这样的事情，吃多少苦，受多大的累，我都不在乎，最让我感到难过的是，在发动社会上的爱心人士加入资助孤儿的时候不被别人相信。当然，这也是可以理解的，人家不可能就凭一个电话相信我是为孤儿联系的。每当这个时候，我唯一能做的就是以最大的耐心去解释———一次不行，两次、三次……精诚所致，金石为开！慢慢地有人陆续参与到我们这个资助队伍里了，这是让我最开心的。"

惠霞说，资助孤儿的事她将一直坚持下去，3年来，她将获得的奖学金和打工挣的钱共计1万余元基本都用于资助孤儿了，她会再想办法联系到更多有爱心的人士加入到这个爱心传递的行列中。

爱心举动　校园传为佳话

提起惠霞，她的班主任刘永雷非常自豪。刘老师说，惠霞出身贫寒，家里就靠几亩地维持生活。但她非常懂事，懂得如何去关心别人。惠霞大学期间获得了不少荣誉，曾获得"三好学生奖"、"学校模范共青团干部奖"、"优秀品德奖"等奖项，是班上名副其实的才女。此外，惠霞在全年级专业考核中，成绩排名第一，综合测试成绩排名第一。最近，惠霞被西北师大推荐为2008年免试研究生。

刘老师说："惠霞的身体不好，经常感觉全身疼痛，能有这样的好成绩，她付出的太多了。"而她时时想到的却是别人。有一次获得国家奖学金后，她主动拿出了150元钱资助给了班上另一名贫困生。

与惠霞同年级的廖义刚同学表示：有些事情说起来容易，做起来难，尤其是自己这么困难，还要去资助别人，这其实是一个心理博弈的过程，而惠霞能做到，她懂得回报社会，懂得去关心那些更需要关心的人。惠霞身上折射出的正是激励当代大学生思想品德不断升华的亮点。

用残躯创造完美

秦　娜　王琰田

2007年年初，在第二届"甘肃省十大杰出残疾人"的颁奖典礼上，出现了一个天水人熟悉的身影，他就是天水市天祥水泥有限责任公司的董事长范天通。领奖席上的范天通显得很淡定，这样的场合他也不知道参加了多少回了。"全省自强模范"、甘肃省"公益之星"、"甘肃省十大优秀残疾人"……这些头衔让范天通体会到更多的是责任。

从去年开始，老范过得比较清闲，厂里的大事小事他有意地放了放手。闲暇的时候，他喜欢在厂里的园子里打理那些各种各样的树。

前几天有件事让老范有些想不通，有一天他去车间转悠，可是他在车间里来回转了好几圈，车间负责人和员工居然没有一个人和他打招呼，老范心里有点失落。回到家老范对妻子说了这件事，还告诉妻子觉得自己现在没有"价值"了。妻子笑笑说："你就偷着乐去吧。"老范一寻思，对呀，这不就说明了现在一切都上了正轨，没有什么可以汇报的事情，大家各司其职，这是个好兆头。范天通想起现在的清闲，回头再看来路时，自己都觉得难以想象。

向命运发起的第一次挑战

有人说，范天通能活下来本身就是个奇迹。其实，是他用非凡的意志战胜残疾重塑了自我。

1953年，范天通出生在天水市北道区一个普通的工人家庭。他排行老四，上面有两个哥哥和一个姐姐。母亲没有工作，全家仅靠父亲每个月40多块钱的工资维持生活。尽管如此，父母对这个生下来白白胖胖的儿子十分疼爱，取名"胖胖"，希望儿子能顺顺当当长大，有个好福气。

在小天通满3岁的时候，因家庭生活困难，母亲不得不把他一个人放在家里而自己外出找活干，来维持日益增加的家庭开销。为了防止儿子乱跑出什么意外，母亲用绳子将小天通拴在家里仅有的一张桌子的腿上。在活动范围不足1米直径的空间里，小天通往往是玩累了哭，哭累了睡……

春去冬来，疾病的恶魔终于向小天通扑来。

在他将要满5岁的时候，有一天晚上，母亲帮他脱衣服的时候，突然发现儿子胸前和背后长出两个坚硬的骨头尖，当小天通被送到医院检查后，父母被告知小天通得了严重的佝偻病。父亲背着小天通走遍了天水市大大小小的医院，但都没能挡住儿子日益隆起的胸和背。

就在小天通过早结束他美好的孩提时代时，更大的灾难又一次向这位不满10岁的少年袭来，佝偻病并发骨髓炎将他击倒在地。

病情来势凶猛，他一下子就卧床不起了。不久，两条大腿开始溃烂穿孔，带血的脓流淌不止，两条腿很快变成了"麻秆"，经络也一天天萎缩，腿也渐渐地伸不直了。面对孩子如此严重的病情，父母最好的选择就是让他住院治疗，可是，住院所需的3000元钱和500斤粮票，却很难筹齐。

老范回忆说病倒的那些日子里他经常是从一阵阵剧痛中惊醒，情况最不好的时候曾经10多天没有说一句话。父母看着天通，忍不住暗自流泪，在他们看来天通很可能挺不过去了时，他们几乎都绝望了。也就是这个时候天通表现出了坚定的求生愿望，他开始偷偷咬紧牙关，努力试着伸直双腿，一次、两次、千百次……

一个多星期后，天通终于爬下了病床。一天中午等全家人回来时，他居然奇迹般拄着木棍站在外屋的中央，这让家里人高兴不已，而这距离他病倒已经有10个月了。

这次与死神的擦肩而过让天通比同龄孩子想得更多，他想：死都经历过了，以后就没有什么可怕的了。14岁那年继发性骨髓炎又一次发作了，但这次病魔没有把这个坚强的少年击倒。他以顽强的毅力、不屈的抗争，一步一步地走出了儿童与少年时代的"沼泽地"，迎来了生命的春天。

第二次挑战，他成为生活的强者

1973年4月，初中毕业后待业在家的范天通在有关部门的安排下，进了国营天水市北道钟表社工作，成了一名工人。要知道在那个年代能成为一名国营企业的职工是令多少人羡慕的。那会儿一般单位的供应粮是28斤，钟表社可以达到31斤。

对于这份工作范天通非常珍惜,只有1.46米高的他第一次站在比自己个子矮半头的柜台里时就暗下决心:一定要像正常人一样,在这三尺柜台前大显身手,回报社会!对工作的热爱使得范天通认真钻研起技术,白天他做好修配眼镜的工作,晚上他又主动跟着师傅值夜班修钟表。那时国营店铺的生意好,范天通总是忙个不停,不久,他就成了钟表社的多面手,由于他技艺精湛、服务态度好,很快就成了小有名气的眼镜、钟表师傅,结下了很好的人缘。到上世纪80年代中期范天通的工资已经达到每月70多元,这在当时已经算不错的收入了。

范天通努力地工作,在他看来身体的残疾带给他的不再是自卑,而是继续奋斗的动力。在他27岁那年,他得到了一个身高1.63米的农村姑娘王月华的爱情,组建了一个幸福温暖的小家庭。没过几年,他们就有了一对健康可爱的儿女,范天通深感幸福。

1988年是范天通在钟表社工作的第15个年头,这一年,市场经济继续深入,作为垄断行业的钟表业也面临着前所未有的困境,生意一天比一天冷清。范天通连续两个月只领了21元工资,这对于一个四口之家来说已经很困难了。

那些天,范天通一直在思考一个问题:是继续呆在钟表社里守住"铁饭碗",还是另谋出路。最后他做出了一个令很多人感到意外的决定,主动向单位申请下岗,打算自己办个经营眼镜和手表的小摊子。此决定一出,周围传来一片反对声,家里人劝他认真考虑,因为毕竟一大家子要靠他养活;领导狠狠地"批评"他,说他一个残疾人下岗了自己干哪有那么容易……最终范天通还是成了天水市第一批下岗的国营单位职工。

于是他到处借钱,凑了1万元去南方进来了各式眼镜、手表,在钟表社附近的市场租了一个摊位准备开张了。1988年6月2日一大早,妻子王月华帮他推着小车,里面摆放着各式眼镜和手表,那辆小车还是当年父亲退休后卖烧鸡用过的。妻子推着车在前面走,范天通则是远远地跟在后面,因为北道二马路那条街他太熟悉了,是他上班的必经之路。小车摆在了地方上,妻子站在车前等待客人,这时的范天通却躲在不远处的一根水泥柱后面。说真的,他总觉得从一个体面的国营单位工人变成了一个街头个体小商贩是件挺"丢人"的事,他生怕在那条街上遇到熟人。通常都是有客人来了,范天通才从水泥柱后面走出来。当卖出第一副石头眼镜时,范天通难以掩饰心中的喜悦,因为这副眼镜居然挣了80多元,这可比他以前一个月挣得还多,从此范天通克服了心理障碍。由于老范手艺好，所以来修眼镜、手表的人也多了起来。有时候，如果有的人付不起钱，他就免费给修理，就这样他的好名声传开了。到现在有时在街上还会有人给他打招呼，还是叫他"范老板"，他们都记得当年的"范记眼镜店"。

眼瞅着眼镜店的生意越来越好，老范瞅准时机，又开了一家烟铺，生意依旧很好。到1992年马路拓宽、摊位取消的时候，范天通的家底已经从最初起家时借贷的3万元变成了60万元，这在那个年代是个"天文数字"，够全家人"躺着吃"了。

为证明残疾人的人生价值，他成了私营企业家

钱，不同的人对它有着不同的理解。

精神的矮子一旦有了钱，便意志消沉，开始贪图享乐，过一种"猪栏"式的生活；而胸怀大志积极向上者有了钱，往往把其视为成功的开始，把钱当作向更高目标攀登的阶梯，一步步走向更大的成功。

范天通虽然体有残疾、身材矮小，但他属于后者。

"我要办个私营企业。"停不下脚步的范天通又做出了人生的第二次重大抉择。其实初衷很简单，有一次，范天通和朋友去几十公里外的村子里办事，大中午太阳晒在身上火辣辣的，他看到在对面崎岖的山路上有一群背矿石的农民，一打听才知道这些农民背50多公斤的矿石，爬5公里多的山路，用2个多小时才最多能挣3毛钱，这件事深深刺痛了范天通的心，农民的劳动力价值太低了。他走在山道上，心里不停地琢磨：如果能在这个山沟里建个厂子，这些农民不就有个挣钱的地方了吗？不就少受点苦了吗？

老范这么想了，就开始动作了，经过四处考察后，他决定利用当地资源优势办个水泥厂。

消息传出，招来周遭许多人的冷嘲热讽。连一向深知丈夫性格的王月华也憋不住了，她对丈夫说："你现在已经是40岁的人了，还是残疾人，咱们有这60万元存在银行里也够我们下半辈子花了，现在国家的工厂都那么难过，咱身单力薄的个体敢干这么大的事吗？"范天通平静地对妻子说："人活着不能光坐着吃，要做成事，不冒险怎么行，当初我主动要求下岗不也有风险吗？你就让我再称称自己的半斤八两吧！"妻子又一次被他说服了。

对于范天通想办水泥厂的想法，他所在的北道区委、区政府大力支持，他

们对这位紧跟时代步伐、身残志不残的个体户在选址、批地、办证等方面大开绿灯。

创业艰难,一个水泥行业的"门外汉"要办水泥厂,其中艰辛可想而知,更何况是个残疾人。最初在范天通的印象里,办个水泥厂几十万元足够了,所以他去银行只贷了45万元。谁知事情远没有那么简单,"我攒的60万元扔进去,连个响声都没听见"老范这样说道。后来他又陆续从银行贷款200多万元。水泥厂的厂址就选在当初看到农民背矿石的那个山沟里。水泥厂开工的第一天,范天通就卷起行李住进了临时搭盖的一间只有一个旧沙发的简易工棚里,他在这个工棚里一住就是2年。建厂时唯一的交通工具还是那辆他骑了多年的自行车,山路不好走,再加上老范的身体状况,他骑着这辆破旧的自行车常常在这条山沟里摔得鼻青脸肿。

采访中,范天通的一位朋友对老范的一句话记忆深刻,他说他也常常用这句话激励自己:不管遇到多大的困难,一觉醒来,又是阳光灿烂。这句话也成了范天通朋友圈子里的经典名言。在建厂之初,范天通就是用这种乐观的人生态度和坚韧不拔的毅力克服了被人瞧不起、合伙人中途撤股以及资金、技术上的一个又一个难题,经过400多个日日夜夜的操劳,水泥厂终于在1994年4月建成了。

建一座工厂,富一方百姓。范天通创办的天祥水泥厂,使这个穷山沟里的100多名农民进厂当了工人,40多名残疾人在厂里得到安置,10多名下岗职工在这里实现了再就业。几十辆拖拉机和汽车给厂里跑运输干劳务。范天通成了这条沟里有史以来最大的纳税人。他生产的羲皇牌水泥除满足当地需求外,还俏销周边地区……

但是好景不长,范天通的人生之路好像总是充满了坎坷。就在老范高兴于生意越来越好的时候,1997年他的水泥厂遭遇了前所未有的困难。那一年受大气候影响,水泥行业跌入低谷,但很多人仍在一拥而上地投资水泥业,最多的时候天水市就有大大小小20几家水泥厂,市场竞争变得日趋激烈,很多水泥厂都"死"了。老范的厂子虽然在竞争中胜出,但随着企业规模的扩大,引进的设备增多,厂子在技术和管理上遇到了"瓶颈"。最惨的时候,曾经有好几个月都出不了产品,企业一度欠款700多万元,几乎走到破产的边缘。妻子王月华说那个时候老范经常是好几天躺在床上,不吃不喝,全家人都吓坏了,幸亏妻子一直不停地开导老范,从不说一句埋怨泄气的话。每次说到这个话题,王月华的眼里总是闪着泪光。在那最艰难的日子里,范天通甚至动过自杀的念头,想到厂里的职工们尤其那些残疾人、再想到家人，经过反复的思想斗争，老范终于挣扎着爬起来了。他开始从自身找毛病，他带着几个人出发先后去陕西、河南、山东等地去寻找出路。当他们一行到山东时，联系到当时建材设计院的一位院长，正好山东方面有帮扶贫困地区企业的项目，双方一谈即合。每年给山东方面20万元，由山东的大厂负责派技术和管理人员帮老范办厂，这对老范来说无疑是雪中送炭。请来了人才，改进了技术，提高了机立窑产品的安定性，同时，引进了模拟市场的内部管理模式。也就从那时开始，企业步入了规范化发展的轨道。老范又痛下决心，彻底抛弃了过去那种家族式管理的模式，对企业实行了现代股份制改革，给职工配股分红。和他一路打拼过来的妻子就是这时候正式退出了企业的管理层。

就这样从1999年到2006年，水泥厂的产值一直在稳步增长，过去厂门外拉水泥的卡车排成长队的场景又重现了。过去的简易工棚变成了如今气派的办公大楼，年产量和产值都在逐步增长……

回报社会，他成为残疾人的杰出代表

不知从什么时候起，老范就被当成残疾人的先进典型经常出去作报告，有一句话是老范每次都要说的：身体残疾更要追求心灵的完美。事实上老范也一直用这句话来要求和激励自己。他说现在的他感受更多的是责任，对家庭的责任，对员工的责任，对社会的责任……这么多的责任让他的身份也多了起来。

前几天，老范接到一个电话，电话那头问"是范校长吗？"老范当时纳闷：哪来的范校长，是不是打错了？最后再一确认来电果然是找老范的。其实老范是附近张家河村天通小学的名誉校长，老范一时还没反应过来。1998年老范出资23.4万元对天水市北道区罗家沟张家河村小学进行了修缮。以前的校舍一共有四间平房，而且教室都已年久失修，学校的围墙也是低低矮矮的土墙，很多人用"烂墙烂院"形容这所小学。为解决山里孩子的上学难问题，老范出资给学校盖起了一栋700多平方米的"豪华"教学楼，还对学校进行了绿化，买来了篮球架，每年定期对学校进行维护，2005年还给学校打了一眼机井。现在小学由过去的100多人增加到300多人，附近几个村的学生到三年级后都得来这个学校上学。老范开玩笑说："既然给人家当了校长，就得把事情办好"。对于学校的事老范一直很上心。

多年来，老范做了多少好事他自己都记不清了，周围的人都知道他头上的光环越来越多，对于这些荣誉，老范看得淡，他说荣誉是政府给的，对自己来说关键还是要把人做好，因为"人品重于产品，做事始于做人嘛"，即使不给他任何荣誉，那些善事他还是要做的。

2006年9月，天水市有户单亲家庭，父母离异后，母亲带着女儿生活，女儿得了尿毒症，没有钱换肾医治。老范得知后，毫不犹豫地给这对母女捐了1万元，当时当地媒体要求对老范进行报道，被老范婉言拒绝了，老范说："我帮她们就是为了救命，又不是为了出名。"一次，天水市秦州区妇联找到范天通，说有个"救助失学女童"的计划，一名女童一年100元，老范当场决定出2万元，他说："一人100元，我们少吃一顿大餐就出来了，钱一定要用在该用的地方上。"

对于水泥厂的一些年轻员工们来说，范天通有时是老师，有的时候则更像家长和亲人。职工小赵在16岁时，先后失去了双亲，父亲生前就是水泥厂的员工。无依无靠的小赵当时正在建材学校上一年级，没钱继续学业的他准备去外地打工，老范知道后，承诺供小赵继续上学，毕业后小赵就在水泥厂上班了。还有一个孩子，父母离异后没人管他，老范资助他在建材学校上了三年学，又把他留用了。老范这些年前后共资助了9个孩子上学。对于在职的员工，老范经常鼓励他们多学东西，按照自己的兴趣发展，学费和书费都是厂里给出。老范还愿意出钱让中层管理人员出去旅游考察学习，他说让他们多出去走走，可以开拓他们的眼界，他们只要从外面学到一点有价值的东西那对厂子发展也会起到重要的作用。

在范天通的办公桌上摆着两本辞典，这让记者很费解，难道他平时还要学习字词？原来在水泥厂里老范除了董事长的身份外，还有一个身份就是老师。现在水泥厂里共有40多名残疾人，由于残疾人文化素质相对较低，厂里为他们配发了词典，每周都要组织他们学习两次文化课，而老范也当起了老师，一般老范每两周都要给残疾人员工上两次课，他大多讲的是做人的道理，他怕一些字词拿不准，所以也要时常翻翻字典。

老范走在厂子里，经常和一些有语言障碍的残疾人员工进行着简单的手语交流，老范说经常和他们打交道，自然也学会了些手语。在水泥厂里的几个残疾人现在都组成了家庭，老范看着他们工作努力，家庭美满，有一种说不出来的幸福感，他说员工的家庭稳定幸福了，厂子也就有了凝聚力，能更好的发展。

扶弱济困、捐款修路、资助教育事业、捐助残疾人事业……这些现在成了范天通日常生活的一部分，他总是把这些事当成份内的事，每次都慷慨解囊。

创业，仍是他最大的梦想

在老范的办公室墙上，醒目地挂着一张条幅：天行健，君子以自强不息。老范把先哲的这句话当作自己的座右铭。

现在，成了大老板的老范，生活仍然十分简朴，他穿的衣服很少有超过百元的，衣服上的花销加起来不值1000元。他经常说："我生来命苦，不抽烟不喝酒，一碗面条足矣！"但是老范在事业上却不满足于现状，他说："国家现在鼓励发展民营企业，这么好的时代让我赶上了，事业上没有起色怎么行！"最近几年他认真研究国家关于水泥工业"上大压小，淘汰落后，调整结构"的产业政策，不断调整企业的发展思路和理念，他以对商机超人的洞察力和胆识，提出了建设先进的大型新型干法水泥生产线的设想，目前他已经做好了矿山资源和市场的规划工作，正积极招商引资，寻求合适的合作伙伴。他准备把企业一直做下去，做大做强。他要实现人生更大的跨越。对此，他有着坚定的信念。

轮椅上的求学路

李艳艳

高考前休学近半年的残疾女孩张艳丽,高考得了510分!消息传来,靖远县第二中学师生向她表示祝贺的同时,更多的则是一种深深的钦佩。

这个左脚截肢、右腿残废、疾病缠身的女孩,凭着坚强的意志,拄着双拐、坐着轮椅艰苦求学,6年的漫漫征程,洒下了一串串感人至深的故事。

张艳丽,1987年出生于靖远县靖安乡新合村一个普通农家。幼年的艳丽聪明可爱。从孩提时代到小学毕业,她和别的孩子一样健康快乐地成长。然而,15岁那年,厄运降临,艳丽被确诊患了系统性红斑狼疮。由于病情发展迅速,艳丽接受了截肢手术,永远失去了左脚。而酷爱学习的她,2001年被迫休学。

奔波治疗一年多,艳丽在与病痛的坚强抗争中,仿佛一下子长大了。她坦然接受了残酷的现实,并暗暗下定决心:无论困难多大,一定要完成学业。病情稍有好转,她便拄着双拐走进了久违的课堂。功夫不负有心人,2004年,艳丽以608分的优异成绩考取了县重点高中。

学校离家200多里,来往十分不便。家人在县城为艳丽租了一间房,让奶奶陪她读书。这个向命运永不低头的女孩,感动了靖远县各界人士。大家纷纷伸出援助之手,凑钱治病的,帮忙干活的,跑腿求援的,一时间,爱的暖流涌向艳丽和她的家人。高中生活紧张而忙碌,老师的关照,同学的帮助,让她沉浸在知识的海洋,如饥似渴地学习各门功课。

高一上学期,疾病再一次向艳丽袭来。这次发病更加凶猛,她的整个身子不能行动,生活难以自理,右腿因疾病影响和长期过度负重,竟查出患了股骨头坏死症。艳丽不得不休学,又开始辗转求医……家中债台高筑,存粮也不多了,唯一可指望的就是几亩玉米和刚刚挂果的枸杞。但是这些预期收入与高昂的医疗费相比,无异于杯水车薪。就在一家人陷入绝境时,乡干部送上了农村低保补助金;亲戚朋友们来了,大家你五十我一百帮衬医疗费;学校也免去了艳丽姊妹的学杂费……艳丽终于住进了医院，但从此失去了行走能力。因为右股骨头坏死，她的右腿肌肉迅速萎缩，细软得像面条一般。病痛中的艳丽，心中的希望之火依然熊熊燃烧："我要上学！我要读书！"只有读书，才能让她忘却疼痛，战胜病魔。

经过省城大医院的精心治疗，艳丽的身体有了恢复，她马上嚷嚷着去上学。这一次，家人却犹豫了。几年的求医问药，一家人全被拖垮了：年迈的爷爷奶奶不但操持家务，还要下田干活；父母除了悉心照顾病痛中的女儿，更要多方奔走筹集高昂的医疗费；姐姐放弃报考重点大学，选了一所收费低廉的师范院校；哥哥报考技校以求尽快毕业，找份工作贴补家用。生活难以自理的艳丽流泪了，父母也流泪了。她的求学路还能走下去吗？

社会各界的关爱源源不断。得知香港慈善人士李嘉诚先生为县残联捐助了一批轮椅和假肢，乡民政局及时帮艳丽申请了一副。装上假肢，坐在活动自如的轮椅上，艳丽哭了，又笑了！在奶奶的陪伴下，休学一年的艳丽坐着轮椅来到学校，对来之不易的学习机会倍加珍惜。时光荏苒，升入高三的艳丽，对未来有了更深的认识，她决心报考一所医学院校，将来为更多的人解除疾病痛苦，尽全力回报社会。可是，高三上学期，艳丽的病又复发了，她浑身疼痛，一次次陷入昏迷……无奈，家人不得不为她办理了休学手续。艳丽一面求医问药，一面顽强自学，参加了当年的高考，终于取得了510分的好成绩。

我努力，我自信，我成功

王云霞

  2007年夏天，对许多品学兼优但家庭贫困的初中毕业生来说，是个严峻的日子。他们初中毕业后，因贫困面临辍学。这些"穷且益坚，不坠青云之志"的孩子们，伫立在大山深处，面对"贫困"这条无法逾越的命运之山而泪眼迷离。"山"的这边是冷酷的现实与无尽的惆怅，"山"的那边是飞升的理想与触摸未来的强烈愿望。仰望星空，他们默默发问：我能翻越这座大山么？我的梦难道因贫穷就该折断翅膀？大山无语，唯有泪千行！

  2007年金秋，这些贫困孩子展开了追赶梦想的翅膀！在市委、市政府的关心支持下，由市教育局、市文明办、市慈善总会和市外国语高级中学联手实施的"双优助学项目"，犹如"知时节"的好雨，使100名贫困生得到滋润。他们不用带干粮、不用背行囊、甚至不用带一分钱，便能走出大山，去位于兰州市雁滩雁南路1588号的省级示范性高中——兰州市外国语高级中学读高中。从此，他们的命运之舟，在这里拐了个弯，跃上了欢畅而奔腾的命运之河！

  2008年春天，这100名"双优助学班"的高中生，已懂得了感恩；学会了自强；扬起了理想的风帆！3月5日，金城首场春雨滋润着等待发芽的万物，记者沐浴着缠缠绵绵的喜雨，深入位于雁滩的外国语高中采访了部分学生。声声感激、句句寄语、字字奋起，飞出孩子们的心窝，催人泪下，令人感到希望在升华！这一切都缘于一个字——爱！

  "我努力，我自信，我成功。只要我想，我一定能成功。"——这是"双优助学班"高一一班班主任张辅良写给50名学生的"座右铭"。记者走进教室，这一醒目的箴言，就贴在前方黑版的左侧。学生们可时时看到、时时自勉。正在给学生辅导功课的张老师十分自豪地告诉记者："双优"班的学生品学兼优，他们虽然家庭贫困，但"人穷志不短"。较其他班的学生，他们更懂事、更坚强、更吃苦、更有礼貌、更知道感恩、更能发现生活中充满爱心和真情的感人故事。高一二班班主任徐晓丽对此也有同感，她指着正在静悄悄学习的全班同学说："这些学生，老师在和不在一样自觉。他们中有人凌晨5时许就起床读书，自觉学习已成习惯。他们将感恩之情化作动力，时刻与时间赛跑着前进。"

听着窗外刷刷的春雨，记者与学生们推心置腹地交谈了3个多小时。倾听孩子们心灵的声音，他们痛苦的泪、感动的泪，一次次滴落，将记者的心灵也打湿泡酥……

祁玉婷，这位从红古区平安镇农村走出的姑娘，她家共有6口人。以农为生的父母体弱多病，不能下地劳动。读初、高中的3个姐弟和她，尚无力为家分忧。家庭沉重的生活负担，压弯了父母的腰。去年初中毕业后，她面临辍学。"双优助学项目"给了她重新扬起理想风帆的机会。她品学兼优，最终以优异的成绩考取了"双优助学班"。"我非常感激党和政府。领导好、政策好、学校好，才使我这样的穷孩子有了上高中的机会。否则，我家不知该有多难！现在，我不花一分钱，就能就读兰州一流的好学校，就能吃得好、睡得好、穿得好、学得好。世间真爱使我改变着命运，使我学会了坚强，我今生今世不会忘记……"说这话时，玉婷哽咽了……

盛斌，这位从榆中县新营乡桦林村走出的小男孩，未语泪先流。他是个不幸的孩子，出生至今他没有喊过世界上那个最温暖的称谓"妈妈"。既当爸又当妈的父亲，常年在外为打工养家糊口。80余岁的爷爷奶奶与他相依为命，生活在大山深处。去年初中毕业后，他虽然成绩优秀，但年迈的爷爷奶奶体弱多病，再也无法给他做馍馍了。从此后，他将放弃上高中的理想而选择外出打工。"双优助学班招生的消息飞进大山后，我激动不已，决定报考并且如愿以偿。入校以来，吃、穿、被褥、床单、学习用品等，学校全免费发放，感受着外高老师父母般的温暖，快乐健康地生活着。我没有理由脆弱，更没有理由碌碌无为。"说这话时，盛斌一脸的坚强与自信。

"我想通过《兰州日报》告诉天下所有的穷孩子，贫穷不是我们的过错，我们应该把贫穷当做上帝赐给的一份厚礼。穷则思变，贫穷已成为我们改变命运的动力，通过努力学习，让生命变得更加精彩，将来建设家乡，让家乡脱贫，让我们的父老乡亲都过上美好生活。"这是榆中县中连川乡陡泉村的糜谷养育大的雒焕双同学掏心窝的话。在外高学习的100名贫困生从农村走进城市，告别了贫困的乡村生活，和城市孩子一起享受着最好的教育资源，他们共同选择了坚强与坚韧，选择了自强、自爱、自尊和自信。

坚韧不拔刻苦学习学有所成报效桑梓

"我们已不属于自己。我们这些因种种不幸致贫穷的孩子们，面对辍学而泪流满面时，是党和政府及各界的关爱替我们擦干了泪花，送上笑颜。我们是沐浴着博爱成长、进步、奔前程的。我们会将爱变为进取的动力。学有所成后，我们不会忘记生我养我的那块贫瘠的故土，我们要回乡发挥光和热，改变贫穷，创造文明，让父老乡亲尽早过上好日子。我们还希望政府继续实施双优助学项目，让更多的贫困孩子和我们一样来外高读书成才。"

据悉，为了让更多的家庭贫困的孩子有学上，外国语高中已决定成立"爱心基金会"，动员全校师生奉献爱心，帮助更多的寒门学子成才。

春雨滴滴，无声地润泽着大地万物，充满爱心的人们和手执"金钥匙"的老师们已为孩子们擦干伤心的眼泪。这爱如及时春雨，已洒满孩子们的心田，滋润着幼苗正在开花、结果。记者分明感到，一个万紫千红的春天，正在外国语高级中学师生心中酝酿！张辅良、徐晓丽老师是外国语高级中学的两个"双优助学班"的班主任，他们各自珍藏着一本《2007外高师生感人故事集》。里面是100名中学生的心灵絮语，它真切、真实、自然；生动、感人、感恩。张辅良老师给高一一班分册作的《序》更是耐人回味——

写给"双优助学"班的孩子们：

高一一班班主任张辅良

一个班是一个大家庭，由50个孩子组成。绝大多数来自兰州周边3县的偏僻农村。他们家境贫寒，如果不是党和政府以及学校的帮扶，许多孩子就面临辍学的境地。第一次见到他们是在军训时，虽然不知道全校学生中哪些是双优班的。但从着装、肤色和眼神上便可分得出来。看到了他们，我仿佛又回到了20余年前我求学的经历中。他们又何尝不是当年的我？当知道我是班主任时，我已经勾画着我的蓝图。我一定要给这些和我一样的孩子们给予应有的帮助，为他们的成长尽微薄之力。

初到一个新的环境，尤其是城市学校，孩子们有许多不适应、不习惯的地方。学校上至校长、下至生活老师耐心地去教他们。用爱、严、细的管理理念感化他们，使他们在他乡感到温暖。尤其是2007年中秋节。周瑛、张佩丽、赵山主任、徐美云等老师给孩子们买来了月饼、水果，和孩子们一起欢度中秋节。孩子们感动地流下了泪水。学生们将这一切感动变成了勤学的动力，变成了做人的动力。他们正在以刻苦学习回报着养育自己的父母，回报培养自己的学校和老师，回报着资助自己的政府和社会各界。

他们的朴实真诚，他们的感恩之情，每天都感染着老师们，他们用自己的行动不断追求着完美……他们有一颗上进的心，我觉得孺子可教。

学校的故事大多是平凡而琐碎的，但孩子们却历历在目。从言传身教的校领导、谆谆教诲的任课老师、嘘寒问暖的生活老师、保卫安全时时提醒的门卫师傅、美化保洁校园的清洁工，到想方设法让孩子们吃饱、吃好的餐厅老师等等，他们均感到了温暖和关爱，都铭记心中久久不忘。这些关爱之心和感恩之情，像种子一样在校园里发芽、开花、结果。它已变成了一种向上的力量，慰藉和感动着更多的人们！

采访完学生后，记者从一位老师手中得到一首校园歌曲的歌词，这是张荫林校长对校园生活的观察与心得。他入情入景，揣摩着学生心灵深处的情感轨迹，写下了这首《感恩的清晨》。清晨，天蒙蒙亮，我怀着感恩的心来到校园。琅琅书声为什么如此沁人心田？啊，老师，您每天最早来到校园。您亲切地教导我们，好像春雨润物一般。感谢您敬爱的老师，感谢您无私的奉献。清晨，天蒙蒙亮，我怀着感恩的心来到校园。校园的地上为什么这样干净？啊，一位老员工正在扫地。你看她是多么细致，把地扫得一尘不染。感谢您辛勤的员工，感谢您无私的奉献。清晨，天蒙蒙亮，我怀着感恩的心来到校园。花园里的花朵为什么这样鲜艳？啊，园丁正在花园里辛勤劳作。你看她是多么认真，一边除草一边修剪。感谢您辛勤的园丁，感谢您无私的奉献。

学生们欣赏完这首歌词后激动不已。认为，歌词以艺术的手法，生动形象地描摹出了他们心中想说又无法用语言表达的心语。据说，外高校歌《为了明天的梦》，也是张荫林校长作词谱曲的，现在已唱遍校园，激励着学生追逐理想之梦。是啊，感恩每一个清晨；感恩每一个黄昏；感恩一草一木；感恩蓝天、大地；感恩每一个星辰……外高学生在感恩中，正在搏击风云！这力量、这翅膀，均缘于一个"爱"字！

万朵心花遥送温世仁

秦 娜

2003年12月20日上午9点钟,甘肃省古浪县黄羊川镇,空气依旧清冷。一阵凄厉的唢呐声打破了山村的宁静……

远处人头攒动,是黄羊川大南冲的村民举着花圈、拿着挽联来参加千乡万才科技有限公司的创办人——温世仁先生的追悼大会,送温先生最后一程。

在精心搭建的灵台前,已经是人潮汹涌。有特意赶来的政府有关领导、有黄羊川会员学校的师生、有当地的老百姓、还有赶来报道的媒体人士……

每一个人胸前都带着白花,那是黄羊川的中学生们夜以继日赶制出来的。

大家默默地站着,没有人讲话,连小孩子都安静地依偎在妈妈的怀里,好像生怕惊扰了温先生的美梦。是的,他实在是太累了,每年300多天是在飞机上和各地旅馆中度过的,为了大西北这块他所挚爱的黄土地,他真的是耗尽了精力!大家多么希望温先生只是小睡片刻,过一会儿,还会挂着他招牌般的微笑,给我们再来一场精彩的演讲。

黄羊川的村民都不会忘记,3年前,是台湾英业达的副董事长温世仁先生满怀开发西部的雄心、改变贫困地区落后面貌的壮志,筹资5000万美元创建了千乡万才科技有限公司。公司以"爱人如己、利他精神"为己任,在偏僻的、穷困的、几乎无人知晓的黄羊川建立了中国第一个网络城乡中心,誓要在10年内使落后的西部地区和发达的东部地区在知识、收入、生活水平上同步,达到就地创造财富、就地改善生活、就地发展文化的目标。

如今,一切都在他的设想下轰轰烈烈地进行着:黄羊川国际会议中心已见雏形;会员学校在快速发展;黄羊川的学生争相报考高中;失学率直线下降;农村的电子商务已初见成效……但此时此刻,敬爱的温先生却倒下了,像一个英勇的战士倒在了他壮志未酬的战场上,这怎不令人扼腕叹息,泪洒胸襟!

给温先生致悼词的甘肃省台办的张主任声音哽咽,他和温先生是多年的朋友，常常在一起讨论如何帮助西部脱贫致富。两人还约定在黄羊川会议中心建好之后在这里相见。万没有想到再次见面是在这样的场合：地点对了，人，却天地两隔。

千乡万才第一所会员学校——黄羊川职中的师生们赶来了，他们要和另一所会员学校——黄羊川镇中学一起献给温伯伯两首歌。一首是"Sing Hallelujah to the Lord"是温先生生前最喜欢的，他也常常和学生们一起唱。学生们用这首歌表达他们的追思。另一首"爱的奉献"是学生们特别唱给温伯伯听的，他们要告慰温伯伯的在天之灵：他爱的种子已深埋在每一位师生的心里，它会发芽、开花、结果……

孩子们纯真而发自肺腑的赞美与献唱使在场的每一个人红了眼圈；而当他们在唱完之后，1000多名学生齐声高喊："温伯伯，一路走好！"的时候，眼泪就不听话地夺眶而出。温先生，相信您一定在天堂里幸福地微笑，在地上，您太劳累了；在天上，您终于可以休息了。

在"Sing Hallelujah to the Lord"的乐曲带领下，大家有秩序地排队把胸前的白花献给温先生，鞠躬向温先生做最后的告别。

万朵白花在阳光下是那样的耀眼而洁白，带着黄羊川村民及师生们无限的哀思；村民送的花圈及挽联在中间堆成了山，丢一粒火种进去，一缕清烟腾空而起，和着馨香袅袅飘向湛蓝湛蓝的天际……

仪式虽然结束了，但村民们却久久不肯离去，现场出现了许多感人的画面：

镜头一：一位媒体记者现场采访一个约七八岁的、没有穿校服、没有站在学生堆里的小男孩。

问：你知道你来干什么吗？

答：送温爷爷。

问：温爷爷给你们带来了什么？

答：给我们带来了知识和财富。

问：你见过温爷爷吗？

答：（眼圈红了）他摸过我的头。

小男孩说完，转身就跑了。记者紧追而去……

镜头二：一个30多岁的农村大嫂，带着两个孩子，一个三四岁，另一个五六岁。她给温先生献了花，就督促两个孩子给温先生磕头。两个小孩子稚嫩的膝盖就跪在了黄土地上……

镜头三：一个高中生模样的女孩子跑到主席台上温先生的遗像前站立良久，

脸上泪流满面，嘴里在默默地念叨："温伯伯，一路走好……"

镜头四：两位七八十岁，精神矍铄的老人非常引人注目，他们一直默默地站着，眼圈发红。他们就是灵堂悬挂的照片上和温董合影的老人。

镜头五：两位记者采访几个学生。

问：你们真的能上网吗？

答：能。

问：你们学校的电脑你们能用几次？

答：我们每星期都有课。

问：一节课几分钟可以用到电脑？

答：一周两节课在机房上，都能用到。

问：那平时呢？

答：平时有校园网吧，随时可用。

镜头六：几个拄着拐杖的老太太，强烈要求进会议中心的建筑现场看看。警卫因为怕出危险，不肯让她们进去。但她们非常执著地站在那儿不肯走。

镜头七：一个电视台的摄影记者，在拍完最后一个镜头之后，扛着摄像机，来到温董的遗像前深鞠一躬……

一位残疾父亲的"记恩簿"

黄建胜

那双手背皲裂、手掌结满老茧的手,和脸上自信而坚毅的神情,洋溢着张克才没有残疾的父爱,沉淀着许多发人深省的故事。

张克才是山丹县东乐乡山羊堡村的农民。1998年,他因车祸致残,家庭生活陷于窘迫。但是,他们一家人不仅没有因此陷入生活困顿的泥沼,反而更加坚强地迈开了奋斗的脚步。此后几年,张克才的妻子常年外出务工,每年总能挣回4000多元钱。他则撑着那剩下的一条腿,守家种地,给孩子们做饭洗衣、料理生活,还养了30多只羊,种了一园菜,尽心尽力支持3个孩子读书。

妻子外出务工,家里的活全部留给了张克才,可一个一条腿高位截肢的人怎么干农活啊?他挂着双拐浇水,一次次滑倒在水里,又一次次爬起来;锄草时,他扔掉双拐,在屁股下面铺一个毯子,一寸一寸地锄草,一截一截地挪动;放羊时,他挂着双拐与羊群赛跑……一个只有一条腿的人硬是像一个壮劳力一样干完家里所有的活。

2003年,大女儿张雪梅考入西北师大上学,此后二女儿张玉梅考入新疆石河子大学读书,儿子张志富以优异成绩考入山丹一中,现在正在张掖上高三,埋头于高考的冲刺中。孩子们奋发有为带来了家庭的兴奋和喜悦,也带来了每年两万多元的巨额经济负担。张克才一度舒展的额头上,结出更多哀愁。万般无奈,张克才找到乡上,并先后来到山丹县委宣传部等单位,向社会发出了求助信息。

花城柳暗愁煞人,东方风来满眼春。社会各界的爱心援助,解冻了张克才期盼的眼神,温暖了一家人的心:孩子们就读的学校都减免了就读费用,乡政府、县残联、县妇联等单位组织了募捐活动,电力公司、电信局拿出了3000多元助学款。

临泽县武装部的陈栋,从山丹到临泽工作期间,10年坚持捐款,写信探望,给了张克才一家莫大的鼓励和支持。

一位四川省成都油田从未谋面也叫不上名字的张先生,路过山丹时获悉张克才的遭遇,每年都会寄来1000元钱,激励他们一家坚持与困难做斗争。

张掖市甘州区沙井镇一位姓蔡的农民也将1000元爱心款,打到了新疆石河子大学张克才的二女儿张玉梅的账户上,却拒绝留下姓名。还有张掖电力公司、山丹国税局等60多个单位和个人,都给了他们一家很多帮助。这其中,山丹电力公司的领导和职工的支持最让张克才感动不已,每年他都收到公司代表送上家门的爱心捐助。截至目前,张克才已收到社会捐助32613元。

2006年冬天,张克才发现,他所在的东乐乡山羊堡村距离集镇较远,自己开个杂货店,应该会有些收入。张克才的想法得到了山丹县委宣传部周多星副部长等人的积极支持。他们热心为他呼吁奔走,获得了工商局、电力公司、东乐农村信用社、山泥集团等单位和个人倾力支持。张克才的杂货铺经过一段时间的筹资、贷款,终于办起来了。他还购置了一辆机动旧三轮车,经过改装修理后可以由他自己驾驶,用来拉运百货、果蔬等杂货。有了自家的杂货铺,妻子就可以守家种地,艰难的生活也比以前好转了许多。

张克才有一本精心保存的红色笔记本,上面详细记录着每位捐款者的单位、姓名、金额。张克才的三个儿女每人也有一份这样的"记恩簿"。他说,等三个子女都有了工作,他将带着他们去感谢那些曾经帮助过他们的人,并诫勉儿女时刻牢记助人为乐的做人宗旨。

主编点评:

在中国寓言中,有关感恩图报的成语和故事很多,如,"结草衔环"、"滴水之恩,涌泉相报"等等。这么多的成语和故事,证明中国人都有感恩的心。有的人将恩人的名字牢记心底,在有生之年,时刻铭记他的恩情;有的人将恩人的名字刻在石碑上,不但自己长久纪念,也让后世子孙们记住先祖们从他人那儿得到的帮助和善意;有的人默默地做好自己的工作,默默地过好自己的生活,自立、自理、自信、坚强地生活,不辜负亲人的期望,给支持和关心自己的恩人以希望和慰藉;而有的人,接受他人的资助,度过难关后,积极投身慈善事业,帮助他人、回馈社会、慈助爱人,以自己的心温暖他人的心,使慈善的薪火代代相传。

后　记

　　经过两年多的艰苦努力,《和谐甘肃读本》丛书终于面世了。有一些幕后的情况,尚需交待几句。

　　关于甘肃省近些年来发生的深刻变化的报道浩如烟海。对这些文章加以精心挑选,利用图书的形式集中起来,分门别类编辑成册,既有宏观展示甘肃改革建设大局、传递最新信息、鼓舞人民士气之功用,也是为后世的研究者保存了一份鲜活的史料,为此我们才策划了这套丛书。本丛书的启动,得到了甘肃新闻出版局局长张余胜,原省局副局长、现任中共甘肃省委宣传部副部长管钰年,省局副局长李玉政、袁爱华四位领导同志的热情支持。他们或亲任主编、撰写总序,给予编辑思想上的指导,或肯定这套丛书在政治方面的价值,或支持这套丛书在甘肃"农家书屋"中推广,深入千家万户。没有他们的鼎力相助,这套丛书是很难成功出版发行的。

　　甘肃文化出版社社长谢国西是本丛书的策划者。他提出了选题,构想了各分册的布局,并全面主持了丛书的组稿计划、版式设计、出版、发行诸项工作。他的事业心和责任感,精细缜密的谋划能力,经验丰富的组织协调能力,使这套丛书的运作得以有条有理的平稳推进,终于如期出版。作为助手和丛书计划的执行者,副社长管卫中具体做了各分册主编遴选、各册内容布局设计,学术和文字、结构把关乃至大量的选稿、改稿工作。编辑部主任原彦平担负了繁重的编辑工作。文化社副总编车满宝参与了本丛书的策划。副社长王奕承担了繁复细碎的出版程序安排和发行协调工作。副总编温雅莉承担了丛书版式设计联络工作。编辑陶伟等人以篦子梳头般的精细完成了书稿的编校工作。

　　这套丛书的完成,与诸位主编的努力是分不开的。总主编之一玄承东和各分册主编多为资深记者。他们目击和见证了甘肃这些年在方方面面发生的深刻变化,以及党和人民的奋斗过程。因此,在编书时就胸有成竹,把握得当。

　　丛书出版之日,向上述同志谨表谢忱!

和谐甘肃读本丛书编委会
二〇〇九年九月二十日

图书在版编目（CIP）数据

和谐甘肃读本．仁爱慈助篇／张余胜，玄承东主编；
梁发苇分册主编．—兰州：甘肃文化出版社，2009.9

ISBN 978-7-80714-844-9

Ⅰ．①和… Ⅱ．①张… ②玄… ③梁… Ⅲ．①甘肃省
—概况②慈善事业—概况—甘肃省 Ⅳ．①K924.2
②D632.1

中国版本图书馆CIP数据核字(2009)第179317号

和谐甘肃读本·仁爱慈助篇

梁发苇　主编

责任编辑／原彦平
责任校对／杜军辉
装帧设计／锐园设计　史春燕
出版发行／甘肃文化出版社
地　　址／兰州市曹家巷1号
邮政编码／730030
电　　话／0931-8454870
网　　址／www.gswenhua.cn
经　　销／新华书店
印　　刷／兰州新华印刷厂
厂　　址／兰州市七里河区硷沟沿115号
开　　本／787mm×1092mm　1/16
字　　数／305千
印　　张／19
版　　次／2009年9月第1版
印　　次／2009年9月第1次
印　　数／1-7 200
书　　号／ISBN 978-7-80714-844-9
定　　价／33.00元

本书如存在印装质量问题，请与印厂联系调换
版权所有　违者必究